马克思对上帝存在论证的哲学批判

文学平　著

图书在版编目（CIP）数据

马克思对上帝存在论证的哲学批判 / 文学平著．
—北京：商务印书馆，2025. —ISBN 978-7-100-24447-3

Ⅰ. B0-0

中国国家版本馆CIP数据核字第20246RS556号

权利保留，侵权必究。

马克思对上帝存在论证的哲学批判
文学平　著

商　务　印　书　馆　出　版
（北京王府井大街36号　邮政编码100710）
商　务　印　书　馆　发　行
三河市尚艺印装有限公司印刷
ISBN 978-7-100-24447-3

2025年1月第1版　　　开本 880×1230　1/32
2025年1月第1次印刷　　印张 8 3/4

定价：60.00元

目 录

引 言 …………………………………………………… 1

第一章 马克思对本体论论证的批判 ………………… 6
一、本体论论证是"空洞的同义反复" ……………… 7
二、康德对本体论论证的批判"毫无意义" ………… 12
三、本体论论证是对"自我意识存在的证明" ……… 19

第二章 马克思对宇宙论论证的批判 ………………… 25
一、偶然存在物与充足理由律 ……………………… 26
二、必然存在物与交互作用原则 …………………… 35
三、创世问题与终极实在原则 ……………………… 41

第三章 马克思对目的论论证的批判 ………………… 50
一、三种推理模式 …………………………………… 53
二、世界是有缺陷的存在物 ………………………… 67
三、目的论受到"致命的打击" ……………………… 78
四、无知不是充足的证据 …………………………… 89

第四章　马克思对道德论证的批判 …………… 99
一、理论的道德论证 ………………………… 102
二、实践的道德论证 ………………………… 108
三、短暂的赞同 ……………………………… 116
四、内在的恐惧 ……………………………… 133
五、天堂幸福的利己主义 …………………… 140
六、道德感化的秘密 ………………………… 149

第五章　马克思对实用主义论证的批判 ……… 157
一、依赖于真理的实用主义论证 …………… 160
二、独立于真理的实用主义论证 …………… 176
三、从外化到反映 …………………………… 192
四、虚幻的幸福 ……………………………… 205
五、承认人的间接方式 ……………………… 213

第六章　马克思的宗教批判方法论 …………… 219
一、论证批判与问题批判 …………………… 222
二、内部问题与外部问题 …………………… 245
三、庸俗的批判与真正的批判 ……………… 250

参考文献 …………………………………………… 259
后　　记 …………………………………………… 274

引　言

　　上帝存在论证在基督宗教思想史和西方哲学史上有着重要的地位，它是有神论信仰获得理性支撑的关键途径。马克思对这些论证的批判性回应是确证马克思主义无神论信念的前提。如果马克思主义不能有理有据地回应关于上帝存在的一些主要论证，那么大众的无神论信念势必受到一定威胁。

　　关于上帝存在的哲学论证可分为先天论证（a priori argument）和后天论证（a posteriori argument）两大类别。本体论论证属于先天论证，它试图从理性自身而非对世界的经验观察中推导出上帝存在的结论。人们通常认为中世纪的安瑟伦最先提出关于上帝存在的本体论论证，但他的论证立即遭到高尼罗的反驳，阿奎那在《神学大全》中亦对它进行了批判，笛卡尔则在《第一哲学沉思集》中捍卫了它，斯宾诺莎又在《伦理学》中赋予了它新的观念，莱布尼茨则在《人类理智新论》中支持了它，休谟在《自然宗教对话录》中攻击了它，但最著名的攻击也许是康德在《纯粹理性批判》中所提出的，可是黑格尔又极力地恢复了本体论论证。

　　关于上帝存在的后天论证包括宇宙论论证、目的论论证、实用主义论证等等。关于上帝存在的道德论证则难以全部直接归入先天或后天的框架。后天论证要依赖于对世界的经验观察而获知的前提。后天论证的类型可以有很多，但我们关注的只是马克思所回应的一些重要论证。宇宙论论证可被追溯到柏拉图和亚里士多德的一些著作，阿奎那之"五路"论证的前三路皆属宇宙论论证，休谟、康德、罗素等人从不同角度批判了宇宙论证明，但莱布尼茨、克拉克（Kelly James Clark）、斯温伯恩（Richard Swinburne）、克雷格（William Lane Craig）等人又从不同角度恢复了该证明。目的论论证可在《圣经·诗篇》中找到最初的原型，但因近代哲学家威廉·佩利的"钟表论证"而闻名，佩利的论证在提出之前就遭到了休谟的猛烈批判，后来又遭到达尔文进化论的痛击，但斯温伯恩又力图恢复它的声誉。道德论证可被追溯到《圣经》的相关记载和柏拉图的"善的理念"，由康德最先明确提出反对，继而遭到诸多批判，但当代神学家刘易斯（C. S. Lewis）又更新了道德论证的形式，而希克（John H. Hick）则有力地打击了道德论证。实用主义论证亦可追溯到柏拉图的相关论述，但比较著名的是帕斯卡尔的赌注论证、詹姆斯·贝蒂（James Beattie）的安慰论证、穆勒（John Stuart Mill）的准许希望论证、詹姆斯（William James）的信仰的意志论证，亦有不少思想家诉诸证据主义来反对相关论证。

上帝存在的种种论证随着传教士的传教活动而进入中国，明末清初不少汉语宣教文献中都能找到相关论证。罗明坚在《天主圣教实录》中化用了传统的宇宙论论证和目的论论证[①]；利玛窦在《天主实义》中给出了多种形式的目的论论证和宇宙论

[①] 罗明坚：《天主圣教实录》，见吴相湘编：《天主教东传文献续编》（第二册），台北：学生书局，1966年，第765—768页。

论证[①]；在庞迪我的《天主实义续编》、艾儒略的《万物真原》、汤若望的《主制群徵》、孟儒望的《天学略义》中都可以找到诸多关于上帝存在的后天论证；利类思的《超性学要》作为对阿奎那《神学大全》的第一个汉语节译本，完整地翻译了阿奎那的"五路"论证。但本体论论证在汉语宣教文献中一直缺位，其先天论证思路与我们的传统思维方式似乎有较大的隔阂。

国外学者和来华传教士对上帝存在的种种论证确有大量极其细致的探究，但到目前为止，我们尚未发现有国外学者依据马克思的文本系统地回应各种有神论论证，马克思是如何批判性地理解这些论证的，仍然是一个未受到应有关注的领域。当代西方学者对马克思的宗教思想的关注，也主要体现在三个方面：一是摘编马克思、恩格斯关于宗教的种种论述[②]；二是从宏观层面阐释马克思、恩格斯的宗教思想[③]；三是广泛开展马克思主义与基督宗教之间的对话[④]，这种对话在有着广泛影响的解放

[①] 利玛窦：《天主实义今注》，梅谦立注，谭杰校勘，北京：商务印书馆，2014年，第80—85页。

[②] Karl Marx and Friedrich Engels, *On Religion*, introduction by Reinhold Niebuhr, New York: Schocken Books, 1964; Karl Marx, *On Religion*, edited by Saul K. Padover, New York: McGraw-Hill, 1974; Karl Marx, Friedrich Engels, *On Religion*, Moscow: Progress Publishers, 1975; *Marx on Religion*, edited by John Raines, Philadelphia: Temple University Press, 2002.

[③] Alexander Miller, *The Christian Significance of Karl Marx*, London: S. C. M. Press, 1946; David McLellan, *Marxism and Religion: A Discription and Assessment of the Marist Critique of Christinaty*, Hampshire: The Macmillan Press, 1987; Roland Boer, *Criticism of Earth: On Marx, Engels and Theology*, Leiden: Brill, 2012.

[④] José Porfirio Miranda, *Marx and the Bible*, translated by John Eagleson, New York: Orbis Books, 1974; José Míguez Bonino, *Christians and Marxists: The Mutual Challenge to Revolution*, Grand Rapids: Eerdmans, 1976; James Bentley,

神学运动中表现最为显眼,但我们不能依据马克思的思想与基督宗教在叙事结构上有一些相似之处,就将马克思主义宗教化,宗教批判是马克思主义的重大主题,但马克思主义绝不是宗教。

马克思关于上帝论证的哲学批判尚未引起国内学者的关注,但马克思主义宗教观却是国内学界长期关注的一个重大主题。我国从20世纪60年代开始建立宗教学,翻译和引介了一些重要著作;70年代末出版了中国学者编纂的马克思主义宗教观文选;八九十年代陆续出版了多部宗教学原理性质的专著;最近二十来年是马克思主义宗教观学术成果比较丰硕的时期,学界出版多个版本的马克思、恩格斯关于宗教的论述摘编,创办研究无神论或马克思主义宗教观的期刊和学术集刊,都较大地推动了马克思宗教批判思想研究。这些研究成果主要体现在两个方面:一是在马克思宗教批判思想发展历程和总括性的文本解读方面成果相当丰硕[1];二是在聚焦具体问题的研究方面取得了相当大的进展,诸如"宗教本质""无神论""宗教价值""鸦片隐喻""宗教中国化""相适应""宗教五性""宗教和谐""宗教政策"等主题,学界都有着十分广泛的探讨。这些研究成果都有助于我们进一步深入探究马克思对上帝存在论证的哲学批判。

马克思的整个宗教思想所关注的核心是基督宗教,国外将整个马克思主义宗教化的理解方式,也是出现在基督宗教与马

(接上页) *Between Marx and Christ: The Dialogue in German-Speaking Europe 1870–1970*, London: Verso, 1982.

[1] 卓新平:《马克思主义宗教观探究》,北京:中华书局,2013年;吕大吉、高师宁:《马克思主义宗教理论研究》,北京:中国社会科学出版社,2011年。

克思主义的对话过程中的。直接针对关于上帝存在的几种主要论证进行分析,梳理和重构马克思对于宗教的批判性理解,既有助于夯实无神论的理论基础,也有助于澄清宗教信仰方面的理论问题。2021年12月,习近平总书记再次在全国宗教工作会议上强调,"必须深刻认识做好宗教工作在党和国家工作全局中的重要性","要培养一支思想政治坚定、坚持马克思主义宗教观、学风优良、善于创新的宗教学研究队伍,加强马克思主义宗教学学科建设"[1]。深入研究马克思对上帝存在论证的哲学批判,无疑是加强马克思主义宗教学学科建设的一项基础性工作。

---

[1] 《习近平在全国宗教工作会议上强调 坚持我国宗教中国化方向 积极引导宗教与社会主义社会相适应》,《人民日报》2021年12月5日第一版。

第一章 马克思对本体论论证的批判

关于上帝存在的论证，通常被归为两类，即后天论证和先天论证。后天论证依赖于对世界的经验观察而获知的前提，包括宇宙论论证和目的论论证；先天论证基于独立于对世界的经验而获知的前提，仅仅依靠理性而得出上帝存在的结论，此谓本体论论证。但是，在所有有神论的论证中，本体论论证是"最为引人入胜的。它也是迄今提出的论证中最不寻常的一个"[1]。我们最好不要将本体论论证视作一个单一的论证，而是将其视为包含诸多论证的一个家族。这个家族的成员至少有"定义式的本体论论证""概念式的（或超级内涵式的）本体论论证""模态本体论论证""迈农主义的本体论论证""体验的本体论论证""整分论的本体论论证""高阶性质的本体论论证"及"黑格尔主义的本体论论证"。本体论论证在思想史上有着悠久的历史，它最初由安瑟伦明确地提出，但立即遭到高尼罗的反驳，阿奎那在《神学大全》中亦对它进行了批判，笛卡尔则在《第一哲学沉思集》中捍卫了它，斯宾诺莎又在《伦理学》中赋予了它新的观念，莱布尼茨则在《人类理智新论》中支持了它，休谟在《自然宗教对话录》中攻击了它，但最著名的攻

---

[1] 路易斯·P.波伊曼：《宗教哲学》，黄瑞成译，北京：中国人民大学出版社，2006年，第51页。

击也许是康德在《纯粹理性批判》中所提出的，可是黑格尔又极力地恢复了本体论论证，弗雷格又在《算术基础》中否定了它，而哈特肖恩（Hartshorne）、马尔康姆（Malcolm）和普兰丁格（Plantinga）等当代哲学家却有力地支持了模态本体论论证（modal ontological argument）。① 如果向前追溯，本体论论证所表达出的核心思想可一路追溯到古希腊哲学，对此，文德尔班讲："最完善的存在才可能被想象为唯一存在或存在着的东西，并因此由于它自身的本性的必然性而存在着。上帝的本质（只有上帝的本质）必然包含他的存在。因此，这种论证的核心归根到底是爱利亚学派的基本思想。"② 对于在思想史上影响如此深远的本体论论证，马克思给出了什么样的独到见解呢？

一、本体论论证是"空洞的同义反复"

关于上帝存在的本体论论证，马克思的直接论述主要集中在其博士论文的"附录"之中。在具体分析马克思的论述之前，有必要简单地阐释一下本体论论证的经典形式。纵然本体论论证可以有多种不同的形式③，但人们最为熟知且讨论得最多的传

---

① Graham Oppy, "Ontological Arguments," *The Stanford Encyclopedia of Philosophy* (Fall, 2011 edition), Edward N. Zalta ed., URL = <http://plato.stanford.edu/archives/fall2011/entries/ontological-arguments/>.
② 文德尔班：《哲学史教程》（上卷），罗达仁译，北京：商务印书馆，1997年，第391—392页。
③ 20世纪中叶，美国哲学家哈特肖恩和马尔康姆宣称在安瑟伦的《宣讲》第三章中发现了第二本体论论证，即模态本体论论证。

统形式,还是安瑟伦在《宣讲》的第二章中提出的论证。该论证是从上帝的定义(概念)出发,推导出上帝必然存在。对此,我们可以清理出如下的论证步骤:

(1)上帝="无法设想有比之更伟大者的东西"。(上帝的定义)

(2)如果"无法设想有比之更伟大者的东西仅仅存在于心灵之中",即并不实际存在。(假设)

(3)那么,我们可以进一步设想那"无法设想有比之更伟大者的东西"不仅存在于心灵之中,而且实际存在着。

(4)实际存在的东西比仅仅存在于心灵中的东西更加伟大。

(5)因此,有一种东西比那"无法设想有比之更伟大者的东西"更加伟大。

(6)有一种东西比那"无法设想有比之更伟大者的东西"更加伟大,这是不可能的。(矛盾律)

(7)因而,"无法设想有比之更伟大者的东西,仅仅存在于心灵之中",这是不可能的。

(8)"因此,毫无疑问,那无法设想有比之更伟大者的东西,既存在于心灵之中,也存在于现实中"。(2—7,归谬法)

(9)根据定义,那"无法设想有比之更伟大者的东西",正是上帝。

(10)所以,上帝存在,即上帝既存在于心灵之中,亦

存在于现实之中。（结论）①

显然，安瑟伦的论证是一个标准的归谬论证，其大前提将上帝定义为"无法设想有比之更伟大者的东西"，这不外是说上帝是最伟大、最完美者，因此，其论证又可简化为这样一个推理过程：依照定义，上帝是最完美的存在；实际存在的比仅仅存在于心灵的更加完美；因此，上帝实际存在。

恩格斯在《反杜林论》中亦曾对本体论论证的核心思想进行过简明的概括，恩格斯讲："这种论证法说：当我们思考着上帝时，我们是把他作为一切完美性的总和来思考的。但是，归入一切完美性的总和的，首先是存在，因为不存在的东西必然不是完美的。因此我们必须把存在算在上帝的完美性之内。因此上帝一定存在。"② 对此，我们可以将其改写为一个简单的三段论：上帝拥有一切完美性（大前提）；实际存在是一种完美性（小前提）；因此，上帝实际存在（结论）。

我们有理由相信，马克思心中的本体论论证跟恩格斯所概括的论证思路是一样的：一是因为恩格斯的概括正是马克思所能见到的对安瑟伦本体论论证的传统解释，而安瑟伦的第二本体论论证，即诉诸"可能世界"的模态论证，直到20世纪中叶才被人们"发现"并受到重视；二是因为所有本体论论证都必然涉及"对上帝的特定描述，那描述又几乎总是涉及伟大性

---

① Anselm, *Basic Writings*, edited and translated by Thomas Williams, Indianapolis: Hackett Publishing Company, 2007, pp. 81-82.
② 《马克思恩格斯文集》（第9卷），北京：人民出版社，2009年，第46页。

（greatness）或曰完美性（perfection），即便未直接涉及上帝的伟大性或完满性，但其前提定会借助上帝的伟大性或完满性来加以确证"①；三是《反杜林论》在"付印之前"，恩格斯"曾把全部原稿念给他听"②。

马克思如何理解这种论证呢？他说："对神的存在的证明不外是空洞的同义反复，例如，本体论的证明"③。为何说本体论论证是"同义反复"呢？

本体论论证的结论是"上帝实际存在"，这个命题的主词是"上帝"，谓词是"实际存在"，而谓词的内容作为一种"完美性"已事先被设定在主词之中，"上帝实际存在"这一命题，不外是将主词的部分内涵直接抽取出来做谓词而已。这正如事先在"母亲"这一概念中已经设定了"女的""孩子的妈"等含义，然后将"女的"这一概念抽取出来作为"母亲"的谓词，从而宣称证明了"母亲是女的"这一命题。事实上，将"女的"作为谓词添加给"母亲"这主词，并没有给主词增添任何新的内容，不外是一种同义反复；将"实际存在"这一谓词添加给"上帝"这一主词，也未给主词带来任何新的内容，仍是一种同义反复。如康德所言，"如果你把所有的设定（不论你设定什么）都称作实在的，那么你就已经对这个物连同它的一切谓词都设定在主词中了，并假定它是现实的，而在谓词中你只是在

---

① Brian Leftow, "The Ontological Argument," in William J. Wainwright ed., *The Oxford Handbook of Philosophy of Religion,* Oxford: Oxford University Press, 2005, p. 80.
② 《马克思恩格斯文集》（第9卷），北京：人民出版社，2009年，第11页。
③ 《马克思恩格斯全集》（第1卷），北京：人民出版社，1995年，第100页。

重复这一点而已"①。这种理解确实解释了本体论论证是一种同义反复,然而,马克思的理解并非如此。

马克思又是如何理解的呢?"本体论的证明无非是:'我现实地(实在地)想象的东西,对于我来说就是现实的表象'。"②此即马克思所理解的"空洞的同义反复"。马克思的这句话,并非一目了然,我们必须探求其确切的意思。关键是,何谓"现实地想象"?何谓"现实的表象"?

在贺麟翻译的马克思的博士论文中,其译文是:"本体论证不外是说:'凡是我真实地表象的东西,对于我就是一个真实的表象'。"③据此,可以说,"我现实地想象"就是"我真实地表象";"真实地表象"就是"真实地认为"。"现实地想象"必须满足两个条件:一是肯定性的条件,即我真实地设想的东西,我必须认为那是真实的、实在的,即我将设想的对象认作真实存在的东西;二是否定性的条件,即我真实地设想的东西,并没有一个"我只是作如此设想,那并非真实存在"这样的二阶的意识与之相伴,也就是说,我在真实地设想(表象)某对象时,我不能同时又认为那对象只是存在于我的心灵之中,而并不存在于现实之中,否则,那就不是在"现实地"想象、设想或表象,而只是在有意识地进行"假想"。与"现实地想象"或曰"真实地表象"相对的,正是"有意识地假想";有意识地假想或假设,必然伴随一个二阶意识,即我在假想时,同时意识

---

① 康德:《纯粹理性批判》,邓晓芒译,北京:人民出版社,2004年,第475页。
② 《马克思恩格斯全集》(第1卷),北京:人民出版社,1995年,第100页。
③ 马克思:《博士论文》,贺麟译,北京:人民出版社,1961年,第93—94页。

到我所想的对象仅仅存在于心灵中,在现实中并不存在。

"现实的表象"或曰"真实的表象"也就是"在观念中认为那表象(概念或观念)是关于实在之物的表象(概念或观念)"。与"现实的表象"相对的是"虚假的表象",即我认为表象的对象仅仅存在于心灵之中,而没有现实的对象与之相对应。

现在我们可以明白马克思所说的"同义反复"了。马克思认为,本体论论证不外是说:凡我真实地设想为现实存在的东西,那东西对我而言就是真实存在的。这是一个心理规律。也就是说:上帝是我真实地设想为现实存在的东西(前提),因此,上帝对我而言是真实存在的(结论)。

结论与前提是一个意思,因此,本体论论证不外是"空洞的同义反复"。因此,贺麟在讲黑格尔哲学时,又将马克思的断言翻译为:"本体论论证,就是认为凡是在我观念中认为是真的东西,那么就是真的。"[1] 此可谓传达出了马克思的真实意蕴。马克思揭示出了本体论论证是一个心理规律、心理事实,而非玄奥的思辨或对"存在"一词的逻辑分析。

二、康德对本体论论证的批判"毫无意义"

康德对本体论论证的批判,可谓哲学史上最著名的批判之一,以至于人们常认为他已经一劳永逸地摧毁了本体论论证。

---

[1] 贺麟:《黑格尔哲学讲演集》,上海:上海人民出版社,2011年,第263页。

康德的批判是多方面的，但其最重要的批判可归结为一句话："存在显然不是一个实在的谓词。"① 这是什么意思呢？毫无疑问，在本体论论证的结论"上帝存在"这句话中，"存在"一词，显然是一种谓词。康德的意思并非是说"存在"不是任何形式的谓词，而是说"存在"仅仅是逻辑上的谓词，而非实在的谓词。本体论论证的要害正是误将逻辑的谓词当作了实在的谓词，以当代的哲学术语来说，即是将二阶谓词当作了一阶谓词。"实在的谓词"意味着事物具有或不具有的"属性"（property），它是"可以加在一物的概念之上的某种东西的一个概念"②；而逻辑的谓词则仅仅告诉我们概念，即单纯的可能性，"人们可以随心所欲地把任何东西用作逻辑的谓词，甚至主词也可以被自己所谓述；因为逻辑抽掉了一切内容"③。只有表述事物属性的概念才是

---

① "Being is obviously not a real predicate." (Immanuel Kant, *Critique of Pure Reason*, translated by Paul Guyer, Cambridge: Cambridge University Press, 2000, p. 567.）邓晓芒将之译为："'是'显然不是什么实在的谓词。"（康德：《纯粹理性批判》，邓晓芒译，北京：人民出版社，2004 年，第 476 页。）牟宗三译为："'存有'（being, Sein）显然不是真实的谓词。"（康德：《纯粹理性批判》，牟宗三译，台北：联经出版公司，2003 年，第 891 页。）李秋零译为："'是'显然不是实在的谓词。"（康德：《纯粹理性批判》，李秋零译，北京：中国人民大学出版社，2004 年，第 392 页。）虽然现在有不少人将 being（Sein）译为"是"，但我们绝不认为这种译法在任何地方都是合适的，在此将其译为"存在"抑或"存有"才是合适的。如果译为"是"的话，这就等于低估了安瑟伦、笛卡尔、莱布尼茨、黑格尔等一大批哲学家的语言能力，因为现代汉语中的"是"显然不是一个谓词，而是一个单纯的"系词"，压根儿就不可能是一个"实在的谓词"。这样一来，任何接受过初等教育的人都不会将其误用为真正的谓词，即实在的谓词。然而，西文中的 being（Sein）却实实在在地被不少人当作真正的谓词。

② 康德：《纯粹理性批判》，邓晓芒译，北京：人民出版社，2004 年，第 476 页。
③ 康德：《纯粹理性批判》，邓晓芒译，北京：人民出版社，2004 年，第 475 页。

实在的谓词,因此,"存在"不是实在的谓词,即"存在"不是事物的一个属性,也就是说,"存在"这个词不能给事物的概念添加任何东西。"如果存在不是一个属性,它就不是一个概念的组成部分。一个概念就是一系列的属性,一个事物具有这些属性就属于这个概念。"① 而本体论论证正是将"存在"当作了关于事物的概念的一个成分。康德的这种分析,我们可将其表述为如下的推理形式:

(1)概念反映的是事物所具有的一系列属性。
(2)"存在"不是事物的一个属性。
(3)因此,"存在"不是概念的组成部分。
(4)因而"存在"亦不是"上帝(无法设想有比之更伟大者的东西)"这一概念的组成部分。
(5)因此,仅仅依赖于"上帝"的概念,推导不出其"存在"。
(6)所以,本体论论证是无效的。

"存在"不是一种属性,这是该推理的一个关键性前提。倘若认为:"X存在"告诉了我们事物X的一个属性,那么"X不存在"则一定告诉了我们事物X缺乏某个属性,然而,X根本就不存在,它又怎么可能缺乏什么呢?康德的洞见无疑是深刻的。仅从事物的概念确实推导不出事物外在于心灵而存在。他

---

① Peter van Inwagen, *Metaphysics*, Boulder: Westview Press, 2009, p.118.

还举例说：如果将"存在"当作属性，进而包含在事物的概念之中，那么"一百个现实的塔勒所包含的丝毫也不比一百个可能的塔勒更多。……但是在我的财产状况中，现实的一百塔勒比一百塔勒的单纯概念（即一百塔勒的可能性）有更多的东西"①。本体论论证"正如一个商人为了改善他的境况而想给他的库存现金添上几个零以增加他的财产一样不可能"②。至此，我们似乎确实可以说，"康德扮演了一个铁面无私的哲学家"，并使得"这个世界的最高主宰未经证明便倒在血泊中了"。③然而，康德的批判确实有效吗？他确实驳倒了本体论论证吗？且看马克思的分析。

虽然，马克思认为本体论论证"不外是空洞的同义反复"：凡是我在观念中认为是真实的东西，对于我就是真实的。但在这种同义反复的"设想"中，对设想者而言，被设想的东西绝不等于"单纯的可能性"，更非完全的虚无，因为"这东西作用于我，就这个意义上说，一切神，无论异教的还是基督教的神，都曾具有一种实在的存在。古代的摩洛赫不是曾经主宰一切吗？德尔斐的阿波罗不曾经是希腊人生活中的一种现实的力量吗？在这里康德的批判也毫无意义"④。也就是说，有些人真实地将神设想为现实的东西，这些人心中的神，并不会因为康德的反驳而停止发挥现实的作用。马克思对康德的指责可以逻辑地重构

---

① 康德：《纯粹理性批判》，邓晓芒译，北京：人民出版社，2004年，第476页。
② 康德：《纯粹理性批判》，邓晓芒译，北京：人民出版社，2004年，第478页。
③ 海涅：《论德国》，薛华、海安译，北京：商务印书馆，1980年，第304页。
④ 《马克思恩格斯全集》（第1卷），北京：人民出版社，1995年，第100页。

如下:

(1) 人们现实地设想的东西对设想者要发挥现实的作用。
(2) 上帝是人们现实地设想的东西。
(3) 上帝要对其设想者发挥作用。
(4) 凡能发挥现实作用的东西都"具有一种实在的存在"。
(5) 因此,上帝"具有一种实在的存在"。
(6) 康德认为仅凭对上帝的真实的设想不能证明其具有任何形式的"实在的存在"。
(7) 所以,在这个意义上说,康德的批判"毫无意义"。

安瑟伦以来的本体论论证的前提是信仰,他热切地渴望理解为他的信仰所热爱的真理,他在《宣讲》的第一章中讲:"我不是寻求理解以便我信仰,相反,我是信仰以便我理解。因为我深信:除非我信仰了,否则,我无法理解。"① 即是说,信仰是理解的前提,没有信仰就不会有理解。当然,有信仰不能保证有理解,理解不因信仰而自发地产生,而是信仰的意志极力寻求的结果。传统本体论论证的出发点是一种信仰的态度,而绝非知识论的反思的态度,"信仰寻求理解"是其基本原则。正因为马克思对此有极为深刻的洞察,他才认为信仰者的上帝对其信仰者而言是真实的存在,亦是一种现实的力量,如古腓尼基

---

① 安瑟伦:《信仰寻求理解——安瑟伦著作选集》,溥林译,北京:中国人民大学出版社,2005年,第204页。

人的摩洛赫神、古希腊人的阿波罗神，都曾是主宰一切的现实的力量。康德对本体论论证的批判却是基于一种认识论的和逻辑的观点，忽视了其极为重要的信仰背景和实际作用，在这个意义上说，他的批判不但没有切中要义，显得"毫无意义"，而且还有"攻击稻草人"的嫌疑。

不但康德的批判是无意义的，而且他用来增强其批判力的例证还会适得其反。对此，马克思说："康德所举的例子反而会加强本体论的证明。现实的塔勒与想象中的众神具有同样的存在。"[1] 毫无疑问，马克思和康德都认为现实的塔勒是一种"实在的存在"（real existence），否则，康德就不会举"一百个塔勒"的例子来反驳本体论论证了，但康德绝不认为，众神或上帝也像现实的塔勒一样是"实在的存在"，可马克思为何会令人十分惊奇地指出"现实的塔勒与想象中的众神具有同样的存在"呢？

且看他的精彩论述："难道一个现实的塔勒除了存在于人们的表象中，哪怕是人们的普遍的或者无宁说是共同的表象之外，还存在于别的什么地方吗？"[2] 现实的塔勒即现实的货币，在此，马克思并不将货币的本体论地位归结为一种物理的或化学的自然存在，而是将其归为人们"普遍的表象"（general imagination）或曰"共同的表象"（common imagination），借用约翰·塞尔的术语来说，马克思将货币的本体论地位归结为一种"社会实在"（social reality），即由集体意向性（collective

---

[1] 《马克思恩格斯全集》（第1卷），北京：人民出版社，1995年，第101页。
[2] 《马克思恩格斯全集》（第1卷），北京：人民出版社，1995年，第101页。

intentionality）建构出的一种实在①。确实，货币的实质不在于任何形式的物理的或化学的特征，而在于特定社会中的人们共同地将其表象为具有某种"用途"。如果能获得这种共同的表象，那么任何东西都可以作为货币，如果不能获得这种共同的表象，那么任何东西都不可能是货币。所以说，货币是一种典型的社会存在，即因人们的共同表象而获得的一种真实存在，如果离开了这种共同的表象，也无所谓真实的货币，而只是个人任意的主观幻想。对此，马克思说："要是你把纸币带到一个不知道纸的这种用途的国家里去，那每个人都会嘲笑你的主观表象。"② 同时，马克思认为众神也具有一种真实的存在，但没有任何物理的或化学的特征构成这种真实的存在，众神或上帝只能因为特定社会的"共同表象"而获得那种实在的存在；如果共同的特定表象不再存在，那么相应的神也就立即化为乌有。对此，马克思非常生动地讲："要是你把你所信仰的神带到信仰另一些神的国家去，人们就会向你证明，你是受到幻想和抽象概念的支配。这是公正的。如果有人把温德人的某个神带给古代希腊人，那他就会发现这个神不存在的证明。因为对希腊人来说，它是不存在的。"③ 所有的自然物都独立于相信者的表象而存在，而社会存在，或曰社会实在，都依赖于相信者的心灵表象而存在。当然，这种依赖于心灵表象而存在的东西，其依赖

---

① John R. Searle, *The Construction of Social Reality*, London: Allen Lane, The Penguin Press, 1995, pp. 37-43.
② 《马克思恩格斯全集》（第1卷），北京：人民出版社，1995年，第101页。
③ 《马克思恩格斯全集》（第1卷），北京：人民出版社，1995年，第101页。

的是特定社会的共同表象，而非单一个体的心灵表象。

货币与众神都是依赖于"共同的表象"而存在的东西，或者说，它们都是特定社会通过集体的心灵表象而建构起来的实在，因此，就其本体论地位而言，现实的塔勒与想象中的众神具有同样的存在。如果你理解了货币和众神的本体论地位，那么康德所举的例子就恰好应该表明：神（上帝）对一定社会而言是"一种实在的存在"，并非不具有任何形式的现实性。在这个意义上说，康德的例子不但没能驳斥关于上帝存在的本体论论证，"反而会加强本体论的证明"。康德在逻辑学和知识论上对本体论论证进行了批判，"切断了观念和现实间任何必然的联系，并完全否认了内容［观念］具有任何本体论上的重要特征"[①]，而马克思却以社会存在的本体论特征对康德的批判给予了强有力的抨击。

三、本体论论证是对"自我意识存在的证明"

自笛卡尔以"我思"担保知识的确定性以及世界的存在以来，"哲学一下子转入了一个完全不同的范围……也就是转入主观性的领域，转入确定的东西"[②]，这是黑格尔对笛卡尔哲学的高度评价。但是，这绝不意味着在思想史上笛卡尔是第一个以

---

① 卢卡奇：《关于社会存在的本体论》（上卷），白锡堃等译，重庆：重庆出版社，1993年，第640页。
② 黑格尔：《哲学史讲演录》（第4卷），贺麟、王太庆译，北京：商务印书馆，1997年，第69页。

思维担保存在的人。安瑟伦的本体论论证亦是以思维或曰概念担保上帝的存在，即从关于上帝的思维（概念）推论上帝存在。当然，作为一种影响深远的哲学体系，即思维从其自身开始的体系，确实直到笛卡尔才得以清晰而完整地展现出来。虽然，在一些细节上，笛卡尔对上帝存在的本体论论证跟安瑟伦的论证显然是不一样的，但他们在根本上都以"'上帝'的概念具有无限的完美性"为前提，而这前提又不外是主体自己意识到的思维，即自我意识（self-awareness）。

自我意识可以划分为三个环节：第一，主体意识到自己是一个可以用代词"我"来表达的主体；第二，主体通过体验到自己具有诸如感觉、思维、情感等意识内容来自觉到自己具有意识；第三，反思的意识，它使自己的意识成为认识的对象。自我、内省、自我知识，分别是这三个环节的核心。[①]自我意识是整个意识的特质和真理。马克思讲："人是自我的［selbstisch］。人的眼睛、人的耳朵等等都是自我的；人的每一种本质力量在人身上都具有自我性［Selbstigkeit］这种特性。但是，正因为这样，说自我意识具有眼睛、耳朵、本质力量，就完全错了。毋宁说，自我意识是人的自然即人的眼睛等等的质，而并非人的自然是自我意识的质。"[②]马克思的这段话构成了一个较为严谨的推理：人的眼睛、耳朵等每一种本质力量（essential powers）都具有自我性（selfhood），即人是自我性

[①] Nicholas Bunnin and Jiyuan Yu, *The Blackwell Dictionary of Western Philosophy*, Malden: Blackwell Publishing, 2004, p.627.

[②] 《马克思恩格斯文集》（第1卷），北京：人民出版社，2009年，第206页。

的，因此，自我性是人的一种特性。

我们不能说先有自我意识，它作为独立存在的精神实体发展出了"眼睛、耳朵"等等本质力量，否则，那就陷入了黑格尔式的唯心主义；正确的看法应该是，"眼睛、耳朵"等人的自然力量具有自我意识的性质，这才是一种唯物主义的主张。自我意识是人区别于动物的一个本质性特征。马克思讲："动物和自己的生命活动是直接同一的。动物不把自己同自己的生命活动区别开来。它就是自己的生命活动。人则使自己的生命活动本身变成自己意志的和自己意识的对象。他具有有意识的生命活动。这不是人与之直接融为一体的那种规定性。有意识的生命活动把人同动物的生命活动直接区别开来。"[1] 人能"使自己的生命活动本身变成自己意志的和自己意识的对象"，即是说，人具有自我意识，人能说出一个"我"字，而"我"即是"能思维者的思维"。动物和自己的生命活动直接同一，不能把自己当作对象，因而不能"把自己同自己的生命活动区别开来"。这就是说，动物没有自我意识，不能说出一个"我"字，动物不能达到普遍的思维，只有具有自我意识的东西才能达到普遍的思维。对自己生命活动的自觉，即是自我意识，它将人同动物"直接区别开来"。

动物没有自我意识，不能思维，不能达到普遍的东西，因而动物也绝不可能有宗教信仰，它不能构造出作为普遍者的神。哲学家们的神正是"能动的精神"，是进行自我规定的普遍体。

---

[1] 《马克思恩格斯文集》(第1卷)，北京：人民出版社，2009年，第162页。

人是具有自我意识的、能思维的，能达到普遍性的东西，"自我"自身就是一个普遍者，只有普遍者才能思考普遍者。自我是普遍者，亦是说，自我是精神，只有精神才能思考精神，只有精神才能创造精神。这正如黑格尔所言："当我自己称自己为'我'时，虽然我无疑地是指这个个别的我自己，但同时我也说出了一个完全普遍的东西。"① 在马克思看来，上帝是普遍的精神，但这个普遍的精神绝不是外在于人的意识而存在的，它恰好是人的自我意识所设定的东西，是"外化的人的自我意识"②。对自我意识来说，这个被设定的东西"决不是什么独立的、实质的东西，而只是纯粹的创造物，是自我意识所设定的东西，这个被设定的东西并不证实自己，而只是证实设定这一行动"③。人设定了上帝，这并不证实上帝的现实存在，而只是证实了"设定"这一行动本身。正如我们现实地设想了中华龙，这并不证明中华龙的现实存在，而只是证实了中国人有这一"设想"的行动而已。

　　本体论论证"不外是对人的本质的自我意识存在的证明，对自我意识存在的逻辑说明"④。马克思为何作如此断言？至此，我们可以将其理由分析如下：

　　（1）本体论论证＝"我现实地（实在地）想象的东西，

---

① 黑格尔：《小逻辑》，贺麟译，北京：商务印书馆，2003年，第81页。
② 《马克思恩格斯文集》（第1卷），北京：人民出版社，2009年，第214页。
③ 《马克思恩格斯文集》（第1卷），北京：人民出版社，2009年，第209页。
④ 《马克思恩格斯全集》（第1卷），北京：人民出版社，1995年，第101页。

对于我来说就是现实的表象"①。

（2）我现实地想象的东西是"自我意识所设定的东西"。

（3）自我意识所设定的东西，并不证明被设想的东西独立存在。

（4）自我意识所设定的东西，"只是证实设定这一行动"②。

（5）自我意识的这一"设定"行动，反过来证明了自我意识本身的存在。

（6）因此，本体论论证不外是对人的自我意识存在的证明。

（7）对人的自我意识存在的证明，即是对自我意识存在的逻辑说明。

至此，我们已经清晰地揭示了马克思为何认为本体论论证"是对自我意识存在的证明"。对此，马克思还有一个更为简洁的论证，即："当我们思索存在的时候，什么存在是直接的呢？自我意识。"③对于该论证，我们可以做一个简单的逻辑重构：本体论论证是对上帝之存在的思索，当我们思索存在的时候，直接存在的正是我们的自我意识，因此，本体论论证不外是对自我意识存在的证明。正是这样，所以马克思认为，恢复了本体论论证④的黑格尔哲学"就是要证明自我意识是唯一的、无所不

---

① 《马克思恩格斯全集》（第1卷），北京：人民出版社，1995年，第100页。
② 《马克思恩格斯文集》（第1卷），北京：人民出版社，2009年，第209页。
③ 《马克思恩格斯全集》（第1卷），北京：人民出版社，1995年，第101页。
④ 黑格尔对本体论论证的恢复，并不是通过一个可以列举出其详细过程的有限步骤来实现的，他是以其整个庞大的哲学体系来实现的。因而，我们在此也无法通过列举出前提和结论的方式来展示黑格尔关于上帝存在的本体论论证。

包的实在"①。

  虽然，马克思明确地使用"本体论的证明"一词的文本并不算多，但是，如果我们认为黑格尔哲学对马克思的影响是广泛而持久的，那么马克思对本体论论证的批判性理解也应是其思想中的重要主题，因为"本体论论证是黑格尔的中心思想"②。本体论论证的哲学原则即"思有合一"，由思维过渡到存在。"思有合一是黑格尔哲学的起点，也是终点。"③黑格尔的整个逻辑范畴体系亦是"上帝创造世界所要遵守的图案"④。所以，马克思批判黑格尔哲学是"思辨的创始说"⑤。可以说，马克思理解本体论论证的思路也是他理解黑格尔哲学的思路，他对黑格尔式"思有合一"的诸多批判，亦是对本体论论证的批判。

---

① 《马克思恩格斯文集》（第1卷），北京：人民出版社，2009年，第358页。
② 贺麟：《黑格尔哲学讲演集》，上海：上海人民出版社，2011年，第187页。
③ 贺麟：《黑格尔哲学讲演集》，上海：上海人民出版社，2011年，第151页。
④ 贺麟：《黑格尔哲学讲演集》，上海：上海人民出版社，2011年，第221页。
⑤ 《马克思恩格斯文集》（第1卷），北京：人民出版社，2009年，第344页。

第二章　马克思对宇宙论论证的批判

关于上帝存在的先天论证是从独立于外部经验的上帝概念出发推论上帝之存在，只有本体论论证是纯粹的先天论证[①]；后天论证是从关于外部世界的经验事实出发推论上帝之存在。宇宙论论证是一种颇有深度的后天论证[②]，且有着十分悠久的历史，它可被追溯到柏拉图和亚里士多德的一些著作[③]，阿奎那之"五路"论证的前三路皆属宇宙论论证[④]。休谟、康德、罗素等人从

[①]　马克思对本体论论证的处理，参见文学平：《马克思如何理解关于上帝存在的本体论论证》，《世界宗教研究》2014年第2期，第1—8页。

[②]　神迹论证（the argument from miracles）、道德论证（the moral argument）和目的论证（the teleological argument）皆属后天论证。目的论证通常又被称作设计论证（the argument from design）。马克思认为目的论证应该倒过来说："因为自然安排得不好，所以神才存在。"（《马克思恩格斯全集》[第1卷]，北京：人民出版社，1995年，第101页。）这等于说，因自然安排得不好，而人类又强烈地渴望其变得更好，因而创造出一个全知、全能、全善的上帝来安慰自己，给人们以希望。

[③]　柏拉图在《法篇》（Laws，893-896）讨论运动时，提出思想史上最初形式的宇宙论论证（参见柏拉图：《柏拉图全集》[第3卷]，王晓朝译，北京：人民出版社，2003年，第655—661页）；亚里士多德在《物理学》（Physics，245b7-260a）和《形而上学》（Metaphysics，1069a20-1072b）中论证了不动的动者（unmoved mover）的必然存在（参见亚里士多德：《物理学》，张竹明译，北京：商务印书馆，1982年，第229—247页；亚里士多德：《形而上学》，苗力田译，北京：中国人民大学出版社，2003年，第242—252页）。

[④]　阿奎那的"五路"论证，见他的 Summa Contra Gentiles (I, 13) 和 Summa Theologica (I, q.2, a.3)，可参阅阿奎那：《神学大全》（第1集，第1卷），段德智译，北京：商务印书馆，2013年，第33—37页；阿奎纳：《阿奎纳著作集·论真原》，吕穆迪译，合肥：安徽人民出版社，2013年，第42—57页。

不同角度批判了宇宙论论证，但莱布尼茨、克拉克、斯温伯恩、克雷格等人又从不同角度恢复了该论证。[①] 在此，我们并不想考察宇宙论论证之复杂的历史演进，而仅仅想知道马克思是如何理解该论证的。

一、偶然存在物与充足理由律

宇宙论论证尝试从宇宙万物之运动、变化或存在的事实出发，推论出一种独一无二的存在，此种存在可能被称作"不动的动者""第一因""第一存在者""必然存在物"或其他，它们皆为上帝的别称。这种古老的论证方式之所以不断吸引着当代哲学家的注意力，是因为它隐含着对一个重要的问题的解答，即"为什么有某物存在而不是什么都没有？"[②] 该问题即所谓"存在之谜"。但宇宙论论证并非一个单一的论证，而是不同形

[①] 参见 William L. Rowe, *Philosophy of Religion*, Belmont, CA: Wadsworth, 2007, pp.19-21; William J. Wainwright ed., *The Oxford Handbook of Philosophy of Religion*, New York: Oxford University Press, 2005, pp.116-127; Richard Swinburne, *The Existence of God*, Oxford: Oxford University Press, 2004, pp.133-152。

[②] Gottfried Wilhelm Leibniz, *Philosophical Texts*, translated by Richard Francks and R. S. Woolhouse, Oxford: Oxford University Press, 1998, p.262. 莱布尼茨在《以理性为基础的自然和神恩的原则》(*Principles of Nature and Grace, Based on Reason*) 中说，该问题是"我们有权问的首要问题"。在《形而上学导论》中，海德格尔的第一句话就直截了当地说："究竟为什么在者在而无反倒不在？这是问题所在。这问题恐怕不是普通的问题。'究竟为什么在者在而无反倒不在？'显然是所有问题中的首要问题。"（海德格尔：《形而上学》，熊伟、王庆节译，北京：商务印书馆，2005年，第3页。）由此可见，宇宙论论证所处理的问题在哲学上可不是一个无足轻重的问题，而是哲学的首要问题。

式的一组论证。它有三种主要的论证形式，即凯拉姆式的论证、阿奎那式的论证和莱布尼茨式的论证①。在凯拉姆式的论证中，原因先于结果是时间上的在先；在阿奎那式的论证中，原因先于结果乃逻辑上的在先；莱布尼茨式的论证并不是在论证无因之因（uncaused cause）的存在，而是寻求宇宙之存在的充足理由。但无论诉诸因果关系，还是诉诸偶然与必然，皆是在寻求某种形式的充足理由。因此，三种论证形式的区分并非实质性的区分，只是论证策略不同而已。

在《德谟克利特的自然哲学和伊壁鸠鲁的自然哲学的差别》之"附录"中，马克思第一次对宇宙论论证做出了正式的回应：

> 黑格尔曾经把这一神学的证明完全弄颠倒了，也就是说，他推翻了这一证明，以便替它作辩护。假如有这样一些诉讼委托人，辩护律师除非亲自把他们杀死，否则便无法使他们免于被判刑，那么这究竟应该算什么样的诉讼委托人呢？譬如，黑格尔就对由世界的存在到神的存在的推论作了这样的解释："因为偶然的东西不存在，所以神或绝对者存在。"但是，神学的证明恰恰相反："因为偶然的东西有真实的存在，所以神存在。"神是偶然世界的保证。不

---

① William Lane Craig, *Reasonable Faith: Christian Faith and Apologetics*, Wheaton, Illinois: Crossway Books, 2008, pp.96-99. 凯拉姆式的宇宙论论证（the Kalām cosmological argument）先于阿奎那的论证而由阿拉伯哲学家肯迪（al-Kindī，801—873）和安萨里（al-Ghazālī，1058—1111）等人提出。

言而喻，这样一来，相反的命题也被设定了。①

在这段论述中，马克思虽未直接使用"宇宙论论证"这个术语，但却毫无疑问地是在结合黑格尔的相关论述来回应此种论证。宇宙论论证大致由三个基本要素构成：

（1）偶然的事实：某种价值中立的偶然事实存在。②
（2）充足理由律：某种形式的充足理由律要求每一偶然事实都可得到理性的解释。③
（3）解释性的论证：某种解释性论证表明，作为出发点的偶然事实得到理性解释的唯一可能，就是要有超自然的、上帝一样的存在者存在。④

---

① 《马克思恩格斯全集》（第1卷），北京：人民出版社，1995年，第100页；马克思此段中的引文出自黑格尔在1829年夏季学期开设的《上帝存在之论证讲演》(*Lectures on the Proof of the Existence of God*)的第13讲。

② 加上"价值中立的"（value-neutral）之限制，是要将宇宙论论证中的偶然事实跟目的论论证由之出发的偶然事实区别开来。

③ 充足理由律之最明确的表达出自莱布尼茨："任何一件事如果是真实的或实在的，任何一个陈述如果是真的，就必须有一个为什么这样而不那样的充足理由。"（北京大学哲学系外国哲学史教研室编译：《西方哲学原著选读》[上卷]，北京：商务印书馆，1999年，第482页。）阿奎那在其"五路"论证的前三路中，虽未明确地说他的论证依赖于充足理由律，但毫无疑问，他认为"为什么有事物的运动变化？为什么有偶然的事物存在？"这是需要做出解释的，即需要提供充足的理由。因果律亦是充足理由律的一种形式（Alexander R. Pruss, *The Principle of Sufficient Reason: A Reassessment*, Cambridge: Cambridge University Press, 2006, pp. 26-28）；叔本华亦将因果律称作"生成的充足理由律"（叔本华：《充足理由律的四重根》，陈晓希译，北京：商务印书馆，1996年，第35页）。

④ 参见 Alexander R. Pruss and Richard M. Gale, "Cosmological and Design Arguments," in William J. Wainwright ed., *The Oxford Handbook of Philosophy of Religion*, New York: Oxford University Press, 2005, p. 117.

依照这三个基本要素，结合马克思的回应，我们可以构造出一个莱布尼茨式的证明结构：

(P_1）宇宙中有偶然的事物存在。
(P_2）任何事物的存在都必然有其存在的充足解释（理由或原因）。
(P_3）偶然存在物自身不可为其存在提供充足解释。
(C_1）必须有为偶然存在物提供充足解释的必然存在物。
(P_4）此必然存在物即上帝。
(C_2）因此上帝存在。①

该论证的出发点是"有偶然的事物存在"，这当然是一个真实的经验事实，而其最终结论是"上帝存在"，所以马克思将其逻辑结构概括为："因为偶然的东西有真实的存在，所以神存在。"但马克思指出这个逻辑结构的目的并不是要承认这个论证的有效性，而是要揭示出黑格尔"颠倒了"这一证明，即"推翻了这一证明，以便替它作辩护"。马克思为何如此断言呢？因为黑格尔在关于宇宙论论证的讲演中敏锐地解剖了这一证明的缺陷：它一边是偶然的东西，另一边是"绝对必然的东西"，即

---

① 该论证又被称作"缘自偶然性的论证"（the argument from contingency），不同哲学家给出的论证结构在细节上可能各不相同。参见罗素：《我为什么不是基督徒》，徐奕春、胡溪、渔仁译，北京：商务印书馆，2012年，第147—160页；William L. Rowe, *Philosopy of Religion*, Belmont, CA: Wadsworth, 2007, p. 21; Bruch R. Reichenbach, *The Cosmological Argument: A Reassessment*, Illinois: Charles C. Thomas Publesher, 1972, pp. 19-20。

上帝；一边是有限者，另一边是无限者；一边是结果，另一边是绝对的第一因。但"它没有提供从有限者通往无限者的道路，没有提供从偶然存在者通往绝对必然存在者的道路，亦没有提供从结果通往绝对无限制的第一因的道路。因为它们之间确实有一道固定的鸿沟"①。所以说，宇宙论论证作为证明是无效的。而且在黑格尔看来，"偶然的东西有真实存在。这个命题在本质上是自相矛盾的"②，因为偶然的东西在本质上是非存在（non-Being），偶然存在物不外是必然存在物的现象，拥有真实存在的只是必然存在物，"并非因为偶然的东西存在，绝对必然的东西才存在；相反，因为偶然的东西是非存在，纯粹的现象，其存在并不具有真的实在性，所以绝对必然的东西才存在。绝对必然的东西乃偶然的东西之存在及其真理"③。黑格尔的此种解释，马克思将其概述为："因为偶然的东西不存在，所以神或绝对者

---

① Wilhelm Friedrich Hegel, *Lectures on the Philosophy of Religion: Together with a Work on the Proofs of the Existence of God*, Vol. III, translated by E. B. Speirs and J. Burdon Sanderson, London: Kegan Paul, Trench, Trübner & Co., 1895, p.292. 亦可参见黑格尔：《宗教哲学》（下卷），魏庆征译，北京：中国社会出版社，1999年，第853页。译文有所改动。

② Wilhelm Friedrich Hegel, *Lectures on the Philosophy of Religion: Together with a Work on the Proofs of the Existence of God*, Vol. III, translated by E. B. Speirs and J. Burdon Sanderson, London: Kegan Paul, Trench, Trübner & Co., 1895, p.285. 亦可参见黑格尔：《宗教哲学》（下卷），魏庆征译，北京：中国社会出版社，1999年，第848页。译文有所改动。

③ Wilhelm Friedrich Hegel, *Lectures on the Philosophy of Religion: Together with a Work on the Proofs of the Existence of God*, Vol. III, translated by E. B.Speirs and J. Burdon Sanderson, London: Kegan Paul, Trench, Trübner & Co., 1895, p.285. 亦可参见黑格尔：《宗教哲学》（下卷），魏庆征译，北京：中国社会出版社，1999年，第848页。译文有改动。

存在。"① 这恰好是对宇宙论论证的一种颠倒与驳斥。但黑格尔的目的绝不是要否定"上帝存在"的结论,而是要以他特有的本体论论证的方式替上帝存在作彻底辩护,因此,马克思说,"信奉宗教等等的人可以在黑格尔那里找到自己的最后的确证"②。但黑格尔先推翻原有的论证,然后为原有论证的结论作辩护,这有点像辩护律师先要杀死自己的委托人,然后为其"免于被判刑"作辩护。

马克思绝不赞同黑格尔将偶然存在物当作"非存在"的看法,所以他重申了宇宙论论证的出发点是"偶然的东西有真实存在"③。在此,偶然的东西是论证上帝存在的前提、根据或理由,由此可以说,宇宙论论证设定了这样的命题:"偶然世界是上帝的一种保证"④。但该论证的目的却是要表明一个相反的命题,即上帝是偶然世界的一种保证。因此说,宇宙论论证自身就包含了一个矛盾。

---

① 《马克思恩格斯全集》(第1卷),北京:人民出版社,1995年,第100页。
② 《马克思恩格斯文集》(第1卷),北京:人民出版社,2009年,第216页。
③ 《马克思恩格斯全集》(第1卷),北京:人民出版社,1995年,第100页。
④ 马克思:《博士论文》,贺麟译,北京:人民出版社,1961年,第93页。在此,马克思讲:"在这里上帝对于偶然世界是一种保证。当然,偶然世界是上帝的一种保证也同样在这话里表达出来了。"这两句话的另一种译法为:"神是偶然世界的保证。不言而喻,这样一来,相反的命题也被设定了。"见《马克思恩格斯全集》(第1卷),北京:人民出版社,1995年,第100页。我们认为贺麟先生的译文似乎更准确些,因为"相反的命题"这个说法有可能存在歧义:(1)神不是偶然世界的保证;(2)偶然世界是神的保证。但马克思在此显然是要表达后一种意思,这也正好是黑格尔对宇宙论论证的一种指责。参见 Wilhelm Friedrich Hegel, *Lectures on the Philosophy of Religion: Together with a Work on the Proofs of the Existence of God*, Vol. III, translated by E. B. Speirs and J. Burdon Sanderson, London: Kegan Paul, Trench, Trübner & Co., 1895, pp.282-283。

黑格尔的分析及 P_1 至 C_2 的论证过程，皆表明莱布尼茨式的论证必须区分必然存在物与偶然存在物。从逻辑的角度来看，必然存在物，即必须存在的事物，不可能不存在的东西；偶然存在物是可能存在，也可能不存在的事物。在这个意义上说，喜马拉雅山就是一个偶然存在物，因为它的出现并不具有逻辑上的必然性，设想它不存在并不导致任何逻辑矛盾，如果没有当时的地壳运动，它就可能不存在，未来的地壳运动亦可能使得它不再存在。

对于任何一个事物而言，其之所以存在的解释有且仅有三种可能的情况：一是因自身而得到解释；二是由他物而得到解释；三是没有任何解释，仅仅是无情的事实而已。但如果承认充足理由律，那么第三种情况就是不可能的，因为，如果有些事物的存在是没有任何理由或解释的，这就等于承认宇宙不是彻底理性的；然而，充足理由律却预设了整个宇宙完全是合乎理性的，即任何正事实[①]皆有合理的解释。至此，我们终于有条件来分析前述论证中从 P_3 到 C_1 的推论过程了。

偶然存在物要通过外在于自身的他物而得到解释；必然存在物仅通过自身而得到解释，否则，它就是条件性的偶然存在物而非必然存在物。偶然存在物可以通过另一偶然存在物而得到解释，倘若这种解释不能无限倒退，那就必有一个最初的解释，但这个最初的解释不能是另一个偶然存在物，而必须是一

[①] 此处的"正事实"（positive fact），即有某事物存在的事实，与其相对的是负事实（negative fact），即没有某事物存在的事实，宇宙论论证要寻求的是正事实的充足解释。

个必然存在物；如果由另一偶然存在物来解释的话，就会陷入解释链的无限倒退。倘若承认这种解释链可以无限地倒退和延伸，那么宇宙中任何一个偶然存在物都可以由另一个偶然存在物来加以解释。但在这种情况下，作为整个偶然存在物之集合的宇宙之整体却未得到解释①，因为宇宙的每一个单独的成员都是偶然存在物，因此宇宙本身也是偶然存在物②；偶然存在物之存在不能由其自身而得到解释，但宇宙之外再无偶然存在物，因此，必须要有必然存在物为宇宙的存在提供解释，否则，充足理由律就得不到满足。所以，无论宇宙内部的解释链是有限的还是无限的，都必须要有自我解释、自我存在的必然存在物，否则，宇宙就不是彻底合乎理性的。

对于从 P_3 到 C_1 的推理过程，虽然马克思没有针对其细节进行评述，但他指出了其真实的结构及其后果。在博士论文的"附录"中，马克思接着讲：

> 对神的存在的一切证明都是对神不存在的证明，都是对一切关于神的观念的驳斥。现实的证明必须倒过来说："因为自然安排得不好，所以神才存在。""因为非理性的世

---

① 宇宙中的各个构成要素都得到了解释，作为整体的宇宙是否还需要解释，这是有巨大争议的。休谟认为，如果构成整体的各个部分得到了充分解释，那么整体也就得到了充分解释，参见休谟：《自然宗教对话录》，陈修斋、曹棉之译，北京：商务印书馆，1996 年，第 60 页。

② 构成宇宙的各个成员都是偶然存在物，整个宇宙因此也是一个偶然存在物。罗素认为这种推论犯了合成谬误（fallacy of composition），参见罗素：《为什么我不是基督徒》，徐奕春、胡溪、渔仁译，北京：商务印书馆，2012 年，第 156 页。

界存在，所以神才存在。""因为思想不存在，所以神才存在。"但这岂不是说：谁觉得世界是非理性的，因而谁本身也是非理性的，对他来说神就存在。换句话说，非理性就是神的存在。①

在此，马克思依次颠倒了目的论、宇宙论和本体论三种主要的有神论论证，但我们将略过他对其他两种论证方式的论述，而聚焦于宇宙论论证。对此，马克思的前段论述表达了三层主要意思：（1）宇宙论论证的真实结构是"因为非理性的世界存在，所以神才存在"；（2）非理性就是神的存在；（3）宇宙论论证是对神不存在的证明。

如前所述，宇宙论论证必须预设某种形式的充足理由律。宇宙的各要素要得到充足的解释，作为整体的宇宙亦要得到充足的解释，即整个宇宙必须是彻底合乎理性的。倘若宇宙中必定有某事物存在不外是一个无情的事实而已，根本没有第一因；或者，宇宙（自然界）是由于自己而存在，它是自己的原因，根本无须一个外在原因；或者，原因的无限回溯并非不可能，宇宙在时间上无始无终；或者，一旦宇宙中各个偶然存在的事物得到了充足的解释，整个宇宙就因此而得到了充足的解释；或者，虽然宇宙中各个个别事物的存在是偶然的、有条件的，但偶然存在物却构成了一个必然存在的整体；或者，宇宙中各个个别事物的存在不外是相互作用的结果，而相互作用的

---

① 《马克思恩格斯全集》（第1卷），北京：人民出版社，1995年，第101—102页

初始条件的存在不外是一个无需解释的无情事实。倘若如此，那么宇宙论论证在逻辑上就会遇到这样或那样的困难，因而无法成立。

虽然马克思承认充足理由律，但他并不认为宇宙得以存在的最终解释要靠宇宙之外的他物，他认为自然界和人实际上是"通过自身"而存在的①。但在现实生活中，人们真实地感受到的现实世界（社会）却是不合理的，他们感受到的不是"依靠自己而存在"，而是"靠别人恩典为生"，"我不仅依靠别人维持我的生活，而且别人还创造了我的生活，别人还是我生活的源泉"②，我的生活的根源在我自身之外。正因为人们实际地感受着这种不合乎人性的非理性的世界，感受着自己的从属性和非独立性，所以将这种心理结构投射为存在一个主宰一切的必然存在物，即上帝。据此，马克思说："因为非理性的世界存在，所以神才存在。"③谁切实地感受到了非理性的世界，如果他自己也是非理性的，那么"对他来说神就存在"，因此"非理性就是神的存在"④。但就知识论意义上的彻底理性而言，神并不存在。因此，宇宙论论证的真实结构恰好证明了神不存在。

二、必然存在物与交互作用原则

莱布尼茨式的宇宙论论证是从偶然存在物推导出必然存在

---

① 《马克思恩格斯文集》（第1卷），北京：人民出版社，2009年，第195页。
② 《马克思恩格斯文集》（第1卷），北京：人民出版社，2009年，第195页。
③ 《马克思恩格斯全集》（第1卷），北京：人民出版社，1995年，第101页。
④ 《马克思恩格斯全集》（第1卷），北京：人民出版社，1995年，第102页。

物，进而将必然存在物等同于上帝，马克思对作为该论证之关键点的"必然存在物"又是如何理解的呢？

马克思对必然存在物的批判性理解，直接针对的是黑格尔的"思辨的创世说"①。因为"黑格尔哲学是神学的最后的避难所和最后的理性支柱"②，亦是上帝存在的"最后的确证"③。黑格尔认为最终的实在是无所不包的绝对精神，外部事物或感官对象不外是绝对精神自身的创造力的表现形式而已，绝对精神或上帝就是宇宙论论证中的"必然存在物"，马克思将此必然存在物称作"非对象性的存在物"，与此相对应的偶然存在物则被称作"对象性的存在物"。

在《1844年经济学哲学手稿》之"对黑格尔的辩证法和整个哲学的批判"中，马克思提出了一个著名的哲学论证，以之证明"非对象性的存在物是非存在物〔Unwesen〕"④，即是说，作为必然存在物的上帝不可能真实存在。

> 假定一种存在物本身既不是对象，又没有对象。这样的存在物首先是一个唯一的存在物，在它之外没有任何存在物存在，它孤零零地独自存在着。因为，只有对象存

---

① 《马克思恩格斯文集》(第1卷)，北京：人民出版社，2009年，第344页。
② 费尔巴哈：《费尔巴哈哲学著作选集》(上卷)，荣振华、李金山等译，北京：商务印书馆，1984年，第115页。
③ 《马克思恩格斯文集》(第1卷)，北京：人民出版社，2009年，第216页。
④ 《马克思恩格斯文集》(第1卷)，北京：人民出版社，2009年，第210页。另一种翻译是"非对象性的存在物是一种〔根本不可能有的〕怪物〔Unwesen〕"，参见马克思：《1844年经济学—哲学手稿》，刘丕坤译，北京：人民出版社，1979年，第121页。

于我之外，只要我不是独自存在着，那么我就是和在我之外存在的对象不同的他物、另一个现实。……一个存在物如果不是另一个存在物的对象，那么就要以没有任何一个对象性的存在物存在为前提。只要我有一个对象，这个对象就以我作为对象。而非对象性的存在物是一种非现实的、非感性的、只是思想上的即只是想象出来的存在物，是抽象的东西。说一个东西是感性的即现实的，是说它是感觉的对象，是感性的对象，也就是说在自身之外有感性的对象，有自己的感性的对象。说一个东西是感性的，是说它是受动的。[1]

显而易见，马克思的这一大段论证是比较晦涩的[2]，它从黑格尔所认同的一个基本原则出发来反驳黑格尔的神学一元论，反对有上帝一样的必然存在物，其基本结构如下：

（P_1）如果有一个非对象性的存在物存在，它将是唯一的存在物，那么就不会有对象性的存在物。
（P_2）确实有对象性的存在物存在。
（C）因此，非对象性的存在物不存在。[3]

就逻辑形式而言，这个论证显然是有效的，此即充分条件

---

[1] 《马克思恩格斯文集》（第1卷），北京：人民出版社，2009年，第210—211页。
[2] 正因其晦涩，所以未受到国内学者的充分重视。
[3] Allen Wood, *Karl Marx*, New York: Routledge, 2004, p.172.

假言推理的否定后件式（modus tollens）。因此，理解该论证的关键在于它的两个前提是否值得肯定。

为此，我们首先要回答的问题是：何谓"对象性的存在物"？从否定的方面来说，"一个存在物如果在自身之外没有对象，就不是对象性的存在物"①；从肯定的方面来说，对象性的存在物是"受动的、受限制的和受制约的存在物"②。用通俗易懂的话来说，对象性的存在物之存在必须依赖于另外的存在物，与他物相互作用、相互影响，受到因果关系的实际制约，因而是"受动的"。显然，《1844年经济学哲学手稿》中的"对象性的存在物"，就是马克思在其博士论文的"附录"中所说的"偶然的东西"即偶然存在物，因为它们的存在依赖于他物，处于同他物的因果关系之中。人、植物、太阳等全部自然存在物，皆是对象性的存在物。因为人的存在依赖于食物、空气等等，马克思举例说，"饥饿是自然的需要；因此，为了使自身得到满足，使自身解除饥饿，它需要自身之外的自然界、自身之外的对象。……太阳是植物的对象，是植物不可缺少的、确证它的生命的对象，正像植物是太阳的对象，是太阳的唤醒生命的力量的表现，是太阳的对象性的本质力量的表现一样"③。宇宙作为对象性的存在物的整体，构成一个无穷无尽的相互作用的有机体，即每一个事物都有另外的事物作为其对象。对于任何两个事物而言，如果A是B的对象，那么B也一定是A的对象，"只

---

① 《马克思恩格斯文集》（第1卷），北京：人民出版社，2009年，第210页。
② 《马克思恩格斯文集》（第1卷），北京：人民出版社，2009年，第209页。
③ 《马克思恩格斯文集》（第1卷），北京：人民出版社，2009年，第210页。

要我有一个对象,这个对象就以我作为对象"①,譬如说,植物是太阳的对象,太阳亦是植物的对象;说一个存在物是感性的,即是说它能因果地作用于另一个存在物的感官,这另一存在物也就受到他物的因果作用,因而是受动的。此即"交互作用原则"(reciprocity principle)②。

按照交互作用原则,如果有一个完全自足的(all-sufficient)、自存的(self-existent)存在物,那么它是唯一的存在物,那么就没有存在物在其本质上需要他物、依赖于他物或受他物的影响。在一定的意义上说,黑格尔是接受这个前提的,因为他认为只有上帝或绝对精神才是最终的实在,偶然存在物或自然存在物仅仅是精神的显现形式,它们自身并非真正的实在或真理。黑格尔亦认为世界是一个有机的整体,每个有限的或偶然的存在物皆是有机体的一部分,处于紧密的交互作用之中。

前述推理的大前提依赖于交互作用原则。假如有不止一个非对象性的存在物,那么根据交互作用原则,每一个非对象性的存在物都是一个有机整体的一部分,必处在跟其他非对象性的存在物的交互作用之中。但这就使得非对象性的存在物变成了对象性的存在物,违反了假定的前提。可以假定有一个非对象性的存在物 N 和一个对象性的存在物 O 存在。依据交互作用原则,如果 O 需要 N,依赖于 N,或者受到 N 的影响,那么 N 亦需要 O,依赖于 O,或者受到 O 的影响。因此 N 就成了对象

---

① 《马克思恩格斯文集》(第 1 卷),北京:人民出版社,2009 年,第 210—211 页。

② Allen Wood, *Karl Marx*, New York: Routledge, 2004, pp. 172-173.

性的存在物，这又与假定相反。所以，非对象性的存在物既不能与另一个非对象性的存在物共存，亦不能与对象性的存在物共存。① "它孤零零地独自存在着"，它的存在"要以没有任何一个对象性的存在物存在为前提"②。因此，大前提是值得肯定的。

前述推理的小前提，几乎是不证自明的，人们的经验事实表明，确实有处在因果关系之中的对象性的存在物，确实有相互作用着的事物存在。马克思基于感觉模型来谈真实存在的事物，一个东西是真实存在的，"是说它是感觉的对象，是感性的对象，也就是说在自身之外有感性的对象，有自己的感性的对象"。与此相反，"非对象性的存在物是一种非现实的、非感性的、只是思想上的即只是想象出来的存在物，是抽象的东西"。③ 但是，黑格尔把这一切颠倒过来了，非对象性的存在物是真实的存在，而对象性的存在物不外是前者的现象而已，感性的存在物实际上是非存在物，它根本不具有最终的真理性和实在性。因此黑格尔否定前述推理的小前提，因此亦必然否定其结论。黑格尔对交互作用原则的承认也仅仅限于现象界或有限的存在物，他显然认为绝对精神或上帝在因果关系上是独立于有限的事物而不受它们影响的。马克思坚持任何真实的存在物都必须受制于因果关系，即受制于交互作用的原则，处于因果关系之外的存在物不外是想象力的虚构而已。

必然存在物自身的存在处于因果关系之外，它因自身而存

---

① Allen Wood, *Karl Marx*, New York: Routledge, 2004, p.173.
② 《马克思恩格斯文集》（第1卷），北京：人民出版社，2009年，第210页。
③ 《马克思恩格斯文集》（第1卷），北京：人民出版社，2009年，第211页。

在，不依赖于其自身之外的任何存在物，因而是非对象性的存在物。否定非对象性的存在物存在，即是否定上帝一样的必然存在物的存在。

三、创世问题与终极实在原则

在马克思看来，宇宙论论证是人自身的依赖感、从属感、受造感的哲学表达①，或者说，"宗教是还没有获得自身或已经再度丧失自身的人的自我意识和自我感觉"②。只要人的活动不是他的自主活动，他的活动从属于别人，那么他就还没有获得真正独立的自我，或者是丧失了独立的自我。因此，"创造[Schöpfung]是一个很难从人民意识中排除的观念"③。在这种观念下，马克思认为人们自然而然地会提出如下的问题：

> 你是你父亲和母亲所生；……你会进一步发问：谁生出了我的父亲？谁生出了他的祖父？等等。……直到我提出问题：谁生出了第一个人和整个自然界？④

这后一个问题，我们可称之为"创世问题"。针对该问题的宇宙论论证可被解释为凯拉姆式的论证，因为该问题假定了宇宙在

---

① 《马克思恩格斯文集》（第1卷），北京：人民出版社，2009年，第195页。
② 《马克思恩格斯文集》（第1卷），北京：人民出版社，2009年，第3页。
③ 《马克思恩格斯文集》（第1卷），北京：人民出版社，2009年，第195页。
④ 《马克思恩格斯文集》（第1卷），北京：人民出版社，2009年，第195—196页。

时间上必有一个开端，其最基本的逻辑结构如下：

（P_1）任何有开端的事物皆有其开端的原因。
（P_2）宇宙有其开端。
（C）因此，宇宙有其开端的原因。[①]

当然，这作为宇宙之开端的原因仍然是上帝的哲学称谓。这个高度浓缩的论证，如果用宇宙论论证的三个基本要素来分析的话，P_1包含了经验事实和作为一种充足理由的因果法则两个要素，P_2是一个解释论证的结果[②]。

该推理的大前提P_1能够得到经验和理性的双重确证。从经验事实来看，人类从未发现任何开始存在的事物没有其开始存在的原因，换言之，我们的经验在持续不断地证实：凡有开端者皆有其开端的原因；从理性解释的角度来看，事物的开端（开始存在）是一个事件，倘若一个事件发生了，但却没有任何

[①] William Lane Craig, *Reasonable Faith: Christian Faith and Apologetics*, Wheaton, Illinois: Crossway Books, 2008, p.111. 张志刚先生认为P_2显然是P_1的"逻辑延伸"（张志刚：《猫头鹰与上帝的对话：基督教哲学问题举要》，北京：东方出版社，1993年，第83页），这不合乎克雷格的原意，P_2不是P_1的逻辑延伸，两者是两个完全相互独立的前提，人们完全可以承认P_1，而不承认P_2。

[②] 前提P_2本身是另一个论证得出的结论，其论证方式有多种，其中之一是：（1）实际上无限多的事件不可能存在；（2）在时间上无开端的时间序列必然要求实际上无限多的事件；（3）因此，在时间上无开端的事件序列不可能存在；（4）因此，宇宙必然在时间上有一个开端。参见路易斯·P.波伊曼：《宗教哲学》，黄瑞成译，北京：中国人民大学出版社，2006年，第28页。对于该论证所面临的种种问题，我们并不打算在此讨论，请参见 William Lane Craig, *Reasonable Faith: Christian Faith and Apologetics*, Wheaton, Illinois: Crossway Books, 2008, pp.116-156。

其得以发生的原因,对我们的理智直觉而言,这是极其荒谬的,我们的理性强迫我们承认,任何事件的发生皆有其发生的原因,因果法则是人们理智中的基本法则。但任何有开端的事物皆有其开端的原因,这并不等于说任何事物的存在皆有其自身之外的原因:宇宙之中的具体事物皆有其自身之外的他物作为其得以存在的充足原因,但这并不蕴含着作为整体的宇宙之存在亦有其存在的外在原因。对于前提 P_1,马克思显然是认可的,否则,"谁生了我的父亲"之类的问题就不能成立。

前述推理的大前提没有问题,整个推理的逻辑形式亦没问题,关键在于小前提 P_2。只有承认了该前提,"谁生出了第一个人和整个自然界"的创世问题才是有意义的,否则,该问题就会因其提问的前提预设有误而成为一个虚假的问题。对于创世问题,马克思的直接回答是什么呢?

> 我只能对你作如下的回答:你的问题本身就是抽象的产物。……既然你提出自然界和人的创造问题,你也就把人和自然界抽象掉了。你设定它们是不存在的,你却希望我向你证明它们是存在的。……一旦你那样想,那样提问,你就会把自然界的存在和人的存在抽象掉,这是没有任何意义的。①

马克思的这段论述,其核心的意思有两层:一是创世问题

---

① 《马克思恩格斯文集》(第1卷),北京:人民出版社,2009年,第196页。

是抽象的产物；二是这个问题没有任何意义，因它假定了人和自然界是不存在的。但当我们问任何事物的起源的时候，我们都可能在想象中先抽象掉该事物的存在。譬如说，你问黄河的起源，你就设想了黄河还不存在，然后表明它是如何开始存在的，它是如何形成的，而黄河的起源问题显然是一个有意义的问题；你也可以问解剖学家"骨骼如何形成"[①]的问题，当你这样问的时候，同样也抽象掉了骨骼的存在，因为你是在设想当骨骼还不存在的时候，什么样的初始条件和规律使得骨骼终于存在了。因此，抽象并不总是使得相应的问题变得荒谬而无法回答，亦不总是使得问题"没有任何意义"。为何单单创世问题就是一个"荒谬"而"没有任何意义"的问题呢？因为马克思否认整个自然界（宇宙）有其开端。假如宇宙实际上确实可能有一个开端，即可能有一个外在的原因使得其开始存在，那么创世问题当然是有意义的；如果作为整体的自然界根本不可能有开端，不可能有任何外在的原因使得它存在，那么创世问题当然就是没有意义的。黄河的起源、骨骼的形成等问题之所以是有意义的，是因为黄河、骨骼等具体事物的存在都确实可以有其外在的原因或初始条件，孤立地就黄河和骨骼而言，它们确实不是通过自身而诞生的，因此相应的问题是有意义的。但马克思所理解的人和自然界却是通过其自身而诞生的，没有任何外在的原因使得它们得以诞生。为此，马克思在《1844年经济学哲学手稿》的"私有财产和共产主义"中讲：

[①]《马克思恩格斯文集》（第1卷），北京：人民出版社，2009年，第196页。

整个所谓世界历史不外是人通过人的劳动而诞生的过程，是自然界对人来说的生成过程，所以关于他通过自己而诞生、关于他的形成过程，他有直观的、无可辩驳的证明。因为人和自然界的实在性，即人对人来说作为自然界的存在以及自然界对人来说作为人的存在，已经成为实际的、可以通过感觉直观的，所以关于某种异己的存在物、关于凌驾于自然界和人之上的存在物的问题，即包含着对自然界的和人的非实在性的承认的问题，实际上已经成为不可能的了。①

马克思这段论述看似简单，实际上并不容易理解，因为他是在承认黑格尔式的"终极实在原则"（essentiality principle）的基础上来反驳宇宙论论证的，但黑格尔式的终极实在原则并不是我们理智中的常用装备。终极实在原则是说，"只有实质的或通过自身而存在的东西，才是真正的、终极实在的东西"②。当然，对于黑格尔而言，只有绝对精神或上帝是终极的实在，因为只有它是通过自身而存在，没有任何外来的原因作为其存在根据，它不依赖于任何东西而自在永在，而其他任何东西都依赖于它，不外是它的现象而已，因而不具有最终的实在性。

---

① 《马克思恩格斯文集》（第1卷），北京：人民出版社，2009年，第196—197页。

② Allen Wood, *Karl Marx*, New York: Routledge, 2004, p.176. "essentiality"的字面意思是"本质、实质、实质性、重要性、基本性、根本性"，但如果照字面直译可能会增加理解上的困难，我们按其要表达的意思，将"essentiality principle"译为"终极实在原则"。

马克思在此认可了黑格尔式的终极实在原则，但他认为真正实在的是人和整个自然界。一方面，人属于自然界，"人直接的是自然存在物"，"有生命的自然存在物"[①]；人必须依赖于自然界才得以生存，人"把整个自然界——首先作为人的直接的生活资料，其次作为人的生命活动的对象（材料）和工具——变成人的无机的身体"[②]。另一方面，人通过创造性的劳动生产出自然界的东西，甚至"人再生产整个自然界"，因为人"懂得按照任何一个种的尺度来进行生产"[③]；自然界亦依赖于人类的存在才获得其存在的价值和意义，只有有了人，自然界才得以完成，因而马克思说，"作为完成了的自然主义，等于人道主义，而作为完成了的人道主义，等于自然主义"[④]。正因如此，人与自然之间构成了一个自足的、通过自己而诞生的有机整体。无论是为了解释人的存在，还是为了解释自然界存在的意义，都无需设定绝对精神或上帝之类的存在。因为凡自足的、通过自己而诞生的东西，都是不需要任何外来原因的，也不可能有任何外来的原因，这正如有神论者并不认为上帝的存在还需要外来的原因一样。有神论者将上帝当作必然存在物，相反，马克思将人和自然界这个整体当作必然存在物。如果你认为人和自然界这个有机的整体的存在还需要一个外来的原因，那么上帝的存在亦需要有一个其自身之外的原因；如果人和自然界的存在

[①]《马克思恩格斯文集》（第1卷），北京：人民出版社，2009年，第209页。
[②]《马克思恩格斯文集》（第1卷），北京：人民出版社，2009年，第161页。
[③]《马克思恩格斯文集》（第1卷），北京：人民出版社，2009年，第162—163页。
[④]《马克思恩格斯文集》（第1卷），北京：人民出版社，2009年，第185页。

还有其自身之外的原因，你就将作为整体的人和自然当作了偶然存在物，基于同样的逻辑，你亦需要将上帝当作偶然存在物，但有神论者显然不可能接受这种逻辑。所以，根据黑格尔式的终极实在原则，马克思认为人和自然界就是最终的实在。如果你设想有"某种异己的存在物"，"凌驾于自然界和人之上的存在物"，那么你就否认了人和自然的实在性，而设定了它们的"非实在性"。① 然而，人和自然的实在性不仅根据黑格尔式的终极实在原则能够得到确证，亦可以得到"感觉直观"的确证，即通过"生儿育女使自身重复出现"的"循环运动"②，"再生产整个自然界"和创造人本身的劳动而得到确证。

马克思还认为当时的自然科学亦证明了自然是通过自身而诞生的，因而具有终极的实在性。

> 大地创造说，受到地球构造学即说明地球的形成、生成是一个过程、一种自我产生的科学的致命打击。自然发生说是对创世说［Schöpfungstheorie］的唯一实际的驳斥。③

在此，马克思认为，阿·哥·韦尔纳于1780年创立的关于地球的形成、地球的结构和岩石的构成的科学，证明了地球的存在是宇宙之自我演化、自我产生的一部分，因此这是对创世说的有力驳斥。我们还可以设想，倘若马克思当时知道了他后

---

① 《马克思恩格斯文集》（第1卷），北京：人民出版社，2009年，第196页。
② 《马克思恩格斯文集》（第1卷），北京：人民出版社，2009年，第195页。
③ 《马克思恩格斯文集》（第1卷），北京：人民出版社，2009年，第195页。

来才知道的生物进化论,他亦会说,这又一次驳斥了上帝创世说,证明了自然界向人的生成过程。

因为人和自然界的存在是通过自己而诞生的必然存在物,设想必然存在物有其存在的外在原因,从而追问"谁生出了第一个人和整个自然界"的问题,这就抽象掉了原本不可抽象掉的人和自然界的存在,这显然是无意义的。所以,马克思说:

> 放弃你的抽象,你也就会放弃你的问题,或者,你想坚持自己的抽象,你就要贯彻到底,如果你设想人和自然界是不存在的,那么你就要设想你自己也是不存在的,因为你自己也是自然界和人。不要那样想,也不要那样向我提问,因为一旦你那样想,那样提问,你就会把自然界的存在和人的存在抽象掉,这是没有任何意义的。①

马克思认为人和自然通过自身而诞生,从而否认了凯拉姆式的宇宙论论证的小前提 P_2,因此否定了其结论。但马克思对宇宙论论证的理解亦给我们留下了一个难题,即"交互作用原则"与"终极实在原则"如何协调一致的问题。② 他以交互作用原则否定了"非对象性的存在物"即必然存在物的存在,他又以终极实在原则确认了作为整体的人和自然界是通过自身而诞生的必然存在物。这看起来似乎是明显的矛盾:他既否定了必然存在物的存在,同时又肯定了必然存在物的存在。但这个矛

---

① 《马克思恩格斯文集》(第1卷),北京:人民出版社,2009年,第196页。
② Allen Wood, *Karl Marx*, New York: Routledge, 2004, pp.179-180.

盾是表面的。马克思基于交互作用原则而否定作为必然存在物的"非对象性的存在物"时,他的另一个前提是有对象性的存在物存在,但这个前提只在宇宙之内才成立。如果你将人和自然界作为整体来看,并没有任何东西处在它之外而成为它的对象,因此,如果将交互作用原则运用于作为整体的人和自然界,并不能得出"非对象性的存在物"不存在的结论。当然,如果站在宇宙之内来说,万事万物皆处在交互作用之中,因而不存在非对象性的存在物。终极实在原则恰好是站在宇宙之外来说的,它将人和自然界作为一个整体,这一整体是通过自身而诞生的必然存在物,从这个角度来看,宇宙并不引起它之外的任何东西,亦不由任何东西所引起。因此,马克思的这两个原则适用的对象或角度是不一样的,并不存在真正的矛盾。

第三章　马克思对目的论论证的批判

关于上帝存在的目的论论证（teleological argument for God's existence），通常又被称为设计论证（the argument form design）。人们通常将目的论论证理解为从事物的自然秩序推导出上帝存在。[1]当代宗教哲学家斯温伯恩说，目的论论证是"这样的一种论证，它从世间万物的秩序（oder）或者规律性（regularity）推论出一个上帝，更准确地说，推论出一个非常强大的、自由的、没有身体的、理性的行动者，这行动者是世间万物有秩序的原因"[2]。这种概括当然没错，但它不能直接让人明白这种论证为什么叫作目的论论证。另外一种说法更加容易理解一些："目的论论证坚持从自然界明显的设计（design）或目的性（purposiveness）的一些例子来推论上帝存在。"[3]即是说，自然秩序或规律性可展现出一个有智慧的设计者的意图或目的，这

---

[1]《西方哲学英汉对照辞典》"上帝存在的目的论论证"词条说：目的论"论证以智慧工匠和人工制品之间的关系类比为依据，试图从世界的目的论秩序推导出上帝的存在"。参见尼古拉斯·布宁、余纪元编著：《西方哲学英汉对照辞典》，北京：人民出版社，2001年，第984页。

[2] R. G. Swinburne, "The Argument from Design," *Philosophy*, Vol. 43, No. 165, 1968, p.1999.

[3] Laura L. Garcia, "Teleological and Design Arguments," in Charles Taliaferro, Paul Draper, and Philip L. Quinn ed., *A Companion to Philosophy of Religion*, 2nd edition, West Sussex: Blackwell Publishing Ltd., 2010, p. 375.

个设计者就是上帝。① 目的论论证不是一个单一的论证,而是思路相近的诸多论证的统称,因为展现出某种目的的自然特征或宇宙特征可以有很多不同的面相。目的论论证"诉诸宇宙的这样一些一般性的特征而展开论证,即宇宙之美,宇宙有秩序的或规律般的运转,宇宙各部分的相互联系性,宇宙的可理解性;或者诉诸更加具体的一些特征,比如宇宙适合于生命,它为道德发展提供了合适的条件,它包含着有意识的存在物"②。目的

---

① 不少学者认为目的论论证比本体论论证和宇宙论论证更有说服力。比如奥尔丁说,"在所有证明上帝存在的论证中,设计论证在许多方面都是令人难忘的"(A. Olding, "The Argument from Design—A Reply to R. G. Swinburne," *Religious Studies*, Vol. 7, No. 4, 1971, p. 361);加西亚则更加明确地说,"许多人认为[目的论论证]的这种推论上帝存在的证据方式(evidential approach)比本体论的或宇宙论的论证更加能说服人"(Laura L. Garcia, "Teleological and Design Arguments," in Charles Taliaferro, Paul Draper, and Philip L. Quinn ed., *A Companion to Philosophy of Religion*, 2nd edition, West Sussex: Blackwell Publishing Ltd., 2010, p. 375);斯温伯恩说,"在我看来,证明上帝存在,最强有力的论证是'设计论证'的两种形式,我将它们分别称作时间秩序(temporal order)论证和空间秩序(spatial order)论证"(Richard Swinburne, "Arguments from Design," *Think*, Vol.1, No.1, 2002, p. 49);宗教哲学家希克说,目的论论证"一直是有神论论证中最为流行的一个,它在简单的头脑和复杂成熟的头脑中,都能赢得自发的赞同"(约翰·希克:《宗教哲学》,何光沪译,北京:生活·读书·新知三联书店,1988年,第55页)。

② Laura L. Garcia, "Teleological and Design Arguments," in Charles Taliaferro, Paul Draper, and Philip L. Quinn ed., *A Companion to Philosophy of Religion*, 2nd edition, West Sussex: Blackwell Publishing Ltd., 2010, p. 375. "宇宙论论证从有偶然的事物存在开始,结束于这样的结论,即存在一个原因,它能解释那些偶然事物的存在。相比之下,目的论论证(或者设计论证)从更加具体的一系列属性开始,并结束于这样的结论,即存在一个设计者,为了设计出能展现那些特定属性的事物,这设计者必然具有一些理智的特征(知识、目的、理解、预见、智慧、意图)。因此,大致而言,目的论论证聚焦于在自然的时间性和物理性的结构、行为和路径中发现并确认心灵运作的踪迹。某种重要类型的秩序通常是设计论证的起点。各种各样的拥护者们关注的秩序之类型、层级和事例各不相同,对于秩序、设

论论证"反复出现在从柏拉图的《蒂迈欧篇》以来的各种哲学文献中"[①]。《圣经》上也能找到目的论论证的雏形[②]，但明确提出目的论论证并在该论题上产生持久影响力的代表性人物是阿奎那、休谟、佩利和斯温伯恩。阿奎那在《神学大全》中提出的证明上帝存在的"五路"论证中的最后一路就是目的论的论证，休谟在《自然宗教对话录》中对目的论论证进行了猛烈的批判，佩利又极力捍卫了目的论论证[③]，斯温伯恩是目的论论证在当代的坚定辩护者[④]。我们在此不是要梳理目的论论证的历史变迁，也不是要全面考察该论证的是非对错，而是要分析和重构马克思对目的论论证的批判性理解。为此，我们先要简单分析一下目的论论证所使用的推论模式。

（接上页）计和设计者之间的逻辑联系，他们的建议也各不相同，他们所追求的严谨程度也不同，既有贝叶斯式的形式主义（Bayesian formalisms），也有切斯特顿式的极为严肃的怪想（deadly serious whimsy of G. K. Chesterton）：一头大象有鼻子是奇怪的；但所有大象都有鼻子，这看起来像是一种设计出来的情节。Del Ratzsch and Jeffrey Koperski, "Teleological Arguments for God's Existence," *The Stanford Encyclopedia of Philosophy* (Winter, 2016 edition), Edward N. Zalta ed., URL = < https://plato.stanford.edu/archives/win2016/entries/teleological-arguments/>.

① 约翰·希克：《宗教哲学》，何光沪译，北京：生活·读书·新知三联书店，1988年，第55页。

② "自从造天地以来，神的永能和神性是明明可知的，虽是眼不能见，但借着所造之物就可以晓得，叫人无可推诿。"《圣经·罗马书》第1章，第20节。

③ William Paley, *Natural Theology: Or, Evidences of the Existence and Attributes of the Deity, Collected from the Appearances of Nature*, Oxford: Oxford University Press, 2006.

④ R. G. Swinburne, "The Argument From Design," *The Journal of the Royal Institute of Philosophy*, Vol. XLIII, No. 165, 1968, pp. 199-212.

一、三种推理模式

关于上帝存在的目的论论证历史悠久，支持者众多，按照推理模式划分，大致有三种[①]：一是归纳式的目的论论证；二是演绎式的目的论论证；三是溯因（abduction）式的目的论论证。[②] 在此，我们仅仅以佩利的论证为例来考察这三种论证模式，"在近代，对于这个从设计出发或以设计为终点的论证的最著名的解说之一，就是由威廉·佩利（1743—1805）在其《自然神

[①] Del Ratzsch and Jeffrey Koperski, "Teleological Arguments for God's Existence," *The Stanford Encyclopedia of Philosophy* (Winter, 2016 edition), Edward N. Zalta ed., URL = <https://plato.stanford.edu/archives/win2016/entries/teleological-arguments/>.

[②] "在西方思想史上，各个时期从事过目的论论证的主要代表人物有：古代的西塞罗、柏拉图，中世纪的托马斯，18世纪的威廉·佩利，19世纪的F. R. 坦南特，20世纪的理查德·斯温伯恩等等。目的论论证虽然历史长久、种类杂多，但按照其逻辑推理形式大致可分成两大类，即'演绎式的目的论论证'与'归纳式的目的论论证'。"见张志刚：《猫头鹰与上帝的对话：基督教哲学问题举要》，北京：东方出版社，1993年，第86页。有学者将目的论论证归为三类，即"传统的类比论证"（Traditional Analogical Arguments）、"最佳解释论证"（Arguments to the Best Explanation）和"源自科学的论证"（Arguments from the Science）。参见 Laura L. Garcia, "Teleological and Design Arguments," in Charles Taliaferro, Paul Draper, and Philip L. Quinn ed., *A Companion to Philosophy of Religion*, 2nd edition, West Sussex: Blackwell Publishing Ltd., 2010, p. 375. 与此基本相同的看法是将目的论论证分为"类比论证"（the analogy argument）、"最佳解释推理的设计论证"（design as an inference to the best explannation）和"'微调'设计论证"（"fine-tuning" design arguments）。参见 Michael J. Murray and Michael C. Rea, *An Introduction to the Philosophy of Religion*, Cambridge: Cambridge University Press, 2008, pp. 146-155. 类比论证皆为归纳论证，"源自科学的论证"也就是宇宙微调论证，这属于最佳解释论证。皮尔士（C. S. Peirce）认为溯因推理既不同于归纳，也不同于演绎，但更多的学者认为溯因（最佳解释）推理是归纳的一种形式。溯因（最佳解释）推理是否属于归纳推理取决于对归纳概念的不同界定。

学：或从自然现象中收集的关于上帝存在和属性的证据》(1802年)(以下简称为《自然神学》)一书中提出来的。这个论证至今仍被人们积极地使用,在较保守的神学家圈子中人们尤其如此"[①]。马克思所熟知的目的论论证也主要是近代的一些版本,这些版本大同小异,佩利的论证是其中最典型的一个。但我们的目的并不是要最终判定佩利的论证究竟属于哪种推理模式,或许他的论证本身就留有多种解释的空间,我们只是以此来展示人们构造目的论论证可能使用的一些推理模式。

佩利在《自然神学》开篇就讲:

> 设想我穿越一片荒野时一脚踢到了一块石头,如果有人问这块石头是如何出现在那里的,我可能回答说,就我所知道的而言,它不是如何出现在那里,而是它本来就一直在那里;要指出这种回答的荒谬之处,不是一件很容易的事情。但设想我发现地上有一只钟表,如果询问这只钟表如何会恰好在那个地方,我几乎不应该想到我刚才给出的那个答案,即就我所知,这表或许一直就在那里。但是,为何这种答案不应该既适合这只钟表又适合那块石头呢?为什么这个答案在第二种情形中不应该像在第一种情形中那样得到认可呢?这是因为如下的原因而非其他,即当我们进而查看这只钟表时,我们会看出(我们在石头中

[①] John H. Hick, *Philosophy of Religion*, New Jersey: Prentice-Hall, 1990, p. 23. 可参阅中文版,约翰·希克:《宗教哲学》,何光沪译,北京:生活·读书·新知三联书店,1988年,第55页。

不能看出的东西）：它的各个部分为着一个目的而结合在一起，诸如把它们如此组装起来并经过调节使它运动，这运动如此有规律以便可以指示一天的时间；如果它的各个部分跟原有的形状不同，尺寸大小不同，或组装的方式不同，或组装的顺序不同，那么这机器中根本就不会有转动，或者不会像现在一样指示时间。……观察了这机械装置之后……我们认为，不可避免的推论是：这只钟表一定有一个制造者；一定有一个制造者或一些制造者在某时某地存在，他或他们构造了这只钟表，目的是让它适合我们发现它实际上所适合的目的；他或他们理解了这表的构造，并设计了它的用途。①

我们对钟表的观察不可避免地推出有钟表设计者存在，但自然界的万物或整个自然界又与此有何相关呢？

设计物的每一个标志，设计的每一种表现形式，都存在于钟表之中，存在于自然的作品之中；不同之处在于，自然的作品更大更多，这在某种程度上是无法计算的。我的意思是说，在复杂性、精巧性和机制的奇异性方面，自然的设计物远胜工艺的设计物；而且，如果可能的话，它

---

① William Paley, *Natural Theology: Or, Evidences of the Existence and Attributes of the Deity, Collected from the Appearances of Nature*, Oxford: Oxford University Press, 2006, pp. 7-8.

们在数量和种类上也超过了工艺设计物。①

佩利的整个论证,给不少人的初步印象是他采取了类比式的归纳推理,即通过钟表与自然或宇宙的类比而得出自然也有一个设计者的结论。对此,我们可以将其简化为如下的形式:

$$\frac{钟表}{钟表的设计者} \approx \frac{自然}{自然的设计者}$$

如果我们将它改写成论证的形式,它将是如下的论证结构:

论证 3.1: 佩利目的论论证的归纳式解读

1-1. 钟表有特定的功能目的。

1-2. 如果钟表的各个部分以另外的方式组装在一起,它就不会有此功能目的。

1-3. 钟表一定有其设计者。

1-4. 自然与钟表有相似的功能目的(或秩序)。

1-5. 自然的功能目的(或秩序)很可能有跟钟表相似的设计者。

1-6. 自然的设计者就是上帝。

1-7. 因此上帝存在。②

---

① William Paley, *Natural Theology: Or, Evidences of the Existence and Attributes of the Deity, Collected from the Appearances of Nature*, Oxford: Oxford University Press, 2006, p. 16.

② 类比论证的一般逻辑形式如下:(1) A 和 B 在相关方面类似;(2) B 有性质 P;因此,(3) A 有性质 P。参见斯蒂芬·雷曼:《逻辑的力量》,杨武金译,

不管论证3.1是否正确地捕捉到了佩利论证的核心要义，这都不影响类比归纳式的推理确实是证明上帝存在的目的论论证的一种重要方式。在佩利发表《自然神学》之前半个世纪，休谟就已写成最为著名的批判目的论论证的著作，即《自然宗教对话录》。① 休谟在此书中假借克里安提斯之口说出了如下的目的论论证：

> 看一看周围的世界，审视一下世界的全体与每一个部分：你就会发现世界只是一架巨大的机器，分成无数较小的机器，这些较小的机器又可再分，一直分到人类感觉与能力所不能追究与说明的程度。所有这些各式各样的机器，甚至它们的最细微的部分，都彼此精确地配合着，凡是对于这些机器及其各部分审究过的人们，都会被这种准确程度引起赞叹。这种通贯于全自然之中的手段对于目的的奇妙的适应，虽然远超于人类的机巧、人类的设计、思维、智慧及知识等等产物，却与它们精确地相似。因此，既然

（接上页）北京：中国人民大学出版社，2012年，第341页。类比论证是归纳论证的一种常见形式。有国内学者将佩利的论证概括成如下形式的类比论证："（a）人类制造的产品出于理智的设计或目的；（b）宇宙或世界类似于人类制造的产品；（c）所以，宇宙或世界也出于理智的设计或目的；（d）但跟任何人类产品相比，宇宙或世界更复杂更奇妙；（e）因此，宇宙或世界是一位智慧无比的设计师——上帝创造出来的。"见张志刚：《宗教哲学研究：当代观念、关键环节及其方法论批判》，北京：中国人民大学出版社，2003年，第70页。

① 休谟于1750年写成《自然宗教对话录》，稿子在其爱丁堡友人中传阅；1761年休谟修改了此稿；1776年，休谟委托斯密设法在两年内出版该书（陈尘若：《作者生平和著作年表》，见休谟：《人性论》[下册]，关文运译，北京：商务印书馆，1980年，第760、770、782页）；1779年《自然宗教对话录》正式出版。

结果彼此相似，根据一切类比的规律，我们就可以推出原因也是彼此相似的；而且可以推出造物主与人心多少是相似的，虽然比照着他所执行的工作的伟大性，他比人拥有更为巨大的能力。根据这个后天的论证，也只有根据这个论证，我们立即可以证明神的存在，以及他和人的心灵和理智的相似性。①

休谟指出的这种目的论论证，学者们都一致认为是类比归纳式的论证，其论证可简化为如下推理步骤：

论证 3.2：休谟刻画出的类比归纳论证

2-1. 自然是一架巨大的机器，它由许多更小的机器组成，这些机器都展现出了特定的秩序（尤其是手段跟目的相适应的秩序）。

2-2. 由人的心灵设计出的机器展现出了特定的秩序（尤其是手段跟目的相适应的秩序）。

2-3. 自然与人类设计的机器相似。

2-4. 如果结果相似，那么它们的原因也相似。

2-5. 自然的原因跟人类心灵相似。

2-6. 更大的结果需要更大的原因（原因足以引起结果）。

2-7. 自然比人的心灵设计的机器要大得多。

2-8. 自然的原因跟人类心灵相似，但更加伟大。

---

① 休谟：《自然宗教对话录》，陈修斋、曹棉之译，北京：商务印书馆，1962年，第16页。

2-9. 自然的原因是上帝。

2-10. 因此，上帝存在。[1]

当然，休谟指出的这个论证还可以有其他更为简化的概括[2]，但无论如何，它都明显是一种类比归纳推理。如果将佩利的论证理解为类比归纳推理，那么他的论证跟休谟刻画出来作为批判对象的目的论论证就没有什么实质性的区别。休谟对类比归纳式目的论证进行了毁灭性的攻击。[3]因此，休谟以后的多

---

[1] Derk Pereboom, "Early Modern Philosophical Theology on the Continent," in Charles Taliaferro, Paul Draper, and Philip L. Quinn ed., *A Companion to Philosophy of Religion*, 2nd edition, West Sussex: Blackwell Publishing Ltd., 2010, p. 119.

[2] 休谟的论证也可概括如下："（1）宇宙如同一部机器。（2）相同的结果必有相同的原因。（3）作为结果，宇宙与机器相似。（4）因此，宇宙和机器的原因也相似。（5）因此，造物主有相似于人且高于人的思想。"参见凯利·詹姆斯·克拉克：《重返理性》，唐安译，北京：北京大学出版社，2004年，第21页。

[3] "在多数哲学家看来，被视为上帝存在的一个证明的设计论证，休谟的批判使它遭到了致命性的削弱。"（John H. Hick, *Philosophy of Religion*, New Jersey: Prentice-Hall, 1990, p. 26. 可参阅中文版，约翰·希克：《宗教哲学》，何光沪译，北京：生活·读书·新知三联书店，1988年，第61页。）将休谟的批判运用到佩利的钟表类比，可以发现佩利的论证有如下多个方面的缺陷：（1）钟表类比是不合理的，自然万物并不像钟表。（"这个世界与一只动物或一株植物，比起一只表或一架纺织机来，显然更为相似。所以，世界的原因，更可能与前者的原因相似。前者的原因就是生殖或生长。所以世界的原因，我们可以推想是相似或相类于生殖或生长的某种事物。"见休谟：《自然宗教对话录》，陈修斋、曹棉之译，北京：商务印书馆，1962年，第48页。）（2）如果我们不是使用钟表来进行类比，而是将宇宙跟动物或植物进行类比，那就得不出有一个设计者的结论。（"宇宙的原因与其说归之于理性或设计，不如说归之于生殖或生长。"见休谟：《自然宗教对话录》，陈修斋、曹棉之译，北京：商务印书馆，1962年，第47页。）（3）宇宙与钟表的类比得不出宇宙的原因。（"从部分中得出来的结论能够适合地推而用之于全体吗？其间的极大悬殊，不是禁止着一切的比较和推论吗？观察了一根头发的生长，我们便能从此学到关于一个人的生长的知识吗？"见休谟：《自然宗教对话录》，陈修斋、

数哲学家抛弃了类比归纳式的目的论论证。但这是否意味着休谟的论证能彻底摧毁佩利的论证呢?这要看类比归纳解释是否是对佩利论证的正确解释。正因为将类比归纳看作是对佩利论证的唯一正确解释,所以不断地有学者指责佩利不了解休谟对目的论论证的批判,比如,约翰·希克说:

> 设计论证的经典批判,出现在大卫·休谟的《自然宗教对话录》中。休谟的书出版于1779年,比佩利的书早23年出版;但佩利并未考虑休谟的批判——这绝不是神学家与其哲学批评者之间缺乏交流的唯一例证![1]

[接上页]曹棉之译,北京:商务印书馆,1962年,第21页。)(4)结果相似推出原因相似的原则无法得出一个具有"无限性""完善性"和"统一性"的普遍的原因。(休谟:《自然宗教对话录》,陈修斋、曹棉之译,北京:商务印书馆,1962年,第38—41页。)(5)偶然性可以造就出宇宙的秩序,或者秩序是内在于物质本身的。(休谟:《自然宗教对话录》,陈修斋、曹棉之译,北京:商务印书馆,1962年,第55、46页。)(6)作为宇宙之原因的造物主还需要无穷无尽的原因。("对于你将那个存在的原因看作造物主……我们怎样能够满意呢?我们不是有同样的理由,从那一个观念世界再追溯到另外一个观念的世界,或新的理智的原则吗?"休谟:《自然宗教对话录》,陈修斋、曹棉之译,北京:商务印书馆,1962年,第34页。)(7)神人相似原则贯彻得不彻底。("假设神的心和身也是并存的……是很合理的。"休谟:《自然宗教对话录》,陈修斋、曹棉之译,北京:商务印书馆,1962年,第43页。)(8)即便类比论证成立,自然界广泛存在恶也使得目的论者得出的上帝不可能是全善的。(休谟:《自然宗教对话录》,陈修斋、曹棉之译,北京:商务印书馆,1962年,第62—72页。)有人曾将休谟对目的论论证的批判归纳为10个方面,参见 J. C. A. Gaskin, *Hume's Philosophy of Religion*, Hampshire: The Macmillan Press, 1988.

[1] John H. Hick, *Philosophy of Religion*, New Jersey: Prentice-Hall, 1990, p. 24. 可参阅中文版,约翰·希克:《宗教哲学》,何光沪译,北京:生活·读书·新知三联书店,1988年,第58页。

国内学者对佩利也有类似的指责：

> 早在佩利精心完善设计论证前，休谟便把这种论证形式全盘否定了。且不论休谟是佩利的同胞和前辈，即使就休谟在英国哲学界的影响而言，佩利也该闻其名、读其书、思其观点，可他根本没有考虑过休谟的批评意见。
> 为什么会这样呢？原因不外两种：或对休谟哲学不屑一顾，或不知道休谟的批评。但无论如何，佩利的做法为其论证留下了"一处先天性的硬伤"。①

倘若佩利的论证确实是休谟大力批判的那种类比归纳论证，那么学者们的指责无疑是合理的。倘若佩利的论证并不是类比归纳论证，那就可能不是他不知道或忽略了休谟的批判，而是他明确地意识到了类比归纳的缺陷，甚至对休谟的批判有实质性的回应。实际上，佩利在《自然神学》的第二十六章明确地提到了休谟及其著作。他说：

> 休谟先生（Mr. Hume）在他过世后出版的对话中断言懒惰或对劳动的厌恶简直完全是坏的（他的断言植根于人类所遭受的相当大的一部分恶）。②

---

① 张志刚：《宗教哲学研究：当代观念、关键环节及其方法论批判》，北京：中国人民大学出版社，2003年，第71页。

② William Paley, *Natural Theology: Or, Evidences of the Existence and Attributes of the Deity, Collected from the Appearances of Nature*, Oxford: Oxford University Press, 2006, p. 265. 也见更早的版本，William Paley, *The Works of William Paley, D.D.*, Vol. IV, London: Rivington, 1830, p. 356。

这里的休谟先生当然是哲学家大卫·休谟，这里的"对话"，当然是《自然宗教对话录》。不但如此，佩利还不点名地回应了休谟的诸多批判，比如：对休谟提出的宇宙不完美性或偶尔无序的回应[1]；对几率或偶然性可造就秩序的回应[2]；对神人相似原则的回应[3]；对遭受苦难的回应[4]；对生殖原则的回应[5]；对类比之缺陷的回应[6]。因此，佩利的论证当然是考虑到了休谟之批判的论证，而且佩利对休谟之批判的熟悉度远远超过多数神学家和哲学家的想象[7]。因此，我们有理由换一种思路来理解佩

[1] William Paley, *Natural Theology: Or, Evidences of the Existence and Attributes of the Deity, Collected from the Appearances of Nature*, Oxford: Oxford University Press, 2006, p. 35.

[2] William Paley, *Natural Theology: Or, Evidences of the Existence and Attributes of the Deity, Collected from the Appearances of Nature*, Oxford: Oxford University Press, 2006, p. 163.

[3] William Paley, *Natural Theology: Or, Evidences of the Existence and Attributes of the Deity, Collected from the Appearances of Nature*, Oxford: Oxford University Press, 2006, p. 213.

[4] William Paley, *Natural Theology: Or, Evidences of the Existence and Attributes of the Deity, Collected from the Appearances of Nature*, Oxford: Oxford University Press, 2006, p. 265.

[5] "有一种看法，将'繁殖'视为自然的原则，并将这个原则当作有序的事物之原因，或者以这种原因满足我们心灵的企图，就我的判断而言，这不但会被在那些事物中可以发现的设计的标志所驳倒，不管怎样，它都不能给我们提供一个设计者，不能给我们提供解释，而且它还会被进一步的考虑所驳倒，因为繁殖的事物对非繁殖的事物拥有明显的关系。" William Paley, *Natural Theology: Or, Evidences of the Existence and Attributes of the Deity, Collected from the Appearances of Nature*, Oxford: Oxford University Press, 2006, p. 220.

[6] William Paley, *Natural Theology: Or, Evidences of the Existence and Attributes of the Deity, Collected from the Appearances of Nature*, Oxford: Oxford University Press, 2006, p. 219.

[7] 有学者在一个注释中提到："关于休谟对自然神学的批判，佩利的了解

利的论证，即不将它理解成类比归纳式的论证，而将其理解成一种演绎论证。

澳大利亚蒙纳士大学的哲学教授格雷姆·奥皮（Graham Oppy）将佩利论证的基本形式概括如下：

论证 3.3：佩利目的论论证的演绎式解读

3-1. 有些情况下出现的功能和发挥其功能的结构的恰当性使得我们必然推论出一个设计者。（前提）

3-2. 因此，一般而言，功能的出现和发挥其功能的结构的恰当性保证了智慧设计的作用。（从 3-1 推导而出）

3-3. 自然界有其功能，发挥其功能的结构具有恰当性。（前提）

3-4. 因此，自然界是智慧设计的产品。（从 3-2 和 3-3 推导而出）[1]

这个论证显然是一个后天论证，因为它的两个前提都是经验性的断言，但它仍然是一个直截了当的演绎论证。[2] 佩利在

（接上页）似乎比人们通常所认识到的要多。" Neal C. Gillespie, "Divine Design and the Industrial Revolution: William Paley's Abortive Reform of Natural Theology," *Isis*, Vol. 81, No. 2, 1990, p. 219, 注释 15。

[1] Graham Oppy, "Paley's Argument for Design," *Philo*, Vol. 5, No. 2, 2002, pp. 166-167. 也见 Graham Oppy, *Arguing about Gods*, Cambridge: Cambridge University Press, 2006, p. 181。

[2] 学者们通常认为演绎式目的论论证最典型的代表是阿奎那的第五路，参见张志刚：《猫头鹰与上帝的对话：基督教哲学问题举要》，北京：东方出版社，1993 年，第 86 页。埃利奥特·索伯将阿奎那的目的论论证概括为如下的推理形式：（1）在

《自然神学》中反复强调"设计物的标志"（marks of contrivance）、"设计的标志"（marks of design）、"设计物的标识"（indication of contrivance）、"机械设计的标志"（marks of mechanical contrivance）等。① 佩利通过钟表来展示出智慧设计物的典型标志，然后由自然界随处可见的设计物的标志而推导出一个统一的设计者。"钟表确实起着明显而关键的作用，但它只是设计推理的典型例子，不是推理性比较的类比基础。"② 但这种解读不能解释佩利为什么要考虑除有神论以外的其他一些假设。

佩利认为，钟表可观察的特征对设计假设（the design hypothesis）的支持远比它对随机假设（the randomness hypothesis）的支持要好。接着他对他的读者说：如果你同

（接上页）为目的而行为的事物中，有些事物拥有心灵，而另一些事物没有；（2）一个为目的而行动的事物，如果它自身没有心灵，那就必须有一个拥有心灵的存在者设计了该事物；（3）因此，有一个拥有心灵的存在者设计了全部为目的而行动且无心灵的事物；（4）因此，上帝存在。Elliott Sober, *Core Questions in Philosophy: A Text with Readings*, 4th edition, New Jersey: Pearson Education, Inc., 2005, p. 53.

① William Paley, *Natural Theology: Or, Evidences of the Existence and Attributes of the Deity, Collected from the Appearances of Nature*, Oxford: Oxford University Press, 2006, pp. 9,12,14,16, 37, 40, 48, 68, 215, 229, 250.

② Del Ratzsch, Jeffrey Koperski, "Teleological Arguments for God's Existence," *The Stanford Encyclopedia of Philosophy* (Winter, 2016 edition), Edward N. Zalta ed., URL = <https://plato.stanford.edu/archives/win2016/entries/teleological-arguments/>. 在此文中，作者将佩利的论证概括为如下的推理形式：（1）自然界的一些事物（或自然本身，即宇宙）如同设计的一样（显示出了认知推理、有意塑造的特征R）；（2）如同设计一样的属性（R）不会出自（未经指导的）自然方式，即所有显示出这种R属性的现象都一定是有意设计的产物；（3）因此，自然界的一些事物（或自然本身，即宇宙）是有意设计的产物。当然，有意设计之能力需要有某种类型的能动者。

意对有关钟表的这两个假设的评价,那么关于生物的复杂性和适应性,你就应该得出同样的结论。在这两种情况下,设计假设都远比随机假设更为合理。①

既然佩利比较了对"设计的特征"的其他可能的解释,那么佩利的论证似乎是一种最佳解释论证,而且这种解读似乎也能得到他自己阐述的方法论的支持。

我们无论在哪里看到设计物的标志,它就会将我们引到作为其原因的一位有智慧的创造者。认识上的这个过渡是建立在统一的经验之上的。我们看到智慧不断地生产出结果,以一定性质为标志和特征的结果;这些结果的标志和特征不是某种特殊的性质,而是一类性质,诸如它跟某个目的的关系,各个部分之间的相互关系,各个部分与它们共同的目的之间的关系。凡是我们目睹事物实际结构之处,除了智慧产生出有如此标志和特征的结果以外,我们什么也看不到。带着这样的经验,我们来看自然的产品。我们观察到它们也有同样的标志和特征。我们想要解释它们的来源。我们的经验使我们想到了一个足以给出解释的原因。没有任何经验或例子能够支持别的任何解释。②

---

① Elliott Sober, *Philosophy of Biology*, Boulder: Westview Press, 1993, p. 31.
② William Paley, *Natural Theology: Or, Evidences of the Existence and Attributes of the Deity, Collected from the Appearances of Nature*, Oxford: Oxford University Press, 2006, p. 215.

这显然是在说自然万物都包含了设计物的标志，我们的普遍经验使得我们自然而然地想到设计者，并以之来解释带有设计标志的事物的来源，而且我们的经验不能提供任何其他更好的解释。这似乎是典型的溯因推理。① 因此，我们可以将佩利的论证概括为如下形式的推理：

论证 3.4：佩利目的论论证的溯因推理解释

4-1. 自然万物涵有像设计物一样的特征，诸如它跟某个目的的关系，各个部分之间的相互关系，各个部分与它们共同的目的之间的关系。

4-2. 如果自然万物是一个有智慧的设计者的产品，那么它们就有像设计物一样的特征。

4-3. 自然有一个智慧的设计者，我们就能充分地解释自然万物所具有的特征，除此以外，我们还没有任何更好的解释。

4-4. 自然有一个智慧的设计者，这很可能为真。

类似于此的溯因推理应该是佩利目的论论证的最佳解读。② 休谟所批判的论证"不是一种最佳解释推理，而是类比论证或者归纳论证。这另外的论证观念是非常紧要的。如果那论证有

---

① 参见 Bowman L. Clarke, "The Argument from Design — A Piece of Abductive Reasoning," *International Journal for Philosophy of Religion*, Vol. 5, No. 2, 1974, pp. 65-78.

② Jonah N. Schupbach, "Paley's Inductive Inference to Design: A Response to Graham Oppy," *Philosophia Christi*, Vol. 7, No. 2, 2005, pp. 491-502.

休谟归之于它的那些特征，那么他的批判就是非常有力的。但如果那论证是我［埃利奥特·索伯］所坚持的那种诉诸最佳解释推理的论证，那么休谟的批判就会彻底失去其杀伤力"①。即便佩利的论证不是最佳解释论证，这也无关紧要，因为我们的意图仅仅是要表明目的论论证可以有类比归纳、演绎和溯因多种推理模式，而且同一个论证也可能存在多种不同的解读思路。

二、世界是有缺陷的存在物

目的论论证，无论其具体的经验性前提是什么，无论其推理形式如何，其最基本直觉是说："随机的、无意的、原因不明的偶然事件不会产生秩序、美和巧妙的事物，也不会像是有目的，但秩序、美景、美妙的事物好像有目的，却是我们在周围的自然界中所体验到的东西。"② 休谟笔下自然神论者克里安提斯说："一个秩序井然的世界，正像一种和谐而清楚的语言一样，仍会被看作设计与意向的不容争辩的证明。"③ 目的论论证的当代形式是宇宙微调论证，其基本意思是说：宇宙展示出了经过微调的特征，这使得它适合生物的生存，但微调的特征不大可能在无神论的条件下发生，因此微调性特征为有神论提供了强有

---

① Elliott Sober, *Philosophy of Biology*, Boulder: Westview Press, 1993, p. 33.

② Del Ratzsch and Jeffrey Koperski, "Teleological Arguments for God's Existence", *The Stanford Encyclopedia of Philosophy* (Winter, 2016 edition), Edward N. Zalta ed., URL = <https://plato.stanford.edu/archives/win2016/entries/teleological-arguments/>.

③ 休谟：《自然宗教对话录》，陈修斋、曹棉之译，北京：商务印书馆，1962年，第28页。

力的证据。①

马克思如何看待目的论论证呢？他在其博士论文的"附录"中专门谈到了"关于神的证明"问题，他说：

> 对神的存在的一切证明都是对神不存在的证明，都是对一切关于神的观念的驳斥。现实的证明必须倒过来说："因为自然安排得不好，所以神才存在。"②

这里有两句话，第一句显然是针对全部有神论论证的，但第二句却显然只是针对目的论论证而说的，因为就其实质而言，目的论论证的各种版本都可以概括成如下的总体论证模式：

论证 3.5：目的论论证的总体模式

5-1. 自然安排得很好（如井然有序、各部分紧密配合、巧妙无比、恰好适合于生命等等）。

5-2. 安排得如此之好的东西不可能是偶然性的产物。

5-3. 因此它极可能（或必然）是有意设计的产物。

这表明目的论论证是在说：

> 因为自然安排得很好，所以神存在。

---

① Michael J. Murray and Michael C. Rea, *An Introduction to the Philosophy of Religion*, Cambridge: Cambridge University Press, 2008, p.150.

② 《马克思恩格斯全集》（第1卷），北京：人民出版社，1995年，第101页。

马克思却认为这不是神存在的实际证明,其真实的证明是说:

> 因为自然安排得不好,所以神才存在。①

为何这才是目的论论证的真实证明呢?其真实证明不是前面提到的 3.1—3.4 那样的一些论证吗?而且它们都符合论证 3.5 这个总体模式。为此,我们可以将目的论论证区分为表面的逻辑论证和实际的发生论证。前者揭示的是相信上帝存在的表面逻辑,后者揭示的是相信上帝存在之实际的心理发生过程。相信上帝存在的心理发生过程的逻辑不是表面的理论论证逻辑,而是实际心理需要的逻辑,即摆脱现实苦难而求得心理慰藉的逻辑。目的论论证表面的逻辑要解答的问题是:我们有什么好的证据相信上帝存在?神学家提供的证据是自然安排得井然有序、巧妙无比、适合生命存在等等。但在马克思看来,目的论论证实际发生的逻辑要解答的问题是:有神论信念得以发生的实际原因是什么?或者说,人们为什么想要有一个上帝?对此,根据马克思的看法,我们可以得到如下的简单推理:

论证 3.6:"现实的"目的论论证

6-1. 自然界不会满足人,人决心以劳动来改造自然。

6-2. 只有经过劳动改造过的人化自然才是满足人的需

---

① 《马克思恩格斯全集》(第 1 卷),北京:人民出版社,1995 年,第 101 页。

要的现实对象。

6-3. 因此自在的"自然界是个有缺陷的存在物"[①]。

6-4. 所以说"自然安排得不好"[②]。

6-5. 因为自然安排得不好，所以人们想要有一个上帝来求得"精神抚慰"[③]。

6-6. 因此只有在人们的幻想中上帝的存在才能得到证明。

这个论证将传统的目的论论证颠倒成了"对神不存在的证明"，即是"关于神的观念的驳斥"。[④]

将自然界看作是有缺陷的存在物，这是驳斥目的论论证的常用策略，休谟在《自然宗教对话录》中就曾经指出：

> 必须承认，宇宙中很少的部分不是为着某种目的而服务的，去掉这些部分很少会不在全体之中造成显然的缺陷和紊乱。各部分都连结在一起，不可能触动其中一个而不或多或少地影响其余的。但同时，必须看到，这些动力或原则，不管怎样有用，其中没有一个是调配得十分精确，恰恰保持在它们的有效性的范围之内的；而是它们在每一场合下全都易于走入这一个或另一个极端的。一个人会设想，这个巨大的作品没有经过制造者的最后一次手；每一

---

① 《马克思恩格斯文集》(第1卷)，北京：人民出版社，2009年，第222页。
② 《马克思恩格斯全集》(第1卷)，北京：人民出版社，1995年，第101页。
③ 《马克思恩格斯文集》(第1卷)，北京：人民出版社，2009年，第3页。
④ 《马克思恩格斯全集》(第1卷)，北京：人民出版社，1995年，第101页。

部分都是非常的不完善,而工作的手法又是非常的粗糙。比方,风对于在地球表面运送气体、帮助人的航行,是必需的;但又多么常见其激起而成为风暴和台风,而变成有害的呢?雨对于滋养地球上的动植物是必需的;但雨又多么常常地有害呢?多么常常地过分呢?热对于一切动物生活和植物生长都是必需的;但并不总是能够经常保持适当的比例。动物的健康和昌盛依靠身体上的体液和腺液的调和及分泌;但是这各部分并不能总是有规律地完成它们的正当的功能。有什么比心灵所具有的野心、自负、爱情、愤怒等等情绪更有用处?但它们是多么常常地冲破它们的界限,而在社会上引起极大的变乱呢?在宇宙中最有利益的东西,总是常常因为过分或缺陷就变成有害的;自然界也没有以必要的精确性来防止一切的紊乱和混淆。这种不规则性也许决不至于大到可以毁灭任何族类;但常常足以使个体陷于毁灭和不幸。①

在休谟看来,自然每一部分都非常不完善,都有其设计上的缺陷,因此目的论论证不能成立。严寒、酷暑、地震、海啸、干旱、风暴、瘟疫、饥荒、动物厮杀等等,这都是我们常见的自然界的恶。既然如此,我们就难以从自然的巧妙设计中推论出一个智慧的设计者。休谟还认为人自身也设计得不好,因为:

---

① 休谟:《自然宗教对话录》,陈修斋、曹棉之译,北京:商务印书馆,1962年,第79页。

> 人才是人的最大的敌人。压迫、偏私、轻蔑、强横、暴虐、骚乱、诽谤、叛逆、欺诈,他们借着这一些彼此相互折磨;假如他们不是害怕他们的分裂会惹来更大的祸患,他们会立刻将他们所组成的社会拆散的。①

人容易陷入各种各样的道德上的恶。既然存在一个智慧的设计者,为何世界上有各种自然的恶和道德的恶呢?② 既然恶存在,因此智慧的设计者不存在。休谟认为自然安排得不好,达尔文也认为自然安排得不好③,马克思除了早年在博士论文的"附录"中说过"自然安排得不好"之外,还有其他证据证明他相信自然设计得不好吗?且看他在《1844年经济学哲学手稿》中的两段话:

> 正像人的对象不是直接呈现出来的自然对象一样,直接地存在着的、客观地存在着的人的感觉,也不是人的感性、人的对象性。自然界,无论是客观的还是主观的,都不是直接同人的存在物相适合地存在着。④

---

① 休谟:《自然宗教对话录》,陈修斋、曹棉之译,北京:商务印书馆,1962年,第64页。

② 有神论者会提出神正论来解答上帝为何允许坏事存在的问题。参见理查德·斯温伯恩:《上帝是否存在?》,胡自信译,北京:北京大学出版社,2005年,第80—95页。

③ 达尔文写道:"对我来说,世上的不幸实在太多了。我说服不了自己去相信一位仁慈全能的上帝会设计出姬蜂,而这设计的明确意图是要姬蜂用毛虫的活体来喂养自己。"转引自凯利·詹姆斯·克拉克:《重返理性》,唐安译,北京:北京大学出版社,2004年,第45页。

④ 《马克思恩格斯文集》(第1卷),北京:人民出版社,2009年,第211页。

既然抽象思维是本质，那么外在于它的东西，就其本质来说，不过是某种外在的东西。抽象思维者同时承认感性、同在自身中转动的思维相对立的外在性，是自然界的本质。但是，他同时又把这种对立说成这样，即自然界的这种外在性，自然界同思维的对立，是自然界的缺陷；就自然界不同于抽象而言，自然界是个有缺陷的存在物。一个不仅对我来说、在我的眼中有缺陷而且本身就有缺陷的存在物，在它自身之外有一种为它所缺少的东西。这就是说，它的本质是不同于它自身的另一种东西。①

虽然这两段话是针对黑格尔《精神现象学》的评论，不是在正面阐释马克思自己的看法，但"自然界……不是直接同人的存在物相适合地存在着"，"自然界是个有缺陷的存在物"确实可以理解成马克思的主张，只不过他自己的看法的依据不是黑格尔式的绝对唯心论，即将自然看作是"观念的异在形式"②。

首先，相对于人化自然而言，自在自然是有缺陷的。全部目的论论证的经验前提都是自然展示出完美而精巧的秩序等等，但马克思将自然区分为自在自然和人化自然③，就自在自然不能满足人的需要而言，它是有缺陷的，因此它的设计不是很好，需要经过辛勤的劳动对它进行加工改造，使它变得更好。自在

---

① 《马克思恩格斯文集》（第1卷），北京：人民出版社，2009年，第222页。
② 《马克思恩格斯文集》（第1卷），北京：人民出版社，2009年，第222页。
③ 人化自然即经人们加工改造过的自然，马克思在《1844年经济学哲学手稿》中称之为"人化的自然界"或"人本学的自然界"，参见《马克思恩格斯文集》（第1卷），北京：人民出版社，2009年，第191、193页。

自然是有缺陷的,只不过这种缺陷不是黑格尔意义上的,即不是说"自然同思维的对立,是自然的缺陷"。如果自在自然没有缺陷,那就不用加工改造了,因而也就不可能有真正的人类历史了。马克思在《1844年经济学哲学手稿》中讲:

> 在人类历史中即在人类社会的形成过程中生成的自然界,是人的现实的自然界;因此,通过工业——尽管以异化的形式——形成的自然界,是真正的、人本学的自然界。①

马克思在《1857—1858年经济学手稿》中说:

> 自然界没有造出任何机器,没有造出机车、铁路、电报、自动走锭精纺机等等。它们是人的产业劳动的产物,是转化为人的意志驾驭自然界的器官或者说在自然界实现人的意志的器官的自然物质。它们是人的手创造出来的人脑的器官;是对象化的知识力量。②

在马克思看来,"机车、铁路、电报、自动走锭精纺机等等",都是人们通过工业创造出的大规模的人化自然,它们都是自然界原本没有的,但它们确证了人的本质力量,它们是人的现实的自然对象,也是比自在自然更加符合人性的"人本学的

---

① 《马克思恩格斯文集》(第1卷),北京:人民出版社,2009年,第193页。
② 《马克思恩格斯全集》(第31卷),北京:人民出版社,1998年,第102页。

自然界"。如果自在自然本来就设计得很好了，那么人类为何会世世代代不辞辛劳地去创造出各式各样的人化自然呢？自然设计得不好，人类决心用自己双手的劳动将它变得更好。

其次，作为自然产物的人是有缺陷的，或者说，自然对人的设计不好。在马克思看来，人不仅仅是自然的产物，更是社会的产物，"人是最名副其实的政治动物，不仅是一种合群的动物，而且是只有在社会中才能独立的动物"[1]。不但人的思维能力只有在社会中才能得到发展，就连人的感官知觉都是社会的产物。仅仅作为自然产物的人，只是生命力较弱的两足动物。因此，马克思讲：

> 不言而喻，人的眼睛与野性的、非人的眼睛得到的享受不同，人的耳朵与野性的耳朵得到的享受不同，如此等等。……社会的人的感觉不同于非社会的人的感觉。只是由于人的本质客观地展开的丰富性，主体的、人的感性的丰富性，如有音乐感的耳朵、能感受形式美的眼睛，总之，那些能成为人的享受的感觉，即确证自己是人的本质力量的感觉，才一部分发展起来，一部分产生出来。因为，不仅五官感觉，而且连所谓精神感觉、实践感觉（意志、爱等等），一句话，人的感觉、感觉的人性，都是由于它的对象的存在，由于人化的自然界，才产生出来的。[2]

---

[1]《马克思恩格斯文集》(第8卷)，北京：人民出版社，2009年，第6页。
[2]《马克思恩格斯文集》(第1卷)，北京：人民出版社，2009年，第190—191页。

在马克思看来,"五官感觉的形成是迄今为止全部世界历史的产物。囿于粗陋的实际需要的感觉,也只具有有限的意义"[①]。人的视觉、听觉、触觉、嗅觉、味觉、精神感觉和实践感觉都是社会历史的产物,绝非自然设计的产物,因为"只有音乐才激起人的音乐感"[②],没有相应的对象,就没有相应的感觉。音乐、雕塑、美食、温暖的住处、美丽的公园等都是激发五官感觉、精神感觉和实践感觉的对象,这些对象都是人类为自己创造的人化的自然。因此真正的人的感觉都必定是通过人化自然而生产出来的,根本不是自然的设计物或馈赠品。单纯作为自然产物的人的感觉"只具有有限的意义",即满足最粗糙的动物式需要的意义。

最后,迄今为止的全部社会都是有巨大缺陷的。众所周知,马克思曾提出过三种社会形态划分的理论。

> 人的依赖关系(起初完全是自然发生的),是最初的社会形式,在这种形式下,人的生产能力只是在狭小的范围内和孤立的地点上发展着。以物的依赖性为基础的人的独立性,是第二大形式,在这种形式下,才形成普遍的社会物质变换、全面的关系、多方面的需要以及全面的能力的体系。建立在个人全面发展和他们共同的、社会的生产能力成为从属于他们的社会财富这一基础上的自由个性,是

---

① 《马克思恩格斯文集》(第1卷),北京:人民出版社,2009年,第191页。
② 《马克思恩格斯文集》(第1卷),北京:人民出版社,2009年,第191页。

第三个阶段。第二个阶段为第三个阶段创造条件。①

在第一种"人的依赖关系"的社会中,生产力水平很低下,个人没有独立性,要靠他人才能生活下去;在第二种"物的依赖性"的社会中,个人有了一定的独立性,但依赖于商品而生活,但物的依赖关系只是表象,实质上依然是不同形式的人的依赖关系,因为"物的依赖关系,不用说,又会转变为一定的,只不过除掉一切错觉的人的依赖关系"②;第三种"自由个性"的社会是迄今尚未完全实现的社会形式,只有在这种社会中,人才摆脱依赖关系而获得自由全面的发展。无论是人的依赖关系还是物的依赖关系,都会造就人们的"依赖感",而依赖感恰好构成了宗教的基础。③因此,马克思在《1844年经济学哲学手稿》中讲:"如果我的生活不是我自己的创造,那么我的生活就必定在我自身之外有这样一个根源。因此,创造[Schöpfung]是一个很难从人民意识中排除的观念。自然界的和人的通过自身的存在,对人民意识来说是不能理解的,因为这种存在是同实际生活的一切明显的事实相矛盾的。"④到目前为止的社会生活,还存在着严重的依赖关系,因此靠恩典而生活的感受和受造的感受是很难去除掉

---

① 《马克思恩格斯全集》(第30卷),北京:人民出版社,1995年,第107—108页。

② 《马克思恩格斯全集》(第30卷),北京:人民出版社,1995年,第114页。

③ 恩格斯在1846年10月18日写给马克思的一封信中说:"'人的依赖感是宗教的基础'……因为人首先依赖于自然,所以'自然是宗教的最初原始的对象'。"《马克思恩格斯全集》(第27卷),北京:人民出版社,1972年,第63页。

④ 《马克思恩格斯文集》(第1卷),北京:人民出版社,2009年,第195页。

的，因为产生和维持这种感受的社会现实依然很坚固。

归纳起来说，在马克思看来，自然是有缺陷的存在物[①]，个人是有缺陷的存在物，迄今为止的社会也是有缺陷的存在物，因此论证 3.5 中的经验性前提 5-1 难以成立。

三、目的论受到"致命的打击"

1859 年 11 月 24 日达尔文的《物种起源》一书正式出版[②]，恩格斯在 1859 年 12 月 12 日[③]就写信给马克思说：

[①] 恩格斯在《自然辩证法》中讲："同时还有自然界的物质和运动的巨大浪费。在太阳系中，能够存在生命和能思维的生物的行星，在今天的条件下也许最多只有三个。而这整个庞杂的机构就是为了它们而存在！"(《马克思恩格斯文集》[第9卷]，北京：人民出版社，2009年，第473页。) 也就是说，在恩格斯看来，如果整个宇宙真是有目的的，那么它为了实现生命和能思维的生物，搞出"这整个庞杂的机构"，那也太浪费了。如果进化的规律本身是设计出来的，那也是设计得不好，恩格斯在《反杜林论》中讲到物种的变异时说："它们没有培育者的自觉意图，经过很长时间，会在活的有机体中造成类似人工培育所造成的变异。他［指达尔文］发现这些原因就在于自然界所产生的胚胎的惊人数量和真正达到成熟的有机体的微小数量之间的不相称。而由于每一个胚胎都力争发育成长，所以就必然产生生存斗争，这种斗争不仅表现为直接的肉体搏斗或吞噬，而且甚至在植物中还表现为争取空间和阳光的斗争。……人们不需要戴上马尔萨斯的眼镜就可以看到自然界中的生存斗争，看到自然界白白地产生的无数胚胎同能够达到成熟程度的少量胚胎之间的矛盾；这种矛盾事实上绝大部分是在生存斗争中，而且有时是在极端残酷的生存斗争中解决的。"(《马克思恩格斯文集》[第9卷]，北京：人民出版社，2009年，第73页。) 如果宇宙真是由智慧者设计而出的，那他也设计得不好，为什么要牺牲那么多胚胎才能有微小数量的有机体达到成熟？为什么要有残酷的"肉体搏斗或吞噬"？对生命的浪费就是宇宙设计得不好的一个重要证据。既然宇宙设计得不好，那么基于宇宙设计得很好的目的论论证是不能成立的。

[②] 达尔文：《物种起源》，周建人、叶笃庄、方宗熙译，北京：商务印书馆，1997年，第14页。

[③] 参见《马克思恩格斯文集》(第10卷)，北京：人民出版社，2009年，第1043页。

> 我现在正在读达尔文的著作，写得简直好极了。目的论过去有一个方面还没有被驳倒，而现在被驳倒了。此外，至今还从来没有过这样大规模的证明自然界的历史发展的尝试，而且还做得这样成功。①

马克思在1861年1月16日致费迪南·拉萨尔的信中讲：

> 达尔文的著作非常有意义，这本书我可以用来当做历史上的阶级斗争的自然科学根据。当然必须容忍粗率的英国式的阐述方式。虽然存在许多缺点，但是在这里不仅第一次给了自然科学中的"目的论"以致命的打击，而且也根据经验阐明了它的合理的意义。②

在此，马克思和恩格斯都认为达尔文的进化论驳倒了目的论。马克思和恩格斯所理解的目的论是否是用以证明上帝存在的那种目的论呢？1844年马克思在《神圣家族》中批判青年黑格尔派的历史观时曾指出：

> 在从前的目的论者看来，植物所以存在，是为了给动物充饥的；动物所以存在，是为了给人类充饥的；同样，历史所以存在，也是为了给理论的充饥（即证明）这种消

---

① 《马克思恩格斯全集》（第29卷），北京：人民出版社，1972年，第503页。
② 《马克思恩格斯文集》（第10卷），北京：人民出版社，2009年，第179页。

费行为服务的。①

马克思认为这种看法有着"最褊狭固执的神学家的腔调"②。三十余年过后③,恩格斯在《自然辩证法》的"导言"中针对18世纪和19世纪上半叶占统治地位的自然科学说:

> 这时的自然科学所达到的最高的普遍的思想,是关于自然界的安排的合目的性的思想,是浅薄的沃尔弗式的目的论,根据这种理论,猫被创造出来是为了吃老鼠,老鼠被创造出来是为了给猫吃,而整个自然界被创造出来是为了证明造物主的智慧。④

虽然目的论者的论证要比马克思和恩格斯所表述的更加具有迷惑性,但毫无疑问他们的论证确实会导致马克思和恩格斯所描述的画面。正如恩格斯在1846年10月18日给马克思的信中谈到目的论时所说的那样:

> 神学家们认为,没有神,自然就一定会变成一片混乱(就是说,没有对神的信仰,自然就会分崩离析),神的意

---

① 《马克思恩格斯文集》(第1卷),北京:人民出版社,2009年,第284页。
② 《马克思恩格斯文集》(第1卷),北京:人民出版社,2009年,第284页。
③ 恩格斯撰写《自然辩证法》之"导言"的时间是1875年底或1876年上半年;马克思和恩格斯合著《神圣家族》的时间是1844年9月至11月。
④ 《马克思恩格斯文集》(第9卷),北京:人民出版社,2009年,第413页。

志，神的理智、舆论，把世界联合在一起。①

所有目的论论证都必然将自然的目的和秩序最终归因于上帝。上帝创造每一个事物，并将其各个部分有机地"联合在一起"，失去了上帝担保的目的和秩序，自然就会"一片混乱"。目的论者要求上帝"'不得不经常地一再地维持对象世界的秩序'，同时它要处理的还不止这样一件事：'要求自然界具有比通常所承认的更大的纤巧性'。"②无论是类比归纳式的论证、演绎论证，还是最佳解释论证，都在为我们经验到的宇宙秩序提供某种解释，无论其解释是否正确，它确实为不少人提供了某种理智上的满足感，除非我们对宇宙秩序有更好的解释，否则目的论论证就仍然有一定的价值。近代物理学对宇宙宏观构造的解释比自然神学的解释更加有力，尽管"牛顿还把'第一推动'留给上帝，但是不允许他对自己的太阳系进行别的任何干预。神父赛奇虽然履行教规中的全部礼仪来恭维上帝，但是并不因此就变得手软些，他把上帝完全逐出了太阳系，而只允许后者在原始星云上还能作出某种'创造行动'"③。近代以来，虽然上帝在物理学领域一再遭到驱逐④，但他在生物学领域却一直

---

① 《马克思恩格斯全集》（第27卷），北京：人民出版社，1972年，第66页。
② 《马克思恩格斯文集》（第9卷），北京：人民出版社，2009年，第72页。
③ 《马克思恩格斯文集》（第9卷），北京：人民出版社，2009年，第462页。
④ 恩格斯曾乐观地说："在科学的推进下，一支又一支部队放下武器，一座又一座堡垒投降，直到最后，自然界无穷无尽的领域全都被科学征服，不再给造物主留下一点立足之地。"（《马克思恩格斯文集》[第9卷]，北京：人民出版社，2009年，第462页。）在某种意义上说，科学对神学的胜利并不是一劳永逸的，神学也在不断重新集结部队，对科学发起反攻，比如当代神学家以宇宙微调论证代替传统的目的论论证，以模态本体论论证代替传统的本体论论证等等。

有着比较稳固的地位,直到他受到达尔文进化论"致命的打击"为止。

为何马克思说达尔文的进化论给予了目的论以"致命的打击"呢?

直到19世纪中叶,"大多数博物学者仍然相信物种(species)是不变的产物,并且是分别创造出来的。许多作者巧妙地支持了这一观点"[①]。这种当时的主流看法有两个论点,即特创论和不变论。达尔文的整个《物种起源》可以看作是一个很长的最佳解释论证,其结论是:物种不是不变的,而是生灭变化的;物种不是特创的,而是自然选择的结果。因此,进化论与目的论恰好是针锋相对的。

在关于上帝存在的目的论论证中,解释项是上帝,被解释项是自然界的秩序,比如各部分紧密配合、巧妙无比、恰好适合于生命等等。具体到生物学中,目的论试图解释的是物种起源、动植物的精妙器官、不同物种之间的相互关系等等。在达尔文的进化论中,解释项是自然选择,而被解释项跟目的论的解释项大致相同。从逻辑上说,达尔文的解释项是如何解释被解释项的呢?达尔文认为,包括人在内的整个有机界都是通过渐进的自然进化过程而形成的,其主要的机制是自然选择。自然选择决定了有哪些物种和同一物种中有哪些成员,自然选择决定了动植物的器官和相互关系等。

在以前的物种 S 中,某些成员具有特征 F,而另外一些成

[①] 达尔文:《物种起源》,周建人、叶笃庄、方宗熙译,北京:商务印书馆,1997年,第1页。

员没有特征 F，但具有特征 F 的成员因此而获得好处 G，没有特征 F 的成员不能得到好处 G。最终，物种 S 中只有带有特征 F 的成员幸存下来，因此，在作为其后继者的物种 S′ 中，现在它的所有成员都具有特征 F。当我们注意到物种 S′ 的成员为了好处 G 而有特征 F 时，我们应该将其理解为进化的结果。[①]

进化论中的自然选择取代了目的论中的上帝。"'自然选择'的作用完全在于保存和累积各种变异，这等变异对于每一生物，在其一切生活期内所处的有机和无机条件下都是有利的。这最后的结果是，各种生物对其外界条件的关系日益改进。"[②] 佩利是"从关系、自然倾向和各部分之间的相互配合推演出设计的"[③]，这等于说，离开了造物主充满智慧的设计，自然界就会一片混乱，也不可能有精巧而复杂的动植物器官。比如，目的论者经常以眼睛为例，论证说，眼睛的结构和功能证明"最后因的微妙的安排"[④]，"对眼睛的考察可以治疗无神论"[⑤]。佩利认为论证自然有一个设计者的最好方式，就是"单个事物与单个

[①] Nicholas Bunnin and Jiyuan Yu, *The Blackwell Dictionary of Western Philosophy*, Malden: Blackwell Publishing, 2004, pp.158-159.

[②] 达尔文：《物种起源》，周建人、叶笃庄、方宗熙译，北京：商务印书馆，1997 年，第 138 页。

[③] William Paley, *Natural Theology: Or, Evidences of the Existence and Attributes of the Deity, Collected from the Appearances of Nature*, Oxford: Oxford University Press, 2006, p.199.

[④] 休谟：《自然宗教对话录》，陈修斋、曹棉之译，北京：商务印书馆，1962 年，第 28 页。

[⑤] William Paley, *Natural Theology: Or, Evidences of the Existence and Attributes of the Deity, Collected from the Appearances of Nature*, Oxford: Oxford University Press, 2006, p. 23.

事物之间的比较；比如，眼睛与望远镜之间的比较。根据对望远镜的考察可知，我们有同样精确的证据证明眼睛是为了看东西而被造出来的，正如望远镜是为了帮助视力而被造出来的一样"①。对此，进化论该如何解释呢？且看达尔文的明确回答：

> 避免把眼睛和望远镜作比较，几乎是不可能的。我们知道望远镜是由人类的最高智慧经过长久不断的努力而完成的；我们自然地会推论眼睛也是通过一种多少类似的过程而形成的。但这种推论不是专横吗？我们有什么理由可以假定"造物主"也是以人类那样的智慧来工作呢？如果我们必须把眼睛和光学器具作一比较的话，我们就应当想象，它有一厚层的透明组织，在其空隙里充满着液体，下面有感光的神经，并且应当假定这一厚层内各部分的密度缓缓地不断地在改变着，以便分离成不同密度和厚度的各层，这些层的彼此距离各不相同，各层的表面也慢慢地改变着形状。进而我们必须假定有一种力量，这种力量就是自然选择即最适者生存，经常十分注意着透明层的每个轻微的改变；并且在变化了的条件之下，把无论以任何方式或任何程度产生比较明晰一点的映像的每一个变异仔细地保存下来。我们必须假定，这器官的每一种新状态，都是成百万地倍增着；每种状态一直被保存到更好的产生出来

---

① William Paley, *Or, Natural Theology: Or, Evidences of the Existence and Attributes of the Deity, Collected from the Appearances of Nature*, Oxford: Oxford University Press, 2006, p.16.

之后,这时旧的状态才全归毁灭。在生物体里,变异会引起一些轻微的改变,生殖作用会使这些改变几乎无限地倍增着,而自然选择乃以准确的技巧把每一次的改进都挑选出来。①

达尔文的这一大段论述,表明了如下五层意思:(1)同情性理解:将眼睛与光学工具进行比较是人的自然联想,不做这种联想"几乎是不可能的";单就对二者进行比较而言,这并没有什么不妥。(2)专横的推论:光学工具是智慧主体设计的产物,由此推论动物的眼睛等器官也是智慧主体设计的产物,这是蛮不讲理的"专横";可以将眼睛与光学工具进行比较,但得不出佩利想要的结论。(3)无根据的拟人化:从光学工具是人的智慧设计的产物,推导出动物的眼睛也是智慧设计的产物,因此有一个智慧的"造物主",这种推论假定了"造物主"是"以人类那样的智慧来工作"的。但这种假定是没有什么道理的。达尔文对目的论论证的这个反驳跟休谟在《自然宗教对话录》中的一个反驳类似②。(4)真正的比较:倘若真要将望远镜与眼睛进行比较,就得设想"透明组织""液体""光感神经""密度和厚度"的改变等。(5)作为最佳解释的自然选择:自然形成的原始器官的细微变异总是在不断发生,这些细微的

---

① 达尔文:《物种起源》,周建人、叶笃庄、方宗熙译,北京:商务印书馆,1997年,第201页。

② 休谟:《自然宗教对话录》,陈修斋、曹棉之译,北京:商务印书馆,1962年,第40页。

变异通过遗传而保留下来，有些累积起来的变异不适合动物的生活环境，通过死亡而被淘汰了；有些累积起来的变异能使得相应的生物更好地适应环境，并通过遗传而不断得到保留，因此某种原始的器官经过无数的、连续的、轻微的变异，保留和淘汰等自然选择机制，就形成了像眼睛这样的复杂器官。这五层意思构成了反驳目的论的一个具体案例。

　　进化论不但能解释目的论者意图解释的秩序或目的，而且比目的论者解释得更好，目的论者除了将秩序或目的归结为空洞的"设计"外，无法给出事物如何形成的具体内容。上帝分别设计了不同的物种，这没有任何证据支持，但生物借助自然选择而自我演化，却有不少经验证据，比如大量的化石记录、马的进化、人工选择、解剖学记录、分子记录等等。[1]尽管可能存在一些批评的声音，但"生物学家几乎普遍地接受了达尔文的物种由自然选择而进化的理论。尽管过去和现在都有许多批判，但绝大多数批评都源自于对科学原则的不理解，对进化论实际内容的不理解，或者是对进化所涉及的时间间隔不理解"[2]。正因为马克思早就认识到达尔文进化论的科学性[3]，因此他说进

---

[1] 参见 Peter H. Raven, George B. Johnson, Kenneth A. Mason, Jonathan B. Losos, and Susan R. Singer, *Biology*, 11th edition, New York: McGraw-Hill Education, 2017, pp. 421-438。

[2] Peter H. Raven, George B. Johnson, Kenneth A. Mason, Jonathan B. Losos, and Susan R. Singer, *Biology*, 11th edition, New York: McGraw-Hill Education, 2017, p. 438.

[3] 这并不意味着马克思对达尔文的理论毫无保留地全盘接受，比如他在1866年8月7日写给恩格斯的信中，借着对比·特雷莫的著作《人类和其他生物的起源和变异》的评价，谈到了达尔文《物种起源》一书面临的困难：（1）"在达尔文那

化论给历史上的阶级斗争提供了"自然科学根据",而且给了目的论以"致命的打击"①。

受达尔文的影响,马克思认为,不同的有机体本身"只是活的主体的'发明'",绝非上帝的发明创造。在1861—1863年的经济学手稿中,马克思在论述"劳动生产发展程度"时说:

> 达尔文把通过一切有机体即植物和动物的遗传而进行的"积累"看作促使有机体形成的动因;这样,不同的有机体本身就是通过"积累"而形成,并且只是活的主体的"发明",是活的主体的逐渐积累起来的发明。但是对生产来说,这并不是唯一的前提。对动物和植物来说,这种前提就是它们外部的自然界,——因而既包括无机的自然界,也包括它们同其他动植物的关系。在社会上从事生产的人,也同样遇到一个已经发生变化的自然界(特别是已经转化为他自己活动的工具的自然要素)以及生产者彼此间的一定关系。这种积累一部分是历史过程的结果,一部分就单个工人来说是技能的代代相传。②

在马克思看来,通过遗传而进行的"积累"是一切有机体

(接上页)里,进步是纯粹偶然的";(2)"达尔文不能解释的退化";(3)"对达尔文有妨碍的古生物学上的空白";(4)"使达尔文感到很困难的杂交"。《马克思恩格斯全集》(第31卷),北京:人民出版社,1972年,第250—251页。

① 《马克思恩格斯文集》(第10卷),北京:人民出版社,2009年,第179页。
② 《马克思恩格斯全集》(第26卷第3册),北京:人民出版社,1974年,第324—325页。

形成的动因，根本没有凌驾于自然之上的其他动因；动植物是通过遗传变异的累积性效果而自我诞生的，因而纷繁复杂的动植物只是自然这个活的主体的自我"发明"，但绝不是一次性完成的发明，而是经过亿万年的"逐渐积累起来的发明"。马克思的这种理解直接受到了进化论的影响，但其背后的哲学思想跟他在《1844年经济学哲学手稿》中谈到的"自然发生说"①是一样的。不过，达尔文帮助马克思揭示了"自然发生说"的一些内在机制。马克思认为，"自然发生说是对创世说［Schöpfungstheorie］的唯一实际的驳斥"②。达尔文以比较详实的证据证明了动植物界的自然发生说，因而给目的论的创世说带来了"致命的打击"。在《资本论》中，马克思还将动植物界的发展与社会生产的发展进行了对比，可以说达尔文揭示了"自然工艺史"即"动植物器官"的历史演进规律，马克思则在吸收达尔文思想的基础上发现了"人类工艺史"即"社会人的生产器官"的历史演进规律。③不过，动植物形成的前提是"它

---

① 《马克思恩格斯文集》(第1卷)，北京：人民出版社，2009年，第195页。
② 《马克思恩格斯文集》(第1卷)，北京：人民出版社，2009年，第195页。
③ 马克思在《资本论》(第1卷)的注释(89)中以赞许的口吻说："达尔文注意到自然工艺史，即注意到在动植物的生活中作为生产工具的动植物器官是怎样形成的。社会人的生产器官的形成史，即每一个特殊社会组织的物质基础的形成史，难道不值得同样注意吗？而且，这样一部历史不是更容易写出来吗？因为，如维科所说的那样，人类史同自然史的区别在于，人类史是我们自己创造的，而自然史不是我们自己创造的。"(《马克思恩格斯文集》[第5卷]，北京：人民出版社，2009年，第429页。)马克思的这段话直接参考了达尔文《物种起源》第十五章"复述和结论"中的一段话。(吉田文和：《达尔文的类比和马克思：马克思"机器理论"形成史研究［五］》，王克峻译，《马列主义研究资料》第6辑［总第42辑］，北京：人民出版社，1985年，第39页。)达尔文的原话如下："当我们不再像未开化人把

们外部的自然界",而人的社会生产的前提是"已经发生变化的自然界"。

综上所述,我们可以将马克思对达尔文进化论与目的论之关系的理解概括为如下的简单论证:

> 论证 3.7:达尔文对目的论的致命打击
> 7-1. 自然发生说是对创世说的唯一实际的驳斥。①
> 7-2. 达尔文不但揭示了一切有机体都是自然发生的,而且达到了"自然工艺史"的程度。
> 7-3. 达尔文的进化论有着直观的、无可辩驳的证据。
> 7-4. 因此,达尔文对目的论的创世说的打击是致命的。

达尔文的进化论不但能解释目的论者想要解释的秩序或目的,而且解释得更好,因为进化不但有确凿无疑的化石记录作为直接证据,而且得到了绝大多数严谨的科学家的普遍认同。

四、无知不是充足的证据

自然选择主要依赖于三个原则,即生产过量、可遗传的变

(接上页)船看做是完全不可理解的东西那样地来看生物的时候;当我们把自然界的每一产品看成是都具有悠久历史的时候;当我们把每一种复杂的构造和本能看成是各个对于所有者都有用处的设计的综合,有如任何伟大的机械发明是无数工人的劳动、经验、理性以及甚至错误的综合的时候;当我们这样观察每一生物的时候,博物学的研究将变得——我根据经验来说——多么更加有趣呀!"(达尔文:《物种起源》,周建人、叶笃庄、方宗熙译,北京:商务印书馆,1997年,第553—554页。)

① 《马克思恩格斯文集》(第1卷),北京:人民出版社,2009年,第195页。

异和生存竞争。"那些能比较好地适应特定环境的变异个体能成功存活,并继续生产具有适应特征的后代。随着时间的推移,那些能提高适应性或适合度的特征在种群中积累起来,而那些降低适合度的特征则减少或消失。"① 这套原则的解释力就连目的论的捍卫者们也不得不承认。目的论的坚定捍卫者理查德·斯温伯恩不得不说:"对于动物和人类的存在,达尔文给出了一个正确的解释,但是我认为,这还不是最终的解释。"② 这是什么意思呢?斯温伯恩讲:

> 它们[植物、动物和人类]有如此这般的组织结构,以便能够获得适合它们消化器官的食物,逃脱最容易逮住它们的捕食者,生育和繁殖——它们很像非常非常复杂的机器。对此,现在当然有一个著名的解释,即通过自然选择而实现的进化。这个故事说,从前存在非常简单的有机体,它们的后代在很多方面不同于它们的上一代(与上一

---

① 弗里德、黑德莫诺斯:《生物学》,北京:科学出版社,2002年,第300页。
② Richard Swinburne, *Is There a God?* Oxford: Oxford University Press, 1996, p. 63. 也可参阅中文版,理查德·斯温伯恩:《上帝是否存在?》,胡自信译,北京:北京大学出版社,2005年,第75页。斯温伯恩在该书的第1版中说的是"达尔文给出了一个正确的解释(correct explanation)",但在该书的修订版中,斯温伯恩将其改成了"达尔文给出了一个完全的解释(full explanation)"(Richard Swinburne, *Is There a God?* Revised Edition, Oxford: Oxford University Press, 2010, p. 57)。这绝不是说在修订的时候,他不再认为达尔文是正确的。他的修改只是为了强调完全解释(full explanation)与最终解释(ultimate explanation)之间的对比效果,因为无论完全解释还是最终解释,都是正确的解释,使用"正确解释"(correct explanation)这个概念就没法跟"最终解释"这个概念之间形成好的对比关系。可见,斯温伯恩的写作是在尽力做到字斟句酌。

代相比，有些更高，有些更矮，有些更加简单，而有些更加复杂）。那些最适合生存的也是如此（有机体的复杂性通常提供了一种选择优势），它们又产生一些跟它们自己的特征有些许不同的后代，这些后代的不同特征是随机产生的；这样一来，自然就进化出了复杂的植物、动物和人类。大致说来，这个故事当然是正确的。但为何最初有简单的有机体？可能因为"大爆炸"时的物质——能量……正好具有特定的数量、密度和初始速度，随着时间的推移，就产生了有机体的进化。但为什么会有进化的规律呢？即这样的规律，它导致动物基因随机变异、动物生产出很多后代等等？可能因为这些规律遵循了根本的自然律。只有特定种类的物质的关键性排列和特定种类的自然规律才会产生有机体。……初始的条件和规律调整得如此之好，以至于能产生植物、动物和人类，这是多么的奇特！……科学不能解释自然的基本规律是如此这般，也不能解释大爆炸时物质为何具有那样的特征（假如没有大爆炸，物质又为何一直具有那样特征）。这些都是科学的起点，科学以此来解释其他事物。因而又是，要么这些都是无法解释的原初事实，要么它们可以由略微不同于科学的解释模式来解释。[①]

斯温伯恩的策略不是无端地批评进化论[②]，而是承认达尔文

[①] Richard Swinburne, "Arguments from Design," *Think*, Vol.1, No.1, 2002, pp. 50-51.

[②] 比如说：（1）进化论只是个"理论"而已，缺乏坚实的证明；（2）没有找

的进化论在科学的范围内是正确的，但它提供的解释是不彻底的，或者说不是最终解释。进化能解释动植物和人类的形成，但不能解释为什么会有进化规律；或许进化规律源自更加根本的自然规律，但为什么会有那根本性的自然规律呢？光有规律也不行，还必须有特定的初始条件，但为什么恰好有那些在特定自然规律作用下就能产生动植物的初始条件呢？对这些问题的解释就是最终解释，而进化论不可能提供这种解释，甚至任何科学都不能提供这种解释，因为所有科学都必然有前提条件，所以必须要有一种不同于科学解释的解释模式来为科学预设的初始条件和根本规律提供解释，而这种解释恰好就是人格化的解释，即神学解释。① 上帝预备了这一切，设计了自然规律。

斯温伯恩的看法我们可以归纳为如下的简单论证：

（接上页）到过渡生物的化石；（3）进化论违反了热力学第二定律；（4）蛋白质不大可能存在；（5）自然选择不能解释进化中的主要变化；（6）复杂性不可还原论。参见 Peter H. Raven, George B. Johnson, Kenneth A. Mason, Jonathan B. Losos, and Susan R. Singer, *Biology*, 11th edition, New York: McGraw-Hill Education, 2017, pp. 436-437。

① 如果就人类的存在而言，将完全解释与最终解释运用到身心关系，斯温伯恩提出了如下看法：（a）存在某种"物质—心灵"联系（某些物质事件引起带有特定心灵属性的灵魂的存在，反之亦然）；（b）存在一些有大脑的动物，其大脑状态产生了灵魂，使其在生存斗争中获得某种优势；（c）进化选择了这样一些动物，它们的大脑以某种方式与它们的身体"连结"在一起。达尔文的办法可以解释（c），也可能解释（b），但达尔文主义或其他任何科学都没有多大希望能够解释（a）。动物最奇特、最显著的特征（它们意识生活中的情感、选择和理性）的起源，看来完全处于科学领域之外。（Richard Swinburne, *Is There a God?* Revised Edition, Oxford: Oxford University Press, 2010, p.79. 也可参理查德·斯温伯恩：《上帝是否存在？》，胡自信译，北京：北京大学出版社，2005年，第75页。）在斯温伯恩看来，我们必须诉诸人格化的上帝才能解释（a）。

论证 3.8：斯温伯恩的目的论论证

8-1. 为什么宇宙的初始条件和规律是如此这般，以至于能产生植物、动物和人类，这必须有某种进一步的解释。

8-2. 对它的解释不可能是科学上的某种解释。

8-3. 因此，它必须是某种人格化的（目的）解释。[1]

对于这种论证，我们是否能从马克思那里找到某种回应它的具体思想资源呢？马克思在《资本论》中批评庸俗经济学时说，它"抓住了现象的外表来反对现象的规律。它与斯宾诺莎相反，认为'无知就是充足的证据'"[2]。恩格斯在批评杜林在法律方面的无知时说："我们只能用斯宾诺莎的话来回答：Ignorantia non est argumentum，无知并不是论据。"[3]恩格斯在《自然辩证法》中评论自然神论时写了一个重要公式："上帝＝我不知；但是无知并不是论据（斯宾诺莎）。"[4]达尔文在《物种起源》中也有类似的看法，他说："动物学者所谓'创造'的意思就是'他不知道这是一个什么过程'。……当红松鸡这样的情形被动物学者用来作为这种鸟在这些岛上和为了这些岛而被特别创造的例证时，他主要表示了他不知道红松鸡怎样在那里发生的，而且为什么专门限于在那里发生；同时这种表示无知

---

[1] Richard Norman, "Swinburne's Arguments from Design," *Think*, Vol. 2, No. 4, 2003, p. 40.
[2] 《马克思恩格斯文集》（第5卷），北京：人民出版社，2009年，第356页。
[3] 《马克思恩格斯文集》（第9卷），北京：人民出版社，2009年，第116页。
[4] 《马克思恩格斯文集》（第9卷），北京：人民出版社，2009年，第462页注①。

的方法也表示了他如下的信念：无论鸟和岛的起源都是由于一个伟大的第一'创造原因'。"①诉诸无知是目的论论证的共同结构。我们不知道宇宙的初始条件和规律为何存在，不知道宇宙为何会有如此这般的秩序，不知道动植物和人类是如何形成的，不知道事物之间为何有如此这般的关系，因此必然有一个智慧的上帝设计了这一切。

为了进一步理解以无知为据的思维方式，我们在此抄录一段马克思和恩格斯提及的斯宾诺莎的论述：

> 这些煞费苦心说神想证明事物都有目的的人，还发明了一种新的辩论法，他们不用穷诘至不可能（reductio ad impossibile）的辩论法，而用穷诘至不知道（reductio ad ignorantium）的辩论法以证明其说，——这也足见他们实在无可奈何，找不到别种方法来辩护了。我可以举一个例子，譬如，忽然有一块石头自高处坠下，恰好打在从下面走过的人的头上，竟把这人打死了。于是他们便用这种新方法论证道：这块石头坠下的目的就在打死那人。因为假如神没有意旨居心命那块石头达到打死那人的目的，天地间哪里会有种种因缘那样凑巧发生的事（因为常常有许多同时凑巧发生的事）呢？我们也许回答道：这件事情发生是由于刮大风，而那人恰好在那时打那里走过；但是他们又要追问道：若不是天神作主，那天哪会起大风，又哪会

---

① 达尔文：《物种起源》，周建人、叶笃庄、方宗熙译，北京：商务印书馆，1997年，第8页。

那样凑巧，那人恰好那时打那里走过，偏偏把他打死？若是我们又回答道：那天起大风，因为海上有了大风浪，而前此天气又清明，无人提防；而那人因朋友有事邀请他去，所以从那里走过，因而遇难。但他们又追问道：——因为这样追问是没有止境的——若不是天公有意，为什么那天海上会起风浪？为什么朋友恰好要邀请他？似此辗转追诘，以求因中之因，一直把你穷追到不能不托庇天意以自圆其说为止——天意便是无知的避难所。①

斯宾诺莎三百多年前写的这段论述仿佛是专门为驳斥斯温伯恩的目的论论证而预备的。"穷诘至不可能"的论证方式即通常所说的反证法，即从前提出发推出不可能的结论或矛盾，由此可证明前提是错误的。"穷诘至不知道"的论证方式是神学家惯用的方式，即通过没完没了的辗转追诘，总会追问到无知的境地，好像这样就可以证明有神的旨意来安排那些我们无知的事情或状态出现。按照这种思路，一块石头坠落砸到一人，可以一直追问原因的原因，直到人们哑口无言，此时追问者就可以指出作为"无知的避难所"的上帝旨意了。因此，恩格斯说"上帝=我不知"②；同样，在马克思看来，目的论论证认定"无知就是充足的证据"③。然而，无知绝不是充足的证据。

---

① 斯宾诺莎：《伦理学》，贺麟译，北京：商务印书馆，1997年，第40页。
② 《马克思恩格斯文集》（第9卷），北京：人民出版社，2009年，第462页注①。
③ 《马克思恩格斯文集》（第5卷），北京：人民出版社，2009年，第356页。

我们再来看看斯温伯恩的两个前提。前提 8-1 是说我们需要有最终解释，也可以有最终解释，对此我们可称之为最终解释论题；前提 8-2 是说任何科学都不能提供最终解释，对此我们可以称之为科学解释论题。如果这两个论题都成立，那似乎就只有不同于科学解释模式的人格化模式才能提供那最终解释了。

科学解释的基本模式是："根据什么原始条件及什么规律陈述出现了事态 E。回答是：以原始条件 Aj 为前提，结合普遍定律 Gi，可以引申出对事态 E 的解释。"① 也就是说，"为什么"的问题在科学上可以替换成这样的问题："依据什么样的原始条件，按照何种定律，产生了现象 E？"② 这就是由亨佩尔和奥本海姆提出的科学解释的基本结构，可将其图示如下③：

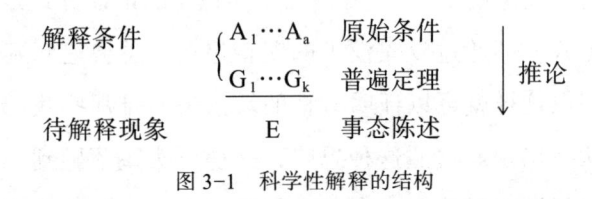

解释条件 $\begin{cases} A_1 \cdots A_a & 原始条件 \\ G_1 \cdots G_k & 普遍定理 \end{cases}$ ↓推论

待解释现象　　　E　　事态陈述

图 3-1　科学性解释的结构

很明显，任何科学解释都必然有其边界，即斯温伯恩所说的初始条件和规律，它们是处在科学解释之外的。或许人类学

---

① 汉斯·波塞尔：《科学：什么是科学》，李文潮译，上海：上海三联书店，2002 年，第 32 页。
② 汉斯·波塞尔：《科学：什么是科学》，李文潮译，上海：上海三联书店，2002 年，第 32 页。
③ 汉斯·波塞尔：《科学：什么是科学》，李文潮译，上海：上海三联书店，2002 年，第 32 页。

的初始条件和规律会从生物学获得解释，而生物学的初始条件和规律可能会从物理学获得解释，如此等等，但无论多么基础的科学，它总有自身的起点，而这个起点是处在它的解释之外的。因此，宇宙之最遥远的初始条件、最原始的规律似乎确实不可能有科学上的解释。因此斯温伯恩论证的前提8-2似乎是正确的。也就是说我们对"宇宙的初始条件和规律"得以成立的原因在科学上是无知的。但这并不是科学的一个缺陷，而是科学的优点，这样科学就不用到物质前提之外去设想能解释所有物质前提的东西了，从而保证了真正的科学必须是"坚持从世界本身来说明世界"①。恩格斯讲："在自然界和历史的每一科学领域中，都必须从既有的事实出发，因而在自然科学中要从物质的各种实在形式和运动形式出发"②。斯温伯恩想要解释宇宙的初始条件和规律，就是想要从宇宙之外的非事实出发，从幻想出来的起点来解释整个宇宙。

斯温伯恩式的追问原因的原因所导致的无限倒退，当然不可能在自然科学中找到终点，自然科学的未来发展也不可能达到此终点。但斯温伯恩想要的不是科学解释，而是所谓最终解释，即能解释"宇宙的初始条件和规律"的东西。在此，宇宙的初始条件和规律成了解释的对象，即推导出的结果，因而必须要设想一种超越于整个宇宙的东西，否则宇宙的初始条件和规律就得不到解释。斯温伯恩的问题本身是一个由抽象思维无限进展而产生出的虚假问题。如果他将自己的抽象思维贯彻

---

① 《马克思恩格斯文集》（第9卷），北京：人民出版社，2009年，第413页。
② 《马克思恩格斯文集》（第9卷），北京：人民出版社，2009年，第440页。

到底，就必须进一步追问：为什么有上帝存在呢？引起它的原因又是什么呢？对于理智的人来说，究竟是有一个全知全能全善的上帝更加难以理解呢，还是宇宙最初就有某种物质或规律更加难以理解？显然是上帝存在比宇宙存在更加难以理解。对于斯温伯恩式的追问所导致的虚假问题，我们的答案是：停止你的抽象，你就会停止你的问题；要不，你就将你的抽象思维贯彻到底，进一步追问引起上帝存在的原因。"对马克思而言，……宇宙不需要其自身之外的解释。问宇宙存在之前还有什么东西存在，这是在问一个毫无意义的问题，因为它需要预设宇宙的非存在。"① 在马克思看来，要追问宇宙的初始条件和规律得以存在的原因，就是"你设定它们是不存在的，你却希望我向你证明它们是存在的"②。这种问题是"没有任何意义的"③，因此马克思认为，根本就没有我们的宇宙得以存在的"最终解释"，因为所有解释都必须终结于某种既定的原初事实。

---

① Stanley Rothman, "Marxism and the Paradox of Contemporary Political Thought," *The Review of Politics*, Vol. 24, No. 2, 1962, p. 224.
② 《马克思恩格斯文集》（第1卷），北京：人民出版社，2009年，第196页。
③ 《马克思恩格斯文集》（第1卷），北京：人民出版社，2009年，第196页。

第四章　马克思对道德论证的批判

关于上帝存在的道德论证并不像本体论论证、宇宙论论证和目的论论证那样受到哲学家们的重视，但对普通民众而言，道德论证反而会受到更多的青睐。因为"这种论证的发端简单得足以让小孩都能领会得到；它存在于这样的信念，即上帝在某种意义上是道德的基础，或者如《卡拉马佐夫兄弟》中的伊凡所说，'假如没有上帝，一切都是允许的'。但是，这个核心的直觉能以或简或繁的许多方式来加以阐发"[1]。赫伯恩将道德论证比较流行的原因归结为两点：一是休谟和康德对传统自然神论的批判；二是理论的路径难以建立起人格化的上帝概念。针对第一条理由，赫伯恩讲："道德论证不难理解。大卫·休谟和康德对传统自然神学提出了有力的批判，而且使得自然神论显然无效，这些批判似乎决定性地反驳了我们可用来解释世界的任何类型的上帝存在论证。休谟没有给出另外的有神论论证，就理论推理而言，康德也没有提出另外的论证。然而，康德伦理哲学的结构赋予'实践理性'的特权，理论理性并不享有。在康德的体系中，如果还为上帝留有某种位置，辩护的重心就

---

[1] C. Stephen Evans, "Moral Arguments," in Charles Taliaferro, Paul Draper, and Philip L. Quinn ed., *A Companion to Philosophy of Religion*, 2nd edition, Malden: Wiley-Blackwell, 2010, p. 385.

必须从理论理性转换到实践理性来探求我们道德处境的意蕴。从康德的时代到20世纪中叶,有关理论论证的怀疑主义不是减轻了,而是加深了;因此,有很多护教论者追随康德走向上帝的新路线,即'道德路线'。"[1] 针对第二条理由,赫伯恩讲:"即便将上帝作为第一因或'必然存在'的论证是有效的,这些神的观念对于宗教想象不但无益,反而是一种尴尬。它们给我们提供了一种神圣的对象或超级对象,然而宗教要求的上帝被认作是一位人格化的神。道德论证为克服那种外在的、物似的特征提供了希望:它担保上帝概念从一开始就是人格的概念。"[2] 道德论证在哲学家那里是否流行,并不是它是否重要的标志,因为哲学上的流行话题本身也是不断变化的。但在普通民众中流行的看法却应该成为哲学家们探究的重要主题。不但普通的信众通常认为道德源自上帝的要求,甚至有些无神论者也认为相信上帝存在是良好道德状况的有效保障。

道德论证在哲学上可追溯到柏拉图的理念,即实在和真理的来源是"善的理念",在宗教上可追溯到《圣经》的教诲,即道德义务必须根据上帝对我们的要求来理解。[3] 虽然最著名而且最有影响力的道德论证是康德提出来的,但阿奎那"五路"论

---

[1] Ronald W. Hepburn, "Moral Arguments for the Existence of God," in Donald M. Borchert ed., *Encyclopedia of Philosophy*, 2nd edition, Vol. 6, Detroit: Macmillan Reference, 2006, p. 353.

[2] Ronald W. Hepburn, "Moral Arguments for the Existence of God," in Donald M. Borchert ed., *Encyclopedia of Philosophy*, 2nd edition, Vol. 6, Detroit: Macmillan Reference, 2006, p. 353.

[3] Stephen Evans, R. Zachary Manis, *Philosophy of Religion: Thinking About Faith*, 2nd edition, Madison: InterVarsity Press, 2009, p. 87.

证中的"第四路"也最好理解成道德论证,而且这个论证本身也可以追溯到柏拉图和亚里士多德的一些观念[①]。其他一些捍卫和发展道德论证的哲学家和神学家包括:枢机主教纽曼[②]、拉什道尔[③]、索利[④]、泰勒[⑤]、刘易斯[⑥]、法勒[⑦]和欧文[⑧]。刘易斯在《纯粹的基督教》(Mere Christianity)中提出的道德论证,"很可能是20世纪最具有广泛说服力的护教论证"[⑨],因而也是"20世纪最流行的道德论证"[⑩]。最近神谕论的元伦理学理论似乎有所复兴,因而又有一批思想家给出了一些新版本的关于上帝存在的道德论证,这些思想家中的代表性人物是亚当斯[⑪]、黑尔[⑫]、埃文

[①] 北京大学哲学系外国哲学史教研室编译:《西方哲学原著选读》(上卷),北京:商务印书馆,1981年,第263页。

[②] John Henry Newman, *Certain Difficulties Felt by Anglicans in Catholic Teaching Considered*, New York: Longmans, Green, and Co., Vol. 2, 1896, pp. 246-261.

[③] Hastings Rashdall, "The Moral Argument for Personal Immortality," in *King's College Lectures on Immortality*, London: University of London Press, 1920.

[④] W. R. Sorley, *Moral Values and the Idea of God*, Cambridge: Cambridge University Press, 1918.

[⑤] A. E. Taylor, *The Faith of a Moralist*, London: Macmillan, 1930.

[⑥] C. S. Lewis, *Mere Christianity*, London: Collins, 1952.

[⑦] Austin Farrer, "A Starting-Point for the Philosophical Examination of Theological Belief," in Basil Mitchell ed., *Faith and Logic*, London: Allen & Unvin, 1957.

[⑧] H. P. Owen, *The Moral Argument for Christian Theism*, London: George Allen and Unwin, 1965.

[⑨] C. Stephen Evans, "Moral Arguments," in Charles Taliaferro, Paul Draper, and Philip L. Quinn ed., *A Companion to Philosophy of Religion*, 2nd edition, Malden: Wiley-Blackwell, 2010, p. 387.

[⑩] 张志刚:《宗教哲学研究:当代观念、关键环节及其方法论批判》,北京:中国人民大学出版社,2003年,第83页。

[⑪] Robert Adams, *The Virtue of Faith and Other Essays in Philosophical Theology*, New York: Oxford University Press, 1987, pp. 144-163.

[⑫] John Hare, *The Moral Gap*, Oxford: Clarendon Press, 1996.

斯[1]。当然，也有一些学者提出了跟神谕论无关的道德论证，最近的代表性人物有里奇[2]、林维尔[3]、巴格特和沃尔斯[4]。在最近有关上帝存在的道德论证中，巴格特和沃尔斯的《上帝与宇宙：道德真理与人的意义》一书为我们提供了最广泛最详细的阐释[5]。

道德论证显然不是一个单一的论证，而是有着内在相似性的一个"家族"，纷繁复杂的各种道德论证可以归为两大类：一是理论论证；二是实践论证。[6] 理论论证实际上是用宗教来理解道德，实践论证是用道德来理解宗教，实践论证可以看成是对理论论证的颠倒。因此我们先考察理论论证，接着考察实践论证，最后来分析马克思对它们的批判性理解。

一、理论的道德论证

理论的道德论证有许多不同的形式，但我们可以找到一种

---

[1] C. S. Evans, *Natural Signs and Knowledge of God: A New Look at Theistic Arguments*, Oxford: Oxford University Press, 2010.

[2] Angus Ritchie, *From Morality to Metaphysics: The Theistic Implications of Our Ethical Commitments*, Oxford: Oxford University Press, 2012.

[3] Mark Linville, "The Moral Argument," in W. L. Craig and J. P. Mooreland ed., *The Blackwell Companion to Natural Theology*, West Sussex: Wiley-Blackwell, 2009, pp. 391-448.

[4] David Baggett and Jerry Walls, *God and Cosmos: Moral Truth and Human Meaning*, Oxford: Oxford University Press, 2016.

[5] C. S. Evans, "Moral Arguments for the Existence of God," *The Stanford Encyclopedia of Philosophy* (Fall, 2018 edition), Edward N. Zalta ed., URL = <https://plato.stanford.edu/archives/fall2018/entries/moral-arguments-god/>.

[6] C. Stephen Evans, "Moral Arguments," in Charles Taliaferro, Paul Draper, and Philip L. Quinn ed., *A Companion to Philosophy of Religion*, 2nd edition, Malden: Wiley-Blackwell, 2010, p. 387.

比较简单的形式,而其他诸多形式可以看作是它的一些变体。比如,埃文斯建议的论证形式如下:

论证 4.1:最佳解释的道德论证

1-1. 存在客观的道德事实。

1-2. 上帝可为客观道德事实的存在提供最佳解释。

1-3. 因此,上帝(很可能)存在。[1]

事实是使得一个命题为真的东西,可称之为"致真者"(truth-maker)。道德事实是使得一个道德命题为真的东西。比如,"剥婴儿的皮在道德上是错的"[2],这个道德命题肯定为真,那使得这个命题为真的东西就是道德事实。我们追问使得一个道德命题为真的道德事实,不是在问它可能牵涉到的物理事实,而是在问使得它为真的道德价值或义务。人们关心是否存在道德事实,实际是在关心是否存在客观的道德价值或义务,即客观的道德上的善恶、对错、应该或不应该。"客观"的基本含义是"独立于心灵"[3]。如果存在客观的道德价值或义务,那么这些

---

[1] C. S. Evans, "Moral Arguments for the Existence of God," *The Stanford Encyclopedia of Philosophy* (Fall, 2018 edition), Edward N. Zalta ed., URL = <https://plato.stanford.edu/archives/fall2018/entries/moral-arguments-god/>.

[2] Andrew Fisher, "Cognitivism without Realism," in John Skorupski ed., *The Routledge Companion to Ethics*, Oxon: Routledge, 2010, p. 346. "剥婴儿的皮",这个说法或这样的事情,很可能会激起不少人情绪上的强烈反感,据此,有哲学家认为道德判断仅仅是情感的表达而已,因为"剥婴儿的皮"会激起人们强烈的反感,所以它在道德上肯定是错误的。

[3] 客观性至少有四种不同的含义,即独立性、主体际性、正确性和对象性等。

价值或义务将独立于任何人的信念、情感或意愿状态。假如一个道德命题为真，就像其他科学命题为真一样，是相应的客观事实使得它为真，那就一定有跟这个道德命题相对应的客观的道德事实，即有"独立于任何人的信念、情感或意愿状态"的善恶、对错、应该或不应该。如果没有上帝，似乎道德价值或义务在最终意义上就是主观的，不大可能有不以人的意志为转移的客观性；如果上帝存在，那么人们就可将道德价值或义务理解成上帝的命令，而上帝的命令是独立于任何人的心灵的，因此以上帝的命令为最终根据的道德价值或义务具有普遍的、绝对的、不以人的意志为转移的客观性。上帝存在似乎构成了客观道德事实存在的最佳解释。

最佳解释推理属于归纳推理，因此论证4.1属于归纳论证。当然，我们也可以构造一个简单的演绎论证，比如宗教哲学家克雷格认为，在道德论证的诸多版本中，"最令人信服的是根据道德价值和义务的客观性来论证上帝存在"，这种论证的一个非常简单而直接的表述如下：

论证4.2：演绎的道德论证

2-1. 如果没有上帝，客观的道德价值和义务就不存在。

2-2. 客观的道德价值和义务确实存在。

2-3. 因此，上帝存在。[①]

（接上页）参见文学平：《集体意向性与制度性事实：约翰·塞尔的社会实在建构理论研究》，北京：法律出版社，2010年，第228—247页。

[①] William Lane Craig, *Reasonable Faith: Christian Faith and Apologetics*,

最佳解释论证 4.1 是说：如果上帝存在，那么就有客观的道德事实；我们的感觉经验证明确实有客观的道德事实；因此，上帝（很可能）存在。演绎论证 4.2 则从反面来设定了涉及上帝的前提，即：如果上帝不存在，则没有客观的道德事实；人们的感觉经验证明有客观的道德事实，因此否定了前提 2-1 的后件；根据演绎推理的规则，否定后件则否定前件，因此上帝存在。[①]

无论是归纳推理，还是演绎推理，关键因素都是两个：首先，是否存在客观的道德事实（道德价值或义务）？如果不存

（接上页）Wheaton, Illinois: Crossway Books, 2008, p. 172. 如果将"道德价值和义务"换成"有约束力的道德义务"，我们就可以得到如下的演绎论证：（1）如果上帝不存在，客观上有约束力的道德义务（大概）就不可能存在；（2）存在客观上有约束力的道德义务；（3）因此，上帝（很可能）存在。参见 Stephen Evans and R. Zachary Manis, *Philosophy of Religion:Thinking about Faith*, 2nd edition, Madison: InterVarsity Press, 2009, pp. 88-89. 也有学者将理论的道德论证的基本形式概括为：（1）存在道德价值；（2）这些道德价值的存在依赖于上帝的存在及其本性；（3）因此，上帝存在。参见 Robin Le Poidevin, *Arguing for Atheism:An Introduction to the Philosophy of Religion*, London: Routledge, 1996, p. 74。

① 前面提到的刘易斯的道德论证，我们也可以将其论证结构看成一个简单的演绎推理：（1）要么有神论为真，要么唯物论为真。（2）如果唯物论为真，那就不会有道德法则（moral law）。（3）确实存在道德法则。（4）因此，唯物论为假。（5）因此，有神论为真。（Christopher A. Shrock, "*Mere Christianity* and the Moral Argument for the Existence of God," *Sehnsucht: The C. S. Lewis Journal*, Vol. 11, 2017, p. 103. 关于刘易斯的道德论证还可参阅张志刚：《宗教哲学研究：当代观念、关键环节及其方法论批判》，北京：中国人民大学出版社，2003 年，第 87—96 页。）这个推理显然是论证 4.2 的一个变体，二者之间实质上没有多大的差异。刘易斯认为实际上只有两种宇宙观，即有神论和唯物论。如果唯物论为真，一切事物在根本上都是物质的，那就不会有道德法则，但实际上我们确实有道德法则，因此有神论为真。这种论证的关键在于唯物论者是否能够解释道德法则的客观性，如果能解释，刘易斯的论证就失败了。然而，唯物论者确实可以有不少办法来解释道德法则，比如进化论的解释、博弈论的解释、历史唯物主义的解释等等。

在，则整个论证无效。其次，如果确实有客观的道德事实，是否只有上帝存在才能解释客观的道德事实之存在，或者，是否上帝存在构成了客观的道德事实之存在的最佳解释？假如对客观的道德事实，我们可以有其他解释，比如进化论的解释，或者柏拉图式的善的理念的解释，那么理论的道德论证也是无效的。

理论的道德论证还有诸多变体，比如神谕论证、道德知识论证、人类尊严论证。①

神谕论证是将道德规则理解为"命令"。任何命令都必有命令者，而道德律令的命令者不可能是世俗的个人或统治者，否则，道德律令就是因人而异、朝令夕改的东西，因而不会有客观的道德义务；然而确实有客观的道德义务；因此超越人类的神圣的命令者（很可能）存在，即上帝（很可能）存在。

道德知识论证诉诸人们的道德意识，即我们意识到许多道德真理，比如折磨婴儿来取乐是不对的，故意杀害无辜是不对的。任何一个道德真理，要么是必然真理，要么是偶然真理；偶然真理植根于必然真理。比如，"在广岛投下原子弹在道德上

---

① C. S. Evans, "Moral Arguments for the Existence of God," *The Stanford Encyclopedia of Philosophy* (Fall, 2018 edition), Edward N. Zalta ed., URL = <https://plato.stanford.edu/archives/fall2018/entries/moral-arguments-god/>. 当然还可以找到更多的变体，比如道德命令者论证（the moral commander argument）、道德律的权威论证（the argument from the authority or authoritativeness of the moral law）、道德律制定者（lawgiver）论证、道德准则趋同论证（the argument from the convergence of moral codes）。这些论证也都各自面临一些反驳，参见 Ronald W. Hepburn, "Moral Arguments for the Existence of God," in Donald M. Borchert ed., *Encyclopedia of Philosophy*, 2nd edition, Vol. 6, Detroit: Macmillan Reference, 2006, pp. 353-357。

是不对的",这显然是一个偶然真理,因为它依赖于有广岛这个城市存在,而广岛这个城市存在是一个偶然真理。但人们可能会认为,这个道德命题为真,是因为另外的普遍真理必然为真,比如"故意杀害无辜是不对的"。① 被意识到的道德真理,我们可称之为道德知识。如果上帝不存在,人不外是动物,而动物是没有道德可言的,也不可能有道德知识;如果人是偶然的、随机进化的产物,我们也难以解释道德知识的存在;如果上帝存在,那么客观的道德知识就能得到合理的解释;因此上帝很可能存在。

人类尊严论证是说:(1)人类个体有一种特别的内在价值,即我们所说的尊严;(2)人类个体是由至善的上帝依照他自己的形象创造出来的,这是对人类个体拥有尊严这个事实的唯一(或最佳)解释;(3)因此,至善的上帝很可能存在。② 实际上,我们并不需要"人肖上帝"来解释尊严的存在,我们可以诉诸理性能力或反思能力来解释尊严;我们也可能认为人类尊严并没有什么客观的基础,它不过是人类共同建构起来的自我观念而已;或者我们干脆否定人有特别的内在价值;或者承认人类有尊严,但将其看作是一个无需其他任何解释的先天真理。这些选项中任何一个都可以摧毁人类尊严论证的有效性。

---

① C. S. Evans, "Moral Arguments for the Existence of God," *The Stanford Encyclopedia of Philosophy* (Fall, 2018 edition), Edward N. Zalta ed., URL = <https://plato.stanford.edu/archives/fall2018/entries/moral-arguments-god/>.

② C. S. Evans, "Moral Arguments for the Existence of God," *The Stanford Encyclopedia of Philosophy* (Fall, 2018 edition), Edward N. Zalta ed., URL = <https://plato.stanford.edu/archives/fall2018/entries/moral-arguments-god/>.

二、实践的道德论证

实践的道德论证的目标不是要建立起有关上帝的某些命题的真理性或可能性,而是要表明基于实践的理由相信上帝是合理的。"这种论证的结论不是'上帝(很可能)存在',而是'(很可能)我应该相信上帝'。"[1] 康德的道德论证是影响力最大的实践论证。康德认为从思辨理性证明上帝存在只有三种路径:"要么是从确定的经验及由这经验所认识到的我们感官世界的特殊形状开始,并由此按照因果律一直上升到世界之外的最高原因;要么只是以不定的经验,即经验性地以任何某个存有为基础;要么最后抽掉一切经验,并完全先天地从单纯概念中推出一个最高原因的存有。第一种证明是自然神学的证明,第二种证明是宇宙论的证明,第三种证明是本体论的证明。没有其他证明,也不可能有其他的证明。"[2] 康德对这三种证明进行了深刻的批判,并宣告它们都是无效的证明。[3] 但这并不等于人们相信上帝存在就没有理性依据,因为还有另外一条证明路径,即基于实践理性的道德论证,它把上帝"作为一切道德秩序和完善性的原则"。对此,康德将其称作为"道德神学"[4]。

---

[1] C. Stephen Evans, "Moral Arguments," in Charles Taliaferro, Paul Draper, and Philip L. Quinn ed., *A Companion to Philosophy of Religion*, 2nd edition, Malden: Wiley-Blackwell, 2010, p. 388.

[2] 康德:《纯粹理性批判》,邓晓芒译,北京:人民出版社,2004年,第471页。引文中的"自然神学的证明"即是我们前面所说的目的论论证。

[3] 康德对目的论证明、宇宙论证明和本体论证明的批判,参见康德:《纯粹理性批判》,邓晓芒译,北京:人民出版社,2004年,第471—497页。

[4] 康德:《纯粹理性批判》,邓晓芒译,北京:人民出版社,2004年,第499页。

这种道德神学在此具有胜过思辨神学的特有的优点：它不可避免地导致一个唯一的、最高完善性的、有理性的原始存在者的概念，对此思辨神学就连从客观的根据中给我们作出暗示也做不到，更谈不上能使我们确信这点了。①

为何说诉诸实践理性的道德论证"不可避免地导致"上帝概念呢？康德的论证本身也比较复杂，他的三大批判均涉及道德神学，难以将其整个思路归纳为一个单一的论证，因而有学者认为康德关于上帝存在的道德论证实际上有三个论证模式，即《纯粹理性批判》中的"正义"模式，《实践理性批判》中的"义务"模式，《判断力批判》中的"自由"模式。"正义"模式的论证思路是，"从德福一致的相称（配得上）之可能追溯到一种以道德为根据的保证即上帝存有，而德福一致本身作为至善在这里只意味着'正义''公平'，即善有善报，恶有恶报，道德的人配得上幸福，不道德者不配享福"②。"义务"模式的论证"特别强调灵魂不朽作为义务的可能性条件的重要的、不可缺少的作用，甚至把它看作上帝存有这一悬设的真正根据"③。"自由"模式的论证"强调德福一致就是自由和自然的一致，因而强调上帝的终极目的依赖于自由主体的合目的性实践的必然性，强调人的自由追求是至善和上帝存有的悬设所不可缺少的条件"④。

---

① 康德：《纯粹理性批判》，邓晓芒译，北京：人民出版社，2004年，第618页。
② 邓晓芒：《康德对道德神学的论证》，《哲学研究》2008年第9期，第72页。
③ 邓晓芒：《康德对道德神学的论证》，《哲学研究》2008年第9期，第73页。
④ 邓晓芒：《康德对道德神学的论证》，《哲学研究》2008年第9期，第74页。

虽然康德在三大批判中关于上帝存在的实践论证的侧重点和细节有所不同，但其基本的论证结构是完全一致的，我们还是可以将其简化为如下的论证结构：

  论证 4.3：康德的道德论证
  3-1. 我们有义务促进至善；
  3-2. 我们必须预设至善得以可能的条件；
  3-3. 上帝是至善得以可能的一个条件；
  3-4. 因此，我们有义务相信上帝存在。[1]

在道德上说，我们有义务去追求善，因而有义务去追求最高的善，即至善。但是，"应该"蕴含着"能够"，我们没有义务去追求不可能的东西。因此，如果追求至善是我们的义务，那至善就必须是可达到的，即可实现的。但是，如果没有一个全知、全能、全善的上帝，就不能实现幸福跟德性相配的至善状态。因此，上帝存在是至善得以可能的必要条件，因而是我们拥有道德义务的一个必要条件。[2] 如果我们拒绝这个论证，我

---

[1] Frederick C. Beiser, "Moral Faith and the Highest Good," in Paul Guyer ed., *The Cambridge Companion to Kant and Modern Philosophy*, New York: Cambridge University Press, 2006, p. 604. 国内也有学者将康德的道德论证归纳为如下几个命题：（1）有德之人必然提出对德福结合或者德福相配（至善）的诉求，而且这种诉求必须得到满足；（2）至善在感官世界或者显象世界没有必然性；（3）为使至善成为必然，就必须提出一个全能、全知、公正的上帝存在的"公设"。参见李秋零：《道德并不必然导致宗教》，《宗教与哲学》第 2 辑，2013 年，第 148 页。

[2] Linda Zagzebski, "Morality and Religion," in William J. Wainwright ed., *The Oxford Handbook of Philosophy of Religion*, Oxford:Oxford University Press, 2005, p. 350.

们就违反了我们的义务,即追求至善的义务,因而会陷入实践悖谬。注意,康德绝不是在要求我们按照《圣经》来解释道德,而是要我们按照道德来解释《圣经》[①]。他在《纯然理性界限内的宗教》的结尾说:"从蒙恩前进到德性并不是正确的道路,正确的道路是从德性前进到蒙恩。"[②] 康德的看法"与人们通常的看法相反,宗教不是道德的基础,倒似乎是道德的结果"[③]。不是宗教不可避免地导致道德,而是道德不可避免地导致宗教;不是道德以宗教为基础,而是宗教以道德为基础;不是"神学的道德",而是"道德的神学"。这是康德在神学领域进行的一场"哥白尼式的革命"。

康德的道德论证如果有效,如下三个论题必须皆可成立:一是至善义务论题;二是"应该蕴含能够"论题;三是一神论论题。[④]

至善义务论题即康德道德论证的前提3-1,即"我们有义务促进至善"。何谓至善?至善即至高的善,但"至高"这个概念包含一种歧义:至高的东西可以意味着至上的东西(supremum,拉丁文:最高的、极限的);也可以意味着完满的东西(consummatum,

---

[①] 康德:《纯然理性界限内的宗教》,李秋零译,见《康德著作全集》(第6卷),北京:中国人民大学出版社,2007年,第111页。

[②] 康德:《纯然理性界限内的宗教》,李秋零译,见《康德著作全集》(第6卷),北京:中国人民大学出版社,2007年,第207页。

[③] 奥特弗里德·赫费:《康德:生平、著作与影响》,郑尹倩译,北京:人民出版社,第230页。

[④] Frederick C. Beiser, "Moral Faith and the Highest Good," in Paul Guyer ed., *The Cambridge Companion to Kant and Modern Philosophy*, New York: Cambridge University Press, 2006, pp. 604-606.

拉丁文：完成了的，完满的）。"德行（作为配得幸福的资格）是一切只要在我们看来可能值得期望的东西的、因而也是我们一切谋求幸福的努力的至上条件，因而是至上的善……但因此它就还不是作为有限的理性存在者的欲求能力之对象的全部而完满的善；因为要成为这样一种善，还要求有幸福"①。即是说，德行是至高的善，但它还不是完满的善；完满的善除德行以外，还需要有相应的幸福。我们有义务去促进的至善正是完满的善，而非单纯的德行。我们是否真有义务去促进至善呢？有学者认为康德的推理是循环论证：康德从促进至善的义务推出其得以可能的条件，但至善得以可能的条件恰好是他在认定我们有促进至善之义务之前要证明的。②似乎康德将待证的结论当作了理所当然的前提。康德究竟有没有给促进至善之义务提供好的理由或依据呢？康德似乎认为这项义务直接来自绝对命令，但他从未证明这一点。因而有学者认为，基于康德自己的原则，我们不可能有任何这样的义务，"对绝对命令的阐释不会有促进至善的内容。在《道德形而上学》中，他直接关注的是道德律对我们的要求，他在此揭示的至善概念并不属于'同时是义务的目的'"③。也就是说，促进完满的德行是我们的义务，但德福相

---

① 康德：《实践理性批判》，邓晓芒译，北京：人民出版社，2003年，第151—152页。

② Frederick C. Beiser, "Moral Faith and the Highest Good," in Paul Guyer ed., *The Cambridge Companion to Kant and Modern Philosophy*, New York: Cambridge University Press, 2006, p. 604.

③ Lewis White Beck, *A Commentary on Kant's Critique of Practical Reason*, Chicago: University of Chicago Press, 1960, p. 244.

配的至善只是希望的对象，不是道德的义务。如果这种看法是对的，那么论证4.3的前提3-1就是错的，因而整个论证难以成立。

康德的道德论证设定的第二个重要前提是"应该蕴含能够"的原则。如果我们有促进至善的义务，那么我们必有至善得以可能的必要条件。如果我们相信我们自己不能够促进至善，那么促进至善就不是我们的义务。比如我有下河救落水儿童的义务，其前提是我能够下水救他。假如我根本没有下水救人的本事，那么根据"应该蕴含能够"的原则，我也就没有义务去救落水儿童。康德的道德论证从前提3-1（我们有义务促进至善）推出3-2（我们必须接受至善得以可能的条件），正是从义务推论出其前提预设，这个推论的根据就是"应该蕴含能够"的原则。[1] 这个原则似乎相当合理，你不能做到的事情你就不会有义务去做。然而这至少是一个有高度争议的问题。首先是如何理解"能够"。"能够"可以有四种不同的理解，即"逻辑的可能性""经验的可能性""技术的可能性"和"个人的可能性"。[2] 后一种能够都蕴含前一种能够，因此"个人的可能性"是最强的一种"能够"，"逻辑的可能性"是最弱的一种"能够"。如果康德的原则是指逻辑上的可能性，那么"应该蕴含能够"的原则就没有多大实质性的意义，因为只要逻辑上不自相矛盾就

---

[1] 康德讲："假如我们被要求应当做某事，我们就能够做某事。"康德：《实践理性批判》，邓晓芒译，北京：人民出版社，2003年，第40页。

[2] 周礼全主编：《逻辑——正确思维和有效交际的理论》，北京：人民出版社，1994年，第278页。

属于"能够",然而很少有什么行为在逻辑上是自相矛盾的,因而这可能导致一个人要承担无限多的义务。康德原则的"能够"只能是技术上的能够、经验上的能够或个人行为的能够,然而这样的解释会面临太多的反例。比如一个教师应该把课讲好,但由于能力问题,他就是没法讲好。我们并不能因此就说他没有把课上好的义务。再如,一个人借了别人一大笔钱,还款期限到了,他却身无分文,没有能力偿还债务。我们也并不能因此就说债务人没有偿还债务的义务。① 问题还不只是"应该蕴含能够"的原则可能难以成立,即便这个原则能够成立,我们也不能由此推出相信上帝存在的义务。因为仅当人们知道上帝存在是至善得以可能的必要条件时,人们才有可能从促进至善的义务和"应该蕴含能够"的原则推论出我们有相信上帝存在的义务。然而,大量的无神论者并不知道上帝存在是至善得以可能的条件。因此,至少对无神论者而言,无法从促进至善的义务推导出相信上帝存在的义务。

康德的道德论证预设的第三个论题是基督教的一神论。康德在《实践理性批判》的"辩证论"中讲到"上帝存有"时说:

> 我们应当力图去促进至善(所以至善终归必须是可能的)。这样,甚至全部自然的一个与自然不同的原因的存有

---

① 费尔德曼(Richard Feldman)辨认出了三种无须预设"应该蕴含能够"的义务,即合约义务(contractual obligations)、正常预期义务(paradigm obligations)和角色义务(role oughts)。参见 Richard Feldman, "The Ethics of Belief," *Philosophy and Phenomenological Research*, Vol. 60, No. 3, 2000, pp. 674-676。

也就被悬设了……自然的至上原因,只要它必须被预设为至善,就是一个通过知性和意志而成为自然的原因(因而是自然的创造者)的存在者,也就是上帝。①

康德认为我们应当促进至善,所以至善必须是可能的;至善之可能又要以至上的原因为根据,这个原因不同于自然,但它却是整个自然的原因,即自然的创造者,它全知全能全善,因而包含了"幸福与德行之间精确一致的根据"②。上帝全知,所以一个人的德行与幸福是否精确一致的问题,永远不会被搞错;上帝全能,所以精确地依照一个人的德行来分配幸福的事情永远不会做不到;上帝全善,因而只会依照一个人德行来精准地分配幸福,不会受到任何其他因素的影响。这种至上的存在者,为何一定是基督教的上帝,而不是其他神呢?为何这样的神是唯一的,而不是众多有着同样性质的存在者呢?对此,康德的推理没法给出答案,或者说,相信上帝存在并不是道德论证的唯一结论。③康德的道德论证不但无法为基督教的一神论提供辩护,反而要以这种一神论为前提。

---

① 康德:《实践理性批判》,邓晓芒译,北京:人民出版社,2003年,第171—172页。
② 康德:《实践理性批判》,邓晓芒译,北京:人民出版社,2003年,第171页。
③ 休谟认为:"怀疑主义、多神论以及一神论等等系统都有同等的地位,其中没有一个系统能够胜过其他系统。"休谟:《自然宗教对话录》,陈修斋、曹棉之译,北京:商务印书馆,1962年,第47页。

三、短暂的赞同

马克思对宗教的态度有一个从赞同到批判的剧烈转变。① 马克思在 1835 年前后赞同基督教信仰，这主要体现在他中学时期的作文，即《根据〈约翰福音〉第 15 章第 1 至 14 节论信徒同基督结合为一体，这种结合的原因和实质，它的绝对必要性和作用》（马克思的中学考试宗教作文，大约写于 1835 年 8 月 10 日，我们简称为《同基督结合》）和《青年在选择职业时的考虑》（马克思的中学考试德语作文，写于 1835 年 8 月 12 日）②。马克思中

---

① 有学者将马克思、恩格斯宗教思想的发展分为"四个阶段"和"两次飞跃"。一是宗教批判阶段，大体发生在《莱茵报》时期以前，这个时期马克思、恩格斯深受青年黑格尔派的影响，"不适当地夸大宗教批判的作用"；二是政治批判阶段，这主要是《德法年鉴》时期，但"停留在对上层建筑领域的批判，没有从根本上摆脱旧哲学的影响"；三是经济批判阶段，即从 1843 年秋至 19 世纪 80 年代以前，"马克思恩格斯完成了宗教观的第一次飞跃，创立了历史唯物主义和历史唯物主义宗教观"；四是文化批判阶段，即 1879 至 1883 年，"马克思研究文化人类学的重大意义之一是完善了历史唯物主义宗教观，实现了宗教观上的第二次飞跃"。（陈荣富：《马克思恩格斯宗教观发展的四个阶段两次飞跃》，《中国社会科学报》2009 年 8 月 11 日第 5 版。）这些阶段的划分是否准确反映了马克思宗教思想的发展过程还有较大的争议，但有一点是肯定的，它忽略了马克思在中学阶段和在波恩大学时期对宗教的态度。英国宗教学家特雷弗·林（Trevor Ling）曾将马克思对宗教的态度分为三个发展阶段："第一个阶段是学生时代，他依照传统习俗接受了基督教观念。第二个阶段是柏林大学求学时期，他基于哲学的理由断然抛弃了基督教和一切有神论信念。第三个阶段是他对国家所代表的利益进行社会经济分析，因而促使他批判宗教对国家的作用；第三个阶段从他 1842 年从事新闻记者工作开始，并一直持续终生。"（Trevor Ling, *Karl Marx and Religion*, London and Basing Stoke: The Macmillan Press Ltd., 1980, p. 4.）无论这种分期是否科学，但马克思确实有一个时期是接受基督教信仰的。

② 马克思中学毕业考试的作文保留下来的一共有三篇，还有一篇题为《奥古斯都的元首政治应不应该算是罗马国家较幸福的时代？》（写于 1835 年 8 月 15 日）

学毕业证书上也明确地记载着他"信仰新教"①。但马克思在1839年初开始撰写的《关于伊壁鸠鲁哲学的笔记》表明他已经是一个无神论者,在此基础上写成的博士论文更是进一步确证了他的无神论立场,此后马克思对宗教的批判立场从未动摇过。

马克思有着完全的犹太血统,且深受传统宗教的浸染。马克思的祖父迈尔·列维·马克思是特利尔的拉比,而且他的祖辈有很多人是拉比。马克思的父亲亨利希·马克思是迈尔·列维·马克思的第三个儿子,后来马克思的伯父萨缪尔继承了这一宗教职位。马克思的外祖父家族也出了很多拉比。② "事实上,16世纪以来的几乎所有特利尔拉比都是马克思的先辈"③。马克思的母亲罕丽达家族的"子孙们数个世纪以来一直都是拉比"。马克思的母亲有着虔诚的犹太信仰,并在家中保持着犹太人的风俗习惯。马克思的父亲是特利尔城市的高级诉讼法庭法律顾问,同时供职于特利尔地区法庭,也担任了特利尔律师协会的

(接上页)的拉丁语考试作文,英国宗教学家特雷弗·林认为这篇文章也反映了他赞同基督教信仰的立场(Trevor Ling, *Karl Marx and Religion*, London and Basing Stoke: The Macmillan Press Ltd., 1980, pp.4-5),但他并没有列出这篇拉丁语作文是如何反映出马克思赞同或信仰基督教之立场的,只是笼统地提到了这篇作文的名称,并认为它跟其他两篇作文一起构成了马克思赞同基督教信仰的证据。或许这篇拉丁语作文中有某些间接的证据可以证明马克思此时接受基督教信仰,比如,有人称赞奥古斯都是"神圣的,认为他与其说是人,不如说是神",马克思对这种称赞似乎表示赞同,但我们确实没有发现任何直接的证据。但在其他两篇中学毕业考试的作文中确实可以找到一些马克思接受基督教信仰的直接证据。

① 《马克思恩格斯全集》(第1卷),北京:人民出版社,1995年,第932页。
② 见"马克思的家谱",戴维·麦克莱伦:《马克思传》,王珍译,北京:中国人民大学出版社,2010年,第482页。
③ 戴维·麦克莱伦:《马克思传》,王珍译,北京:中国人民大学出版社,2010年,第4页。

主席，为了能够继续从事他的职业，他从犹太信仰改宗为新教。马克思极有可能12岁之前都是在家里接受教育①，然后直接在特利尔读了五年中学（1830—1835年）。正因如此，家庭和故乡的生活环境对马克思的影响，比那些从小就接受学校教育的人受到的影响更为重大。马克思的故乡特利尔是摩塞尔区的首府。"这里有一所高等法院和一个很大的主教区；这个主教区先前是一个强大的公国。当时它的居民有一万二千人，这是一座到处都有古迹的古老城市。'黑门'（Porta Nigra）、皇帝行宫、大会堂依然能使人缅怀罗马时代的庄严伟大，而大伽蓝四周的鳞次栉比的修道院和教堂又说明那里的人们在过去和当时过着何等虔诚的宗教生活。"②环境和传统对人们思想观念的影响，可用马克思自己的话来概括："一切已死的先辈们的传统，像梦魇一样纠缠着活人的头脑。"③马克思的宗教观念绝不是他随心所欲的创造物，他的创造或批判也只能从他直接碰到的、既定的、从他祖辈和生活环境继承下来的观念开始。马克思最初跟随父亲信仰基督新教是很自然的事情，而且他还在1834年3月受了坚信礼。④

《同基督结合》一文冗长的标题告诉我们，马克思立论的根据是《圣经·约翰福音》第15章第1至14节的内容。该章共

---

① 戴维·麦克莱伦：《马克思传》，王珍译，北京：中国人民大学出版社，2010年，第10页。
② 奥古斯特·科尔纽：《马克思恩格斯传》（第1卷），刘丕坤等译，北京：生活·读书·新知三联书店，1980年，第46页。
③ 《马克思恩格斯文集》（第2卷），北京：人民出版社，2009年，第471页。
④ 戴维·麦克莱伦：《马克思传》，王珍译，北京：中国人民大学出版社，2010年，第13页。

有 17 小节，其核心主题就是葡萄树与枝蔓的比喻。基督是葡萄树，信徒是枝蔓。枝蔓必须跟葡萄树结为一体，信徒必须跟基督结为一体。马克思论述的是同基督结合为一体的原因、实质、必要性和作用。"我们要求拯救的需要、我们喜欢作恶的本性、我们的动摇的理性、我们堕落的心、我们在上帝面前的卑贱地位"①，都是我们要同基督结合为一体的原因。同基督结合为一体的实质"就是同基督实现最密切和最生动的精神交融"②。"离开基督，我们就不能够达到自己的目的，离开基督，我们就会被上帝所抛弃，只有基督才能够拯救我们"③，这就是我们同基督结合为一体的绝对必要性。"使基督教的德行与任何别的德行区别开来，并使它超越于任何别的德行之上"，这就是"使人同基督结合为一体的最伟大的作用之一"④。对于这篇近三千字的考试作文，马克思的宗教学老师居佩尔牧师写于 1835 年 8 月 17 日的评价说："思想丰富，叙述精采有力，值得赞许，不过文内所涉及的一致的实质并不明确，一致的原因也只是从一个方面谈到，而它的必要性论述得也不够充分。"⑤ 或许说，从教义的角度来看，马克思将宗教建立在道德上面，这在牧师的眼里并不是一篇很好的宗教作文。因此，在全班 32 名同学中⑥，他的这篇考试

---

① 《马克思恩格斯全集》（第 1 卷），北京：人民出版社，1995 年，第 451 页。
② 《马克思恩格斯全集》（第 1 卷），北京：人民出版社，1995 年，第 452 页。
③ 《马克思恩格斯全集》（第 1 卷），北京：人民出版社，1995 年，第 451 页。
④ 《马克思恩格斯全集》（第 1 卷），北京：人民出版社，1995 年，第 452 页。
⑤ 《马克思恩格斯全集》（第 40 卷），北京：人民出版社，1982 年，第 949 页。
⑥ 戴维·麦克莱伦：《马克思传》，王珍译，北京：中国人民大学出版社，2010 年，第 12 页。

作文获得了第五名的成绩[1]。毕业证书上"宗教知识"一科的评价是:"对基督教教义和训诫的认识相当明确,并能加以论证;对基督教会的历史也有一定程度的了解。"[2]从掌管着特利尔的一个小型新教教区的牧师居佩尔先生的眼光来看,或许这是一个非常公正的评价。

马克思的德语考试作文《青年在选择职业时的考虑》更为著名,校长维滕巴赫的评语是:"相当好。文章的特点是思想丰富,布局合理,条理分明,但是一般来说作者在这里也犯了他常犯的错误,过分追求罕见的形象化的表达;因此,在许多加有着重号的地方,在个别措词以及句子的连接上,叙述时就缺乏必要的鲜明性和确定性,往往还缺乏准确性。"[3]这篇文章依然是32名同学中排名第五的优秀作文。马克思认为,"在选择职业时,我们应该遵循的主要指针是人类的幸福和我们自身的完美",我们应选择"最能为人类而工作的职业"[4]。马克思的这种动人的人道主义理想带有明显的上帝观念的烙印,他说,神"给人指定了共同的目标——使人类和他自己趋于高尚,但是,神要人自己去寻找可以达到这个目标的手段"[5]。此时马克思笔下的神究竟是何种意义上的神,可能还需进一步澄清[6],但无论他

---

[1] 《马克思恩格斯全集》(第1卷),北京:人民出版社,1995年,第1040页。
[2] 《马克思恩格斯全集》(第1卷),北京:人民出版社,1995年,第933页。
[3] 《马克思恩格斯全集》(第1卷),北京:人民出版社,1995年,第1041页。
[4] 《马克思恩格斯全集》(第1卷),北京:人民出版社,1995年,第459页。
[5] 《马克思恩格斯全集》(第1卷),北京:人民出版社,1995年,第455页。
[6] 有学者认为马克思《青年在选择职业时的考虑》一文中的神"没有任何超验的上帝的痕迹:上帝、自然和创造这些词语是可以互换的,历史过程是内在的"。戴维·麦克莱伦:《马克思传》,王珍译,北京:中国人民大学出版社,2010年,第13页。

的"神"是自然神论意义上的上帝，还是三位一体的超验的神，他此时赞同一定意义上的基督教信仰是确定无疑的。

中学时代的马克思接受基督教信仰，必会赞同上帝存在的判断，但他赞同的是哪种形式的上帝存在论证呢？马克思赞同的是关于上帝存在的道德论证。有何证据呢？我们先看间接证据，即别人的评价。马克思的著名传记作家科尔纽在提到《同基督结合》一文时说："马克思把宗教建立在道德上面，并且在自己的历史的和哲学的评论中指出，人神结合的原因在于人的本质，因为人永远是力图用不断提高道德的办法使自己上升到神的地位的。"[①] 把宗教建立在道德上面，这正是康德式的关于上帝存在的道德论证的思路。如果科尔纽的评价是有文本依据的，那么我们断言马克思在 1835 年前后赞同上帝存在的道德论证就是合情合理的。虽然科尔纽没有给出马克思的文本依据，但我们在马克思的《同基督结合》一文中确实能找到一些直接证据。

《同基督结合》一文从一个重要的问题开始："人是否不能依靠自己来达到上帝从无中创造出人所要达到的那个目的。"[②] 在马克思看来，上帝要人达到的目的究竟是什么呢？在该文中他没有直接阐明这个问题，而是预设了这个问题的答案是当时人们普遍知晓的。但从其行文中，我们可以大致确定马克思所认定的人应该达到的目的是"对真正完美的追求"[③]，"对真理和光

---

① 奥古斯特·科尔纽：《马克思恩格斯传》（第1卷），刘丕坤等译，北京：生活·读书·新知三联书店，1980年，第62页。
② 《马克思恩格斯全集》（第1卷），北京：人民出版社，1995年，第449页。
③ 马克思在当时认为，如果离开基督，"就连伦理、道德在它那里也永远脱离不了外来的补充，脱离不了不高尚的限制；甚至它的德行，与其说是出于对真正

明的追求"①,"使生活变得更加美好和崇高"②。两天之后,马克思在《青年在选择职业时的考虑》一文的开头就直截了当地说:神给人指定的"共同目标"是"使人类和他自己趋于高尚"③。因此,在选择职业时"应该遵循的主要指针是人类的幸福和我们自身的完美。……人只有为同时代人的完美、为他们的幸福而工作,自己才能达到完美"④。据此,我们可以断言,在马克思看来,人类应该达到的目标是"人类的幸福和我们自身的完美",即生活得"更加美好和崇高"。这个目标,马克思终身未曾改变,只是他对这个目标之来源的看法随着其思想的发展而有所改变。中学时期马克思认为这个目标是神为人指定的;后来他认为这个目标源自人的本性;成熟时期他认为这个目标来自人类历史发展的规律。在中学时期,马克思所说的人的目标实质

(接上页)完美的追求,还不如说是出于粗野的力量、无约束的利己主义、对荣誉的渴求和勇敢的行为。"《马克思恩格斯全集》(第 1 卷),北京:人民出版社,1995 年,第 449 页。

① 马克思写道:"连古代最伟大的哲人、神圣的柏拉图,也不止一处表示了对一种更高的存在物的深切渴望,以为这种存在物的出现可以实现那尚未得到满足的对真理和光明的追求。"(《马克思恩格斯全集》[第 1 卷],北京:人民出版社,1995 年,第 450 页。)显然,这"更高的存在物"就是神一样的存在。

② 马克思在文章的最后写道:"同基督结合为一体会使人得到一种快乐……这种快乐会使生活变得更加美好和崇高。"《马克思恩格斯全集》(第 1 卷),北京:人民出版社,1995 年,第 453—454 页。

③ 马克思的开头是这样的:"自然本身给动物规定了它应该遵循的活动范围,动物也就安分地在这个范围内活动,而不试图越出这个范围,甚至不考虑有其他范围存在。神也给人指定了共同的目标——使人类和他自己趋于高尚,但是,神要人自己去寻找达到这个目标的手段;神让人在社会上选择一个最适合于他、最能使他和社会变得高尚的地位。"见《马克思恩格斯全集》(第 1 卷),北京:人民出版社,1995 年,第 455 页。

④ 《马克思恩格斯全集》(第 1 卷),北京:人民出版社,1995 年,第 459 页。

上是上帝的命令,是总体性的道德上的目标,而非经济的、政治的或其他什么目标。

马克思谈到"目的""目标"或"活动范围"时使用的是"应该"一词,也就是说,在马克思看来,促进人类的幸福和我们自身的完美是我们每个人的道德义务。我们能否单靠自身的力量实现这个目标,成功地履行好我们的道德义务呢?答案是否定的。马克思写道:

> 当我们考察各个人的历史,考察人的本性的时候,我们虽然常常看到人心中有神性的火花、好善的热情、对知识的追求、对真理的渴望,但是欲望的火焰却在吞没永恒的东西的火花;罪恶的诱惑声在淹没高尚德行的热情,一旦生活使我们感到它的全部威力,这种崇尚德行的热情就受到嘲弄。对尘世间富贵功名的庸俗追求排挤着对知识的追求,对真理的渴望被虚伪的甜言蜜语所熄灭,可见,人是自然界唯一达不到自己目的的存在物,是整个宇宙中唯一不配做上帝创造物的成员。①

这一大段列举了人不能靠自己的力量达成目标的理由。马克思肯定人心有神圣的高尚的一面,如"神性的火花、好善的热情、对知识的追求、对真理的渴望"等。但这只是人性的一个方面。在另一方面,"欲望的火焰却在吞没"神性的火花;

---

① 《马克思恩格斯全集》(第1卷),北京:人民出版社,1995年,第450页。

"罪恶的诱惑声在淹没"好善的热情;"崇尚德行的热情"受到生活重担的嘲弄;世间的富贵功名"排挤着对知识的追求";虚伪的甜言蜜语消灭着对真理的渴望。神圣、善良、知识和真理等高尚的东西是人们应该追求的东西,我们也有这方面的火花、热情、追求和渴望。但我们的能力不足以保障这些使人高尚的东西能够实现,因为我们的神性会堕落,我们的善心会丢失,我们的理性会动摇,我们甚至会"喜欢作恶"①。我们应该促进人类幸福和自我完善的神圣义务跟我们的能力是不相匹配的,我们的道德要求和能力之间有着天然的断裂或缝隙,这种断裂或缝隙是我们自身无能为力的。对此,我们可借用约翰·黑尔的概念,称之为道德裂隙(maoral gap)②。正因为存在天然的道德裂隙,所以马克思说,"人是自然界唯一达不到自己目的的存在物"③,当然,这仅仅是指人单靠自身的力量不能达到自己的道德目的,即不能达到"人类的幸福和我们自身的完美"之目的。

怎么办呢?解决的方式不外三种:一是否定存在天然的道德裂隙;二是承认道德裂隙存在,但放弃我们应该去实现的目的;三是承认道德裂隙存在,不放弃我们应该去实现的目的,但寻求更高存在物的帮助。

马克思在《同基督结合》一文中确认了我们应有的道德要求与达到这些要求的能力之间的裂隙。但弥补这个裂隙的方式

---

① 《马克思恩格斯全集》(第1卷),北京:人民出版社,1995年,第451页。
② John E. Hare, *The Moral Gap: Kantian Ethics, Human Limits, and God's Assistance*, Oxford: Oxford University Press, 1996.
③ 《马克思恩格斯全集》(第1卷),北京:人民出版社,1995年,第450页。

不是放弃我们的目标,而是寻求上帝的支援,或许也可以说是上帝主动帮助我们。马克思说:

> 善良的创世主不会憎恨自己的创造物;他想要使自己的创造物变得像自己一样高尚,于是派出自己的儿子,通过他向我们宣告:
> "现在你们因为我讲给你们的道,已经干净了。"
> "你们要常在我里面,我也常在你们里面。"①

这就是说,上帝主动给我们提供了弥补裂隙的机会,我们只要响应上帝的呼召,"心悦诚服地拜倒在他的面前"②,我们的道德裂隙就能得到完美的弥补。只要我们借助上帝的力量,跟上帝结合为一体,道德裂隙就不复存在。上帝是葡萄树,我们是枝蔓。"枝蔓依靠本身的力量是不能结果实的,因此,基督说,离开了我,你们就无所作为。"③离开了上帝,我们就不能实现我们应该追求的共同目标,即不能结出"人类的幸福和我们自身的完美"之果实。我们跟上帝结合得越紧密,我们道德上的善果就越丰硕。④ 人类想要单靠自己的力量去成为有高尚德行

---

① 《马克思恩格斯全集》(第1卷),北京:人民出版社,1995年,第450页。
② 《马克思恩格斯全集》(第1卷),北京:人民出版社,1995年,第452页。
③ 《马克思恩格斯全集》(第1卷),北京:人民出版社,1995年,第451页。
④ "你们要常在我里面,我也常在你们里面。枝子若不常在葡萄树上,自己就不能结果子;你们若不常在我里面,也是这样。我是葡萄树,你们是枝子;常在我里面的,我也常在他里面,这人就多结果子。因为离了我,你们就不能做什么。人若不常在我里面,就像枝子丢在外面枯干,人拾起来扔在火里烧了。"《圣经·约翰福音》第15章第4—6节。

的人，就如葡萄枝要离开葡萄树，单靠自身的力量而结出甜美的果子。

弥补道德裂隙要靠上帝援助，寻求上帝援助的方式就是跟基督结合为一体，"离开基督，我们就不能够达到自己的目的，离开基督，我们就会被上帝所抛弃，只有基督才能够拯救我们"①。人一旦同基督结合为一体，"他就将平静而沉着地迎接命运的打击，勇敢地抗御各种激情的风暴"，"无畏地忍受恶的盛怒"，"他所祈求的东西将会得到"；"同基督结合为一体可使人内心变得高尚，在苦难中得到安慰，有镇定的信心和一颗不是出于爱好虚荣，也不是出于渴求名望，而只是为了基督而向博爱和一切高尚而伟大的事物敞开的心。可见，同基督结合为一体会使人得到一种快乐……这种快乐会使生活变得更加美好和崇高"。②这些都是同基督结合而带来的善果。人的理性是有限的，"它的德行本来总是有限性的，总是世俗的德行"③。"只有同基督并且通过基督同上帝结合在一起"④才能达到神圣的高尚的德行。

至此，我们可以将马克思当时接受的道德论证归纳为如下的简单结构：

论证 4.4：马克思中学时期的道德论证

4-1. 道德义务论题：我们的共同目标是"使人类和他

---

① 《马克思恩格斯全集》（第1卷），北京：人民出版社，1995年，第451页。
② 《马克思恩格斯全集》（第1卷），北京：人民出版社，1995年，第453—454页。
③ 《马克思恩格斯全集》（第1卷），北京：人民出版社，1995年，第453页。
④ 《马克思恩格斯全集》（第1卷），北京：人民出版社，1995年，第453页。

自己趋于高尚"①。或者说,人应该有"向博爱和一切高尚而伟大的事物敞开"②心扉的德行,即使得人们的"生活变得更加美好和崇高"③的德行。

4-2. 道德裂隙论题:"人是自然界唯一达不到自己目的的存在物。"④因为,人的"德行本来总是有局限性的"⑤,即"欲望的火焰却在吞没"神性的火花;"罪恶的诱惑声在淹没"好善的热情;"崇尚德行的热情"受到生活重担的嘲弄;世间的富贵功名"排挤着对知识的追求";虚伪的甜言蜜语消灭着对真理的渴望⑥;我们的理性会动摇;我们的心灵会堕落;我们甚至"喜欢作恶"⑦。

4-3. 裂隙弥补论题:除非有"更高的存在物"来弥补我们的道德能力的缺陷,否则我们就无法达到我们的目标。这更高的存在就是上帝,因为"他想要使自己的创造物变得像自己一样高尚"⑧。

4-4. 结合论题:为了弥补我们的道德裂隙,我们有义务"同基督结合为一体"⑨。

---

① 《马克思恩格斯全集》(第1卷),北京:人民出版社,1995年,第455页。
② 《马克思恩格斯全集》(第1卷),北京:人民出版社,1995年,第453页。
③ 《马克思恩格斯全集》(第1卷),北京:人民出版社,1995年,第453—454页。
④ 《马克思恩格斯全集》(第1卷),北京:人民出版社,1995年,第450页。
⑤ 《马克思恩格斯全集》(第1卷),北京:人民出版社,1995年,第453页。
⑥ 《马克思恩格斯全集》(第1卷),北京:人民出版社,1995年,第450页。
⑦ 《马克思恩格斯全集》(第1卷),北京:人民出版社,1995年,第451页。
⑧ 《马克思恩格斯全集》(第1卷),北京:人民出版社,1995年,第450页。
⑨ 《马克思恩格斯全集》(第1卷),北京:人民出版社,1995年,第450—454页。

4-5. 上帝存在论题：因此，我们有义务相信上帝存在。

马克思的这个论证结构可以说是理论的道德论证和实践的道德论证的一个混合物，但更加接近康德式的实践的道德论证。

马克思首先承认了我们促进人类幸福和自身完美的义务是神给人"指定"①的，是"上帝从无中创造出人所要达到的那个目的"②。这就等于说人类崇高的道德目的来自神。倘若没有神的指定，那么人就没有客观的道德义务，即神的存在是人类有客观的道德义务的最佳解释。这显然是前面所谈到的理论的道德论证的思路。

但马克思道德论证的整体思路更像是康德式的道德论证。我们前面分析了康德的论证主要有两个前提：一是至善义务论题；二是"应该蕴含能够"论题。结论是我们有义务相信上帝存在。这个论证潜在的一个前提是人单凭自身的能力不能满足履行道德义务的条件，而上帝是我们履行至善义务的必要援助。也就是说康德的论证预设了道德裂隙的存在。只有在上帝的帮助下我们才能达到我们的道德目标。马克思的论证也恰好有这些要素。马克思的道德义务论题相当于康德的至善义务论题。马克思没有明说"应该蕴含能够"的原则，但马克思的论证中确实蕴含这一原则，道德裂隙就是对这一原则的运用。因为"应该"蕴含着"能够"，而我们的能力又不能够达到我们的目的，所以出现了裂隙，这就需要一个更高存在物的援助。同基

---

① 《马克思恩格斯全集》(第1卷)，北京：人民出版社，1995年，第455页。
② 《马克思恩格斯全集》(第1卷)，北京：人民出版社，1995年，第449页。

督结合为一体就是弥补道德裂隙的具体路径。因此我们有同基督结合为一体的义务，这个义务又蕴含着相信上帝存在的义务。

马克思的道德论证非常接近康德式的道德论证，这并非偶然，因为马克思的家庭教育和学校教育都打上了康德思想的烙印。

首先是他父亲的影响。亨利希·马克思深受18世纪法国理性主义的影响，他完全相信理性的力量，认为理性可以解释这个世界并推动世界进步[1]。他对马克思的教导是："毕竟对上帝的虔诚信仰是道德的绝大动力。"[2]但他绝不是狂热的宗教信徒，他信仰的是一种自然神论的上帝观念。他十分重视对马克思的道德教育，有时他也用康德的道德原则来教导马克思[3]。

其次是学校的影响。马克思就读的特利尔中学，原先是耶稣会学校，后来定名为弗里德里希-威廉中学。马克思在这里受到的是典型而纯粹的人道主义教育。这所学校遵循的是18世纪启蒙运动的自由主义精神，其基本原则是努力从康德哲学的观点出发调和信仰与理性。学校最有影响力的人是校长胡果·维滕巴赫，他既是马克思的历史老师，也是马克思家的朋友。歌德称赞他是"康德哲学专家"。[4]1832年在争取新闻自由的汉巴

---

[1] 戴维·麦克莱伦：《马克思传》，王珍译，北京：中国人民大学出版社，2010年，第7页。

[2] 《马克思恩格斯全集》（第40卷），北京：人民出版社，1982年，第832页。

[3] 参见1835年11月18—29日亨利希·马克思致卡尔·马克思的信，《马克思恩格斯全集》（第40卷），北京：人民出版社，1982年，第833页。

[4] 戴维·麦克莱伦：《马克思传》，王珍译，北京：中国人民大学出版社，2010年，第10—11页。

赫大游行之后,维滕巴赫受到警察的监视,学校在1833年受到搜查,警察发现了汉巴赫大会演说的一份记录和一些反对政府的讽刺歌曲。1834年1月,"文学俱乐部"事件后,有教师因信仰唯物主义和无神论而受到严厉申斥,维滕巴赫也受到免职的威胁。结果是一个反动教员缪尔斯被任命为副校长,负责对学校进行政治监督。① 维滕巴赫"教历史和哲学,他是一个坚定的康德信徒,尽力想使他的学校的教学建立在理性主义的原则上"②。马克思一直忠实于维滕巴赫③,"他和另外一个学生以故意藐视缪尔斯而闻名。在他们离开学校时,向所有老师辞别,而唯独没有理睬缪尔斯"④。在学校里,对马克思影响很大的另一位老师是他的宗教学老师居佩尔,他也是马克思父亲的朋友。"他对伦理问题尤其感兴趣,对宗教的态度受康德的强烈影响,认为要达到'真正的人',教育是最好的途径。居佩尔把自己的教学建立在基督这个人和《圣经》的基础上,他受到理性主义思想的巨大影响,规避任何宗派主义。"⑤ 马克思的《同基督结合》一文"很大程度上反映了他老师的看法"⑥。

---

① 奥古斯特·科尔纽:《马克思恩格斯传》(第1卷),刘丕坤等译,北京:生活·读书·新知三联书店,1980年,第59—60页。
② 奥古斯特·科尔纽:《马克思恩格斯传》(第1卷),刘丕坤等译,北京:生活·读书·新知三联书店,1980年,第62页。
③ 《马克思恩格斯全集》(第40卷),北京:人民出版社,1982年,第833页。
④ 戴维·麦克莱伦:《马克思传》,王珍译,北京:中国人民大学出版社,2010年,第11—12页。
⑤ 戴维·麦克莱伦:《马克思传》,王珍译,北京:中国人民大学出版社,2010年,第13页。
⑥ 戴维·麦克莱伦:《马克思传》,王珍译,北京:中国人民大学出版社,2010年,第13页。

马克思对道德论证的赞同是短暂的,他的宗教态度很快就发生了根本性的改变,并终生保持着对宗教的批判态度。

中学毕业后,马克思进入波恩大学学习法学,次年转入柏林大学继续学习法学。在柏林时期,马克思几乎一开始就对哲学产生了浓厚的兴趣。他在1837年11月给他父亲的信中说:"我应该研究法学,而且首先渴望专攻哲学。"① 马克思"从头到尾读了黑格尔的著作,也读了他大部分弟子的著作"②。他还加入了一个"博士俱乐部",即青年黑格尔派的核心组织③,他们"在争论中反映了很多相互对立的观念",这使得他跟"现代世界哲学的联系越来越紧密了",他原来接受的很多观念都"遭到否定",当然也包括他原先接受的基督教的观念。④ 俱乐部由几个

---

① 《马克思恩格斯全集》(第40卷),北京:人民出版社,1982年,第10页。

② 《马克思恩格斯全集》(第40卷),北京:人民出版社,1982年,第16页。

③ 黑格尔1831年逝世后,他的追随者分裂为两大阵营,即老年黑格尔派和青年黑格尔派。恩格斯说:"黑格尔的整个学说,如我们所看到的,为容纳各种极不相同的实践的党派观点留下了广阔场所;而在当时的理论的德国,有实践意义的首先是两种东西:宗教和政治。特别重视黑格尔的体系的人,在两个领域中都可能是相当保守的;认为辩证方法是主要的东西的人,在政治上和宗教上都可能属于最极端的反对派。"(恩格斯:《路德维希·费尔巴哈和德国古典哲学的终结》,《马克思恩格斯文集》[第4卷],北京:人民出版社,2009年,第273页。)重视黑格尔的体系、在政治和宗教上都保守的人即为老年黑格尔派;重视辩证法、在政治和宗教很激进的人则属于青年黑格尔派。大卫·施特劳斯的《耶稣传》把福音书故事看作是起源于早期基督教团体的神话,而非黑格尔所认为的哲学象征;鲍威尔则把福音书看作是不同作者的准艺术创作,他对基督教充满了敌意。"青年黑格尔派既反对要使哲学从属于宗教的基督教正统派,也反对把宗教建立在哲学之上的保守的黑格尔主义者。"(奥古斯特·科尔纽:《马克思恩格斯传》[第1卷],刘丕坤等译,北京:生活·读书·新知三联书店,1980年,第151—152页。)他们捍卫哲学和科学对宗教进行彻底批判的权利。

④ 《马克思恩格斯全集》(第40卷),北京:人民出版社,1982年,第16页。

大学讲师、中学教师和文学家组成，其精神领袖是作为马克思良师益友的柏林大学神学讲师布鲁诺·鲍威尔。马克思1839年夏季学期修了鲍威尔讲授的《以赛亚书》[1]，同时马克思开始深入研究伊壁鸠鲁哲学，流传下来的有七本笔记[2]，这些笔记在其博士论文中得到了广泛的应用。此时马克思已经从基督教观念的接受者转变为坚定不移的批判者。马克思赞同伊壁鸠鲁的无神论立场，猛烈地批判普卢塔克对伊壁鸠鲁的误解。普卢塔克认为信仰神能给人带来快乐，"神一降临，灵魂的悲伤、恐惧和忧虑一扫而光"[3]。马克思认为，"在这里被奉为神明并备受赞扬的东西，正是摆脱其日常束缚而被神化了的个体性，即伊壁鸠鲁的'哲人'及其'心灵的宁静'"[4]。所谓神不外是人的"善的观念"而已，"神是'一切善的主宰'和'一切美好事物之父'这一论断的哲学涵义在于：这不是神的谓语，但善的观念就是神性的东西本身"[5]。去掉了人的形象的善的观念就是所谓神。神不是道德价值的来源，也不是道德价值得以实现的必要条件。信仰神的超自然主义者，不外是"把脱离前提的自由，即把世界

---

[1] 马克思1839年夏季学期总共只修了一门课程，那就是鲍威尔开的《以赛亚书》课程。参见马克思的"柏林大学毕业证书"，《马克思恩格斯全集》(第1卷)，北京：人民出版社，1995年，第940页。

[2] 笔记一至四和笔记七的封面都标有《伊壁鸠鲁哲学》的标题，其中笔记二至四的封面写有"1839年度冬季学期"的字样，笔记五和六的封面没有保存下来。参见《马克思恩格斯全集》(第40卷)，北京：人民出版社，1982年，第917页。

[3] 《马克思恩格斯全集》(第40卷)，北京：人民出版社，1982年，第82页。

[4] 《马克思恩格斯全集》(第40卷)，北京：人民出版社，1982年，第82页。

[5] 《马克思恩格斯全集》(第40卷)，北京：人民出版社，1982年，第84页。

的观念体现在天堂里"①。至此,马克思已经完成对道德论证的彻底否定。在随后的博士论文的"序言"中,他引用埃斯库罗斯《被锁链锁住的普罗米修斯》中的诗句说:"总而言之,我痛恨所有的神。"②此时,马克思认为,"人的自我意识是最高神性的一切天上和地上的神。不应该有任何神同人的自我意识并列"③。从自我意识的角度来理解宗教是马克思研究伊壁鸠鲁哲学的一项重要收获。我们可以得出结论说,对上帝存在的道德论证,实际上只是证明了人的道德自我意识的存在,除此而外什么也没有证明。

四、内在的恐惧

道德论证是说上帝是一切善行的来源或保障。正如陀思妥耶夫斯基在《卡拉马佐夫兄弟》中所说的:"假如没有上帝,那可怎么办?假使拉基金说它是人类凭空想出来的。假使他的话是对的,那该怎么样呢?要是没有上帝,人就成了地上的主宰,宇宙间的主宰。妙极了!但是如果没有上帝,他还能有善么?问题就在这里!"④各种理论的和实践的道德论证的支持者们都认为,倘若没有上帝,要么客观的道德价值之存在无法得到解释,要么至善得以实现的条件不可能达成。随着对伊壁鸠鲁哲

---

① 《马克思恩格斯全集》(第40卷),北京:人民出版社,1982年,第130页。
② 《马克思恩格斯全集》(第1卷),北京:人民出版社,1995年,第12页。
③ 《马克思恩格斯全集》(第1卷),北京:人民出版社,1995年,第12页。
④ 陀思妥耶夫斯基:《卡拉马佐夫兄弟》(下册),耿济之译,北京:人民文学出版社,1981年,第896页。

学的深入研究，马克思认识到："对神的存在的一切证明都是对神不存在的证明，都是对一切关于神的观念的驳斥。"① 就当下的论题而言，马克思有何理由断言关于上帝存在的道德论证就是关于上帝不存在的论证呢？

马克思对道德论证的哲学批判，最初展现在《关于伊壁鸠鲁哲学的笔记》之中。伊壁鸠鲁哲学是马克思钻研最深的古代哲学思想，对马克思思想的发展影响至深。② 伊壁鸠鲁是德谟克利特原子论的坚定继承者和发展者。他们都认为世界的本原只是原子和虚空。伊壁鸠鲁认为原子在虚空中有三种运动：一是"直线式的下落"；二是"偏离直线"；三是"许多原子的相互排斥"。"承认第一种和第三种运动是德谟克利特和伊壁鸠鲁共同的；可是，原子脱离直线而偏斜却把伊壁鸠鲁同德谟克利特区别开来了。"③ 马克思高度重视的正是伊壁鸠鲁的原子运动偏斜说。伊壁鸠鲁纠正了德谟克利特的机械决定论，力图从原子运

---

① 《马克思恩格斯全集》（第1卷），北京：人民出版社，1995年，第101页。

② 马克思1839年开始深入研究伊壁鸠鲁哲学，写了大量笔记，随后写了有关伊壁鸠鲁自然哲学的博士论文，他称颂"伊壁鸠鲁是最伟大的希腊启蒙思想家"（《马克思恩格斯全集》[第1卷]，北京：人民出版社，1995年，第63页）。1845年至1846年，马克思、恩格斯在《德意志意识形态》中赞扬伊壁鸠鲁"是古代真正激进的启蒙者，他公开地攻击古代的宗教，如果说罗马人有过无神论，那末这种无神论就是由伊壁鸠鲁奠定的"（《马克思恩格斯全集》[第3卷]，北京：人民出版社，1960年，第147页）。

③ 《马克思恩格斯全集》（第1卷），北京：人民出版社，1995年，第30页。伊壁鸠鲁在给赫罗多德的信中说："原子永远不断在运动，有的直线下落，有的离开正路，还有的由于冲撞而向后退。冲撞后有的彼此远远分开，有的一再向后退，一直退到它们碰机会与其他原子卡在一起才停止，还有的为卡在它们周围的原子所包围。"北京大学哲学系外国哲学史教研室编译：《西方哲学原著选读》（上卷），北京：商务印书馆，1981年，第161页。

动的角度来阐释个人的意志自由、个性和独立性,从而打破命运的束缚。根据伊壁鸠鲁的原子论,万事万物都是原子的复合,人的心理、生理和生命繁殖现象都可由原子运动来解释。"古代人把天和最高的地方划给神,因为唯有天是不死的。"[1]但根据伊壁鸠鲁的学说,灵魂、神、天体和命运等也都只是原子运动的偶然结果。"伊壁鸠鲁得出结论说:因为天体的永恒性会扰乱自我意识的心灵的宁静,一个必然的、不可避免的结论就是,它们并不是永恒的。"[2] 在伊壁鸠鲁看来,无论如何,人类不是由神创造的,也不由神支配,"人类其实就是原子碰撞的偶然产物"[3]。神既不能支配人,也不能支配自然,更不能控制整个人类的命运。"神同我们没有任何关系"[4]。伊壁鸠鲁的哲学可以医治人类迷乱的灵魂,就像医生医治人的身体病痛一样,它力图将人们从对神和死亡的恐惧中解救出来,将人们从愚昧和迷信中解放出来。"伊壁鸠鲁则责备那些认为人需要天的人;并且他认为支撑着天的那个阿特拉斯本身就是人的愚昧和迷信造成的。"[5]愚昧和迷信就是各种神的诞生地。因此,古希腊哲学家"卢克莱修歌颂伊壁鸠鲁是最先打倒众神和脚踹宗教的英雄"[6]。因为只有物质存在,宗教意义上的神和理神论意义上的神都不存在。

---

[1] 《马克思恩格斯全集》(第1卷),北京:人民出版社,1995年,第56页。
[2] 《马克思恩格斯全集》(第1卷),北京:人民出版社,1995年,第59页。
[3] 斯通普夫、菲泽:《西方哲学史》(第7版),丁三东等译,北京:中华书局,2005年,第149页。
[4] 马克思:《关于伊壁鸠鲁的笔记》(笔记三),《马克思恩格斯全集》(第40卷),北京:人民出版社,1982年,第80页。
[5] 《马克思恩格斯全集》(第1卷),北京:人民出版社,1995年,第57页。
[6] 《马克思恩格斯全集》(第3卷),北京:人民出版社,1960年,第147页。

踹开了主宰人类命运、干预人们生活的神，这就为我们自主控制我们的生活提供了广阔的空间。

我们既不可能按照神的命令来生活，也不可能按照预设人格神或理神的抽象原则来生活，那我们按照什么道德原则来生活呢？伊壁鸠鲁的答案是快乐原则。人的感觉证明了快乐为善，痛苦为恶。"所有的快乐由于天然与我们相联，所以是善的，但并不是都值得抉择。"①伊壁鸠鲁追求的快乐绝不是肉体的享受或放荡者的快乐，"他主张的'快乐'是'精神的快乐'"②。马克思讲："对于伊壁鸠鲁来说，最大的快乐是没有痛苦"③。伊壁鸠鲁的快乐指的是"身体的无痛苦和心灵的无纷扰"④。对伊壁鸠鲁来说，这也就是精神独立自由的状态。因此马克思强调："应当时刻注意，除了精神的自由和精神的独立之外，无论是'快乐'，无论是感觉的可靠性，无论什么东西，伊壁鸠鲁一概都不感兴趣。"⑤伊壁鸠鲁并不追求他自己不能控制的身外的善，"对人来说他身外没有任何善；他对世界所具有的唯一的善，就是旨在做一个不受世界制约的自由人的消极运动"⑥。伊壁鸠鲁建议我们

---

① 苗力田主编：《古希腊哲学》，北京：中国人民大学出版社，1989年，第648页。

② 《马克思恩格斯全集》（第40卷），北京：人民出版社，1982年，第62页。

③ 马克思：《关于伊壁鸠鲁哲学的笔记》（笔记二），《马克思恩格斯全集》（第40卷），北京：人民出版社，1982年，第62页。

④ 斯通普夫、菲泽：《西方哲学史》（第7版），丁三东等译，北京：中华书局，2005年，第151页。

⑤ 马克思：《关于伊壁鸠鲁哲学的笔记》（笔记三），《马克思恩格斯全集》（第40卷），北京：人民出版社，1982年，第80页。

⑥ 马克思：《关于伊壁鸠鲁哲学的笔记》（笔记三），《马克思恩格斯全集》（第40卷），北京：人民出版社，1982年，第78页。

第四章　马克思对道德论证的批判　137

在生活中要深思熟虑地确定我们的本性所需要的最低限度的东西，我们必须只享受我们能够自主支配的快乐才能确保幸福。

伊壁鸠鲁的学说遭到了一些希腊哲学家的激烈批判，普卢塔克就认为信从伊壁鸠鲁就不可能有幸福的生活。我们先看马克思在《关于伊壁鸠鲁哲学的笔记》中引用的普卢塔克用以驳斥伊壁鸠鲁的两段话。普卢塔克说：

> 那些害怕他[神]的人，把他当作对好人厚道对坏人严酷的主宰，这些人由于有这种恐惧心理便避免去做不公正的事情，也不需要许多拯救者；他们的恶意逐渐受到抑制，因此他们感受的精神痛苦，比那些染上恶习和胆大[妄为]而后感到害怕悔恨的人要少。①

普卢塔克又说：

> 那些对神怀有纯洁观念的人感到多么大的喜悦，他们把神当作一切善的主宰，当作一切美好事物之父，神既不

---

①　普卢塔克：《论信从伊壁鸠鲁不可能有幸福的生活》，转引自马克思：《关于伊壁鸠鲁哲学的笔记》（笔记三），《马克思恩格斯全集》（第40卷），北京：人民出版社，1982年，第80—81页。马克思在作为其博士论文的附录《评普卢塔克对伊壁鸠鲁神学的论战》中再次完整地引用了这段话（《马克思恩格斯全集》[第40卷]，北京：人民出版社，1982年，第282页），但中文第二版的翻译跟第一版的翻译有较大的不同，因而抄录如下："他们[对神]感到畏惧，把他当作对好人仁慈、对坏人严厉的主宰，由于怀有这唯一的畏惧心理，他们不需要许多使他们不去做坏事的拯救者；他们仿佛使恶在自己身上逐渐消亡，因此，同那些正在作恶并敢于作恶，而事后又立即感到害怕和懊悔的人相比，他们较少感到不安。"马克思：《马克思恩格斯全集》（第1卷），北京：人民出版社，1995年，第98—99页。

做坏事，也不会受痛苦的折磨。因为神是善良的，而善良者既没有忌妒，没有恐惧，也没有愤怒，没有仇恨。[1]

普卢塔克的这两段话蕴含着如下关于上帝存在的道德论证：

论证 4.5：普卢塔克式的道德论证

5-1. 人按照自己的意愿行为，除非有内在的恐惧预先阻止人们作恶，否则人们不会按照道德原则行善而避免作恶。

5-2. 神是一切善的主宰，一切美好事物之父。

5-3. 如果神存在，那么人们害怕作恶会受到神的惩罚，因而会按照道德原则行善而避免作恶。

5-4. 实际上信仰神的人会感到巨大的喜悦而不会去作恶。

5-5. 因此应当相信主宰一切善的神存在。

对此马克思做出了什么样的反驳呢？首先，普卢塔克式的道德论证预设了"内在的恐惧本身并不是恶"[2]。如果对神的恐惧本身就是一种恶，那么神就不是全善的，因为他引起了人们的恐惧；而且，出于恐惧而做出的所谓善行，也不是真的善，即不是真正道德的行为，因为那行为只是为了避免内在的恐惧而已，根本无关善恶的问题。对神的恐惧究竟是不是恶呢？当然

---

[1] 普卢塔克：《论信从伊壁鸠鲁不可能有幸福的生活》，转引自马克思：《关于伊壁鸠鲁哲学的笔记》(笔记三)，《马克思恩格斯全集》(第40卷)，北京：人民出版社，1982年，第83页。

[2] 马克思：《关于伊壁鸠鲁哲学的笔记》(笔记三)，《马克思恩格斯全集》(第40卷)，北京：人民出版社，1982年，第81页。

是一种恶。当普卢塔克认定神赏善罚恶时,"在这里恶是对经验的个人来说的恶,善是对经验的个人来说的善"①。对个人经验来说,恐惧是自己害怕的东西,要竭力避免的东西,当然是恶的东西。个人不但关心什么是善或恶的问题,而且还关心恐惧究竟从何产生的问题。马克思认为,就恐惧的来源而言,"神不是什么别的东西,而是集经验恶行的一切后果之大成的共同体"②。神不是善的主宰,而是"经验恶行一切后果"的来源。因此普卢塔克式道德论证的前提5-2是不成立的。神并不是一切善的主宰,一切美好事物之父,他也是内在恐惧的来源,一种恶行的来源。

普卢塔克可以回应说,神是可以带来恐惧,恐惧确实不好,对经历恐惧的人来说,它是恶的。但这种恶能带来更大的善,因为相对于"那些染上恶习和胆大[妄为]而后感到害怕悔恨"的情况来说,人们因预先的恐惧而"感受的精神痛苦"要少得多。两害相权取其轻,我们宁愿有对神的恐惧,也不要有因恶习和胆大妄为而带来的害怕和悔恨。如果普卢塔克的这种辩护是对的,那么我们还要神干什么呢?我们完全可以直接劝诫人们:不要行恶,免得担惊受怕。"伊壁鸠鲁不正是直截了当地教导同样的东西吗:勿行不义,免得经常担心受到惩罚。"③在

---

① 马克思:《关于伊壁鸠鲁哲学的笔记》(笔记三),《马克思恩格斯全集》(第40卷),北京:人民出版社,1982年,第81页。

② 马克思:《关于伊壁鸠鲁哲学的笔记》(笔记三),《马克思恩格斯全集》(第40卷),北京:人民出版社,1982年,第81页。

③ 马克思:《关于伊壁鸠鲁哲学的笔记》(笔记三),《马克思恩格斯全集》(第40卷),北京:人民出版社,1982年,第81页。

劝人相信人格神的时候，普卢塔克考虑了四个因素：一是因恶行而得到的好处；二是这种好处会引起更大的恶，即长期的恶习和胆大妄为；三是因恶习和胆大妄为而带来更大的坏处，即带来的惩罚；四是害怕失掉更大的好处。正因为考虑到这些因素，所以要接受对神的恐惧，从而不去作恶。在马克思看来，普卢塔克的劝诫实际上跟伊壁鸠鲁直接劝人"勿行不义"没有实质性的差别。因为恶行会带来痛苦，而"最大的快乐是没有痛苦"[①]，因此勿行不义，免得扰乱心灵的安宁，从而最大限度地获得自由。因此，普卢塔克的论证，要么"每走一步都落到伊壁鸠鲁的怀抱里"，要么"他想说的实际上又不是他所说的"。[②]普卢塔克的论证实际上是神跟我们无关的论证，或者说是人格神或理神不存在的论证。

五、天堂幸福的利己主义

揭露上帝信仰者的真实心态是马克思批判道德论证的另一条思路，这种批判方式在《论犹太人问题》中首次得到明确的表述。马克思说：

基督徒的天堂幸福的利己主义，通过自己完成了的实

---

① 马克思：《关于伊壁鸠鲁哲学的笔记》（笔记二），《马克思恩格斯全集》（第40卷），北京：人民出版社，1982年，第62页。
② 马克思：《关于伊壁鸠鲁哲学的笔记》（笔记三），《马克思恩格斯全集》（第40卷），北京：人民出版社，1982年，第91页。

践，必然要变成犹太人的肉体的利己主义，天国的需要必然要变成尘世的需要，主观主义必然要变成自私自利。①

道德论证是说，上帝是客观道德价值的最佳解释，或者说上帝是至善得以兑现的保证。然而马克思却说基督教是利己主义的宗教，基督徒是追求天堂幸福的利己主义者。如果马克思所言为真，那么关于上帝存在的各种道德论证就不可能成立。马克思的看法究竟有何根据呢？为此，我们必须先问：基督教承诺的究竟是何种道德观？它怎么是一种特殊的利己主义呢？

基督教所宣扬的道德观可概括为四条主要的诫命②：一是爱主③；二是顺从④；三是忍恶勿抗⑤；四是爱人如己⑥。它们又可以进

---

① 马克思：《论犹太人问题》，《马克思恩格斯文集》（第1卷），北京：人民出版社，2009年，第54—55页。

② 吕大吉：《宗教学通论新编》，北京：中国社会科学出版社，2010年，第623—624页。

③ 爱主是最大的诫命。耶稣说："你要尽心、尽性、尽意，爱主你的神。这是诫命中的第一，且是最大的。"《圣经·马太福音》第22章，第37—38节。

④ 基督教要求的顺从是全方位的。首先是顺服上帝："因一人的悖逆，众人成为罪人；照样，因一人的顺从，众人也成为义了。"（《圣经·罗马书》第5章，第19节。）"顺从神，不顺从人，是应当的。"（《圣经·使徒行传》第5章，第29节。）然后是顺服"掌权的"："在上有权柄的，人人当顺服他，因为没有权柄不是出于神的，凡是掌权的都是神所命的。"（《圣经·罗马书》第13章，第1节。）最后还要顺从仇敌："有人打你这边的脸，连那边的脸也由他打。有人夺你的外衣，连里衣也由他拿去。凡求你的，就给他。有人夺你的东西去，不用再要回来。"（《圣经·路加福音》第6章，第29—30节。）

⑤ 基督教主张忍恶勿抗，要以善报恶，从而以善胜恶："你们听见有话说：'以眼还眼、以牙还牙。'只是我告诉你们，不要与恶人作对。有人打你的右脸，连左脸也转过来由他打。有人想要告你，要拿你的里衣，连外衣也由他拿去。有人强逼你走一里路，你就同他走二里。有求你的，就给他。有向你借贷的，不可推辞。"《圣经·马太福音》第5章，第38—42节。

⑥ "'你要尽心、尽性、尽意爱主你的神。'这是诫命中的第一，且是最大的。

一步归为"爱主"和"爱人如己"两条。这都不是利己主义的道德规范,而是比较典型的利他主义。基督教的教义强调:"无论何事,你们愿意人怎样待你们,你们也要怎样待人,因为这就是法律和先知的道理。"[①] 这是道德黄金法则在基督教中的经典表述。"爱人如己"可被看作是这法则的一种简略概括[②],而且它跟康德道义论的可普遍化原则是一致的[③]。由此可见,基督教的道德似乎是一种利他主义的道德[④],而非利己主义的道德。

(接上页)其次也相仿,就是要爱人如己。这两条诫命是律法和先知一切道理的总纲。"(《圣经·马太福音》第22章,第37—40节。)"'你要尽心、尽性、尽意、尽力爱主你的神。'其次就是说:'要爱人如己。'再没有比这两条诫命更大的了。"(《圣经·马可福音》第12章,第29—31节。)"我赐给你们一条新命令,乃是叫你们彼此相爱;我怎样爱你们,你们也要怎样相爱。"(《圣经·约翰福音》第13章,第34节。)"你们要彼此相爱,像我爱你们一样,这就是我的命令。"(《圣经·约翰福音》第15章,第12节。)"凡事都不可亏欠人,惟有彼此相爱,要常以为亏欠,因为爱人的就完了律法。像那'不可奸淫','不可杀人','不可偷盗','不可贪婪',或有别的诫命,都包在'爱人如己'这一句话之内了。爱是不加害与人的,所以爱就完全了律法。"(《圣经·罗马书》第13章,第8—10节。)

① 《圣经·马太福音》第7章,第12节。

② 摩西十诫(十诫的内容在《圣经·旧约》中出现三次:《出埃及记》第20章,第2—17节;《出埃及记》第34章,第10—27节;《申命记》第5章,第6—21节。《出埃及记》第20章和《申命记》第5章的文字表述大致相同。通常人们提到十诫时,指的是《出埃及记》第20章,第2—17节的内容)是犹太人生活和信仰的基本准则,可以解释成"爱主"和"爱人如己"这两条法则及其引申出来的规则。

③ 可普遍化原则,即:"要这样行动,使得你的意志的准则任何时候都能同时被看作一个普遍立法的原则。"(康德:《实践理性批判》,邓晓芒译,北京:人民出版社,2003年,第39页。)"爱人如己"就是一条可普遍化的原则。你愿意别人像爱他自己一样对待你,你也就要像爱你自己一样爱别人,这样爱人如己就成了你对别人和别人对你的普遍法则。

④ 利他主义是指无私地关心他人或仁爱地对待他人,即以他人为目的而增进他们的福利,而不是以一种增进自己利益的方式来促进他人的福利,或者将他人的利益放在自己的利益之前。与其相对的利己主义力图把道德归结为自我利益。参见 Nicholas Bunnin and Jiyuan Yu, *The Blackwell Dictionary of Western Philosophy*, Malden: Blackwell Publishing, 2004, pp.21-23。

为何马克思将基督教道德归为"天堂幸福的利己主义"呢?难道马克思对基督教道德理解有误?显然不是。马克思的学校教育、家庭教育、他所处的理智环境以及他自己的深入探究都使得他对犹太教和基督教有着十分透彻的理解,而且他曾经有段时间信仰基督教。①难道马克思的"天堂幸福的利己主义"一词不是一个贬义词?显然也不是,因为其上下文明显是在批判基督教信仰者和犹太教信仰者。②

马克思所说的利己主义究竟是什么意思呢?依据利己主义的理论含义我们有五种不同的用法③:一是指常识性的利己主义

---

① 马克思中学时期的宗教学老师居佩尔对他"宗教知识"课程的评语是:"他对基督教教义和训诫的认识相当明确,并能加以论证;对基督教会的历史也有一定程度的理解。"(《马克思恩格斯全集》[第1卷],北京:人民出版社,1995年,第933页。)马克思成熟时期的著作中有大量关于宗教的论述,其经济学著作中也充满着大量的宗教典故、隐喻和评论。

② 马克思对"利己主义"一词应该是非常敏感的,大学时期他父亲给他写信指责过他有利己主义的观念。马克思的父亲在1837年8月12日给他的信中责备他说:"你还有利己主义,它可能在你身上超过了自我保存所需要的程度。我无法摆脱这种思想,如果我处在你的地位,我会更怜惜自己的双亲,会为他们作出更大的自我牺牲。"(《马克思恩格斯全集》[第40卷],北京:人民出版社,1982年,第863页。)在《德意志意识形态》和《资本论》等著作中他都比较多地将利己主义作为一个贬义词来使用。

③ Kurt Baier, "Egoism," in Peter Singer ed., *A Companion to Ethics*, Oxford: Blackwell, 1991, pp. 197-204. 哲学家们谈到利己主义的时候,最常见的区分是心理利己主义和伦理利己主义。参见詹姆斯·雷切尔、斯图亚特·雷切尔斯:《道德的理由》,杨宗元译,北京:中国人民大学出版社,2009年,第71—90页。也可将利己主义简单地分为描述的立场(descriptive position)和规范的立场(normative position)。描述的立场就是指心理利己主义,因为它只是力图描述事实,而非规范性的主张。规范的立场可能又区分为伦理利己主义和理性的利己主义。参见 Robert Shaver, "Egoism", *The Stanford Encyclopedia of Philosophy*, Spring, 2019 edition, Edward N. Zalta ed., URL = <https://plato.stanford.edu/archives/spr2019/entries/egoism/>。

（common-sense egoism），即将自身置于他人利益之上，无节制地考虑自身利益的心态或行为，这通常被看作是超出了道德允许的范围。二是指心理利己主义（psychological egoism），"它是这样一种理论：如果不是在表层，至少在根本的层面，我们都是利己主义者，就我们的行为由我们的信念和欲望来解释而言，我们总是以我们所相信的对自己最有利的方式行为"①。可以说，所有人类的行为都是基于自私的欲望。三是指手段利己主义（egoism as a means to the common good），这种观念由亚当·斯密提出②，"它是这样的一种理论：在一定的条件下，促进个人自身的利益是达到合理道德目标即公共利益的最佳手段"③。四是理性利己主义（rational egoism），它有强弱之分。强理性

---

① Kurt Baier, "Egoism," in Peter Singer ed., *A Companion to Ethics*, Oxford: Blackwell, 1991, p. 203. 心理利己主义是关于人性事实的主张，而非关于道德判断的主张。心理利己主义可以有多种不同的证明方式：个人所有权论证（personal ownership argument）、享乐主义者的论证（hedonist argument）、自我欺骗的论证（self-deception argument）、享乐主义的动机理论（hedonistic motivation theory）等，当然这些论证也面临着诸多的批判。Joel Feinber, "Psychological Egoism," in Joel Feinberg, Russ Shafer-Landau, *Reason and Responsibility: Readings in Some Basic Problems of Philosophy*, 15th edition, Boston MA: Wadsworth, Cengage Learning, 2013, pp. 501-513.

② "仅仅依赖人的恩惠，并不会更容易达到目的，如果他能够鼓动他们的自爱心，使其有利于己，并且告诉他们，如果他们为他做他需要他们做的事情，他们就是为他们自己的利益。……我们所需的食物不是出自屠宰业者、酿酒业者、面包业者的恩惠，而仅仅是出自他们自己的利益的顾虑，我们不要求助于他们的爱他心，而只要求助于他们的自爱心，我们不要向他们说我们必需，只说他们有利。"亚当·斯密：《国富论》上册，郭大力、王亚南译，南京：译林出版社，2011年，第10页。

③ Kurt Baier, "Egoism," in Peter Singer ed., *A Companion to Ethics*, Oxford: Blackwell, 1991, p. 203.

利己主义坚持以自己的最大好处为目标永远是理性的、正确的，而不以自己的最大好处为目标始终是不理性的、不正确的；弱理性利己主义坚持以自己的最大好处为目标永远是理性的、正确的，但不以自己的最大好处为目标并非必然是不理性或不正确的。[1] 五是伦理利己主义（ethical egoism），它可被看作是理性利己主义的一种形式，其本身又有强弱之分。强伦理利己主义是说，以自己的最大利益为目标，始终是正确的，否则始终是错误的；弱伦理利己主义是说，以自己的最大利益为目标，始终是正确的，但不以自己的最大利益为目标并非总是错误的。[2] 我们对他人并无自然义务，我们唯一的义务是从事对自己最有利的行为。所以道德上对的行为，就是对行为者最有利的行为。[3] 对于这五种形式的利己主义马克思都不可能赞同。马克思不可能赞同常识性的自私自利，他从中学开始就立志要"选择最能为人类而工作的职业"，将"为人类而牺牲自己"的人看作是"人人敬仰的典范"[4]。马克思也不可能赞同心理利己主义，心理利己主义并没有揭示出真实的人性。人性确实有自私的一

---

[1] Kurt Baier, "Egoism," in Peter Singer ed., *A Companion to Ethics*, Oxford: Blackwell, 1991, p. 201. 当涉及不同主体之间的利益冲突时，这种利己主义就会遇到挑战。

[2] Kurt Baier, "Egoism," in Peter Singer ed., *A Companion to Ethics*, Oxford: Blackwell, 1991, p. 201.

[3] 伦理利己主义不是主张人应该提升自己及他人的利益，而是主张人只应该提升自己的利益。对伦理利己主义的批判参见詹姆斯·雷切尔、斯图亚特·雷切尔斯：《道德的理由》，杨宗元译，北京：中国人民大学出版社，2009年，第84—90页。

[4] 马克思：《青年在选择职业时的考虑》，《马克思恩格斯全集》（第1卷），北京：人民出版社，1995年，第459页。

面,但"人的本质是人的真正的共同体"①,或者说"人的本质是人的真正的社会联系"②。对于手段利己主义,马克思也坚决加以批判,比如在流通领域或商品交换领域,"双方都只顾自己。使他们连在一起并发生关系的唯一力量,是他们的利己心,是他们的特殊利益,是他们的私人利益"③。对于理性利己主义,马克思也批判其是"卑鄙无耻的自私自利"④。伦理利己主义,马克思更不可能赞同,自私自利是一种道德缺陷,绝非道德善的标准。无论基督教实质上是哪种利己主义,都是马克思要批判的对象。但我们更有理由相信马克思所指责的天国幸福的利己主义实质上是一种常识性的利己主义。

基督教所说的"爱主""爱人如己"等道德规范怎么会陷入利己主义的指责呢?马克思的看法深受费尔巴哈的影响⑤。基督

---

① 《马克思恩格斯全集》(第3卷),北京:人民出版社,2002年,第394页。
② 马克思:《1844年经济学哲学手稿》,北京:人民出版社,2000年,第170页。
③ 《马克思恩格斯文集》(第5卷),北京:人民出版社,2009年,第204—205页。
④ 《马克思恩格斯文集》(第5卷),北京:人民出版社,2009年,第850页。
⑤ 费尔巴哈《基督教的本质》1841年出版第一版,1843年出版第二版,恩格斯说:"这部书的解放作用,只有亲身体验过的人才能想象得到。那时大家都很兴奋:我们一时都成为费尔巴哈派了。马克思曾经怎样热烈地欢迎这种新观点,而这种新观点又是如何强烈地影响了他(尽管还有种种批判性的保留意见),这可以从《神圣家族》中看出来。"(恩格斯:《路德维希·费尔巴哈和德国古典哲学的终结》,《马克思恩格斯文集》[第4卷],北京:人民出版社,2009年,第275页。)但这绝不是说费尔巴哈的思想只对《神圣家族》的写作产生了很大影响。可以说《基督教的本质》一书出版后很快就对马克思的思想产生了巨大影响,马克思在1843年10月和1844年8月写给费尔巴哈的信中专门谈到了这本书的影响(《马克思恩格斯文集》[第10卷],北京:人民出版社,2009年,第10—16页)。恩格斯晚年回忆说:"费尔巴哈……在好些方面是黑格尔哲学和我们[马克思和恩格斯]

教的教义中最基本的创世论,费尔巴哈解释说:

> 创造只具有一个利己主义的目的和意义。"创世之目的,仅仅是为了以色列。世界是为了以色列人而被创造出来的,并且,如果说以色列人是果实的话,那么,其余的民族就只是果壳而已。""倘若没有以色列人,那么,就没有雨水降到世上来,太阳也不再升起,因为这都是为他们准备的,就像经上(《耶利米书》,第33章第25节)所说的那样。"……基督徒由此责备犹太教徒太自傲;但是,这却只是因为他们认为上帝的王国已经从他们那里转到基督徒这里来了。是故,在基督徒那里,我们可以找到跟在以色列人那里完全一样的思想。……基督徒们相信,他们按照属神的权利应当成为全地球或全世界的占有者,而无神论者及不信者则是他们国土之不合法的占有者。……这样,人使上帝成为创世者,为的是使自己成为世界之目的、世界之主宰。①

犹太教和基督教都认为上帝创造了自然和人,但实际上只是人创造了上帝,犹太教徒和基督教徒都不过是要借助作为自我意识之对象化的神来实现各自自私的目的而已。创世的目的就是利己主义的目的,即世界是为了"我"自己,自己成为世

(接上页)的观点之间的中间环节"(《马克思恩格斯文集》[第4卷],北京:人民出版社,2009年,第265页)。可以说没有这个"中间环节"就不可能有后来那个样子的马克思主义。

① 费尔巴哈:《基督教的本质》,荣震华译,北京:商务印书馆,1984年,第382—383页。

界之目的、世界之主宰。

> 直到今天,犹太人还不变其特性。他们的原则、他们的上帝,乃是最实践的处事原则,是利己主义,并且,是以宗教为形式的利己主义。利己主义就是那不允许自己的仆人吃亏的上帝。利己主义在本质上是一神教的,因为,它唯独以"我"为其目标。①

爱主不外是为了讨好上帝,使得自己不但免受惩罚,而且能赢得现世的必需品和死后进入天堂享受永世的福乐。费尔巴哈对宗教的批判,还仅仅是从宗教中去寻找犹太人和基督徒的秘密。马克思认为,我们更要从现实的犹太人或基督徒的生活中去寻找他们宗教的秘密。马克思讲:"犹太教的世俗基础是什么呢?实际需要,自私自利。犹太人的世俗礼拜是什么呢?经商牟利。他们的世俗的神是什么呢?金钱。"②如果现实世界消除了经商牟利的前提,那么犹太人的社会组织及其宗教意识也会随之而消散。在马克思看来,基督教亦是如此。基督徒爱人如己表面上是为了顺服上帝的诫命,实际上依然是为了自己的天国的幸福,因此依然是一种着眼长远利益的利己主义。

如果基督徒实际信奉的并不是利他主义,而是天堂幸福的

---

① 费尔巴哈:《基督教的本质》,荣振华译,北京:商务印书馆,1984年,第163页。

② 马克思:《论犹太人问题》,《马克思恩格斯文集》(第1卷),北京:人民出版社,2009年,第49页。

利己主义，那么道德论证就不能成立，因为上帝实际上并没有保障人们有崇高德行的生活，而是鼓励人们过上一种隐性的利己主义的生活。因此，马克思说"基督教的社会原则带有狡猾和假仁假义的烙印"①。但我们并不能由此对基督徒提出太多道德上的谴责，更不是要给他们灌输新的道德教条，因为在成熟时期的马克思和恩格斯看来，"无论利己主义还是自我牺牲，都是一定条件下个人自我实现的一种必要形式"②。基督徒的道德观念只不过是现实物质生活的一种观念上的反映，这种反映也是人们在现实条件限制下求得自我实现或心理慰藉的一种重要方式。

六、道德感化的秘密

马克思对道德论证的批判还有一种方式，即揭示基督教道德感化的秘密。如果道德论证能够成立，即上帝是道德的基础或保证，那么基督教的道德感化必定会提升被感化者的德行，而不是摧残被感化的对象。情况究竟是怎样的呢？马克思通过评论《巴黎的秘密》③中女主人公玛丽花的命运，给出了自己的

---

① 《马克思恩格斯全集》（第 4 卷），北京：人民出版社，1958 年，第 218 页。
② 《马克思恩格斯全集》（第 3 卷），北京：人民出版社，1960 年，第 275 页。
③ 倾向于社会主义的法国作家欧仁·苏（Eugène Sue，1804—1857）的小说《巴黎的秘密》"于 1842—1843 年在巴黎出版后，不仅在法国国内大负盛名，而且在国外也享有声誉"（《马克思恩格斯全集》[第 2 卷]，北京：人民出版社，1957 年，第 685 页）。马克思在《圣经家族》的第五章"贩卖秘密的商人所体现的批判的批判或施里加先生所体现的批判的批判"和第八章"批判的批判之周游世界和变服微行，或盖罗尔施坦公爵鲁道夫所体现的批判的批判"（《马克思恩格斯全集》[第 2 卷]，北京：人民出版社，1957 年，第 68—98、207—266 页）花了 90 余页的篇幅来批判这部小说。

答案，揭示了基督教道德感化的秘密。

小说的主人公鲁道夫是盖罗尔施坦公爵，德国一个封建王公的儿子。他爱上了萨拉小姐，但因父亲反对，只能选择与萨拉同居。他因跟父亲翻脸而出走巴黎，后来回到德国向父亲忏悔却发现情人萨拉嫁给了他人。萨拉嫁人时带走了鲁道夫的小女儿。鲁道夫娶了普鲁士的一个公主做妻子。婚后他又只身回到巴黎。他到处赏善罚恶，帮助穷人，并试图弄清楚人类受苦受难的根源。一天，他在外游逛时从一个号称"刺客"的地头蛇手里解救了一个年轻女子玛丽花，没想到她就是鲁道夫失散多年的亲生女儿。在知道这一点后，他开始关心玛丽花的道德教育，把她委托给一位牧师，这位牧师使她忏悔赎罪并皈依了基督。小说的第一章是从鲁道夫偶然遇到玛丽花开始的，最后一章以描写玛丽花的葬仪作结束。小说人物众多，情节曲折，生动地描写了上层社会的黑暗和底层生活的苦难，并力图通过宣扬纯洁的基督教道德来解决社会问题。小说引起了巨大的反响，青年黑格尔分子施里加在《文学总汇报》上发表长文，"把《巴黎的秘密》崇奉为神"[①]。

小说的女主角玛丽花在她作为一个卖淫女生活在那个罪犯麇集的世界时，"尽管她处在极端屈辱的境遇中，她仍然保持着人类的高尚心灵、人性的落拓不羁和人性的优美"[②]，她朝气蓬勃、精力充沛、愉快活泼、生性灵活，她的品质感动了周围的

---

① 《马克思恩格斯全集》（第2卷），北京：人民出版社，1957年，第68页。
② 《马克思恩格斯全集》（第2卷），北京：人民出版社，1957年，第215页。

人,"使她成为罪犯圈子中的一朵含有诗意的花"[1]。她虽然纤弱,但不是待宰的羔羊,当"刺客"挥起拳头打她时,她迅速拿起剪刀进行顽强的抵抗,在暴力面前她"是一个善于捍卫自己的权利和能够坚持斗争的女郎"[2];当她叙述自己苦难的经历时,她用微笑来回答别人的挖苦;回忆起自己被迫卖身于罪犯酒吧间时,"她感到很悲伤",但"绝不哭鼻子";她的生活境遇是可悲的,但她诚实而自信,对于自己的过去,她信奉一条"自由而坚强的人的原则":"'到头来,做过的事情就让它过去吧!'"[3]玛丽花有清醒的自我意识,她觉得她不应该有那样的命运,她"觉得自己身上有某些好的地方",她对自己说,"我的苦是受够了,但是至少我从来没有害过什么人"[4]。在玛丽花看来,虽然她的处境不是"她自己自由创造的结果"[5],但她的不幸的命运是可以改变的,因为她还很年轻。"善与恶不是善与恶的抽象的道德概念"[6],善就是合乎人性地对待她所处的环境,展示"她自己的像太阳和花一样纯洁无瑕的天性",对未来充满希望和朝气;不善就是"反常的强制",违反"人的本能的表露",符合人性的愿望的受到人为的阻碍。"她用来衡量自己的生活境遇的量度不是善的理想,而是她固有的个性、她的天赋的本质。"[7]玛丽花在

---

[1] 《马克思恩格斯全集》(第2卷),北京:人民出版社,1957年,第215页。
[2] 《马克思恩格斯全集》(第2卷),北京:人民出版社,1957年,第215页。
[3] 《马克思恩格斯全集》(第2卷),北京:人民出版社,1957年,第216页。
[4] 《马克思恩格斯全集》(第2卷),北京:人民出版社,1957年,第216页。
[5] 《马克思恩格斯全集》(第2卷),北京:人民出版社,1957年,第216页。
[6] 《马克思恩格斯全集》(第2卷),北京:人民出版社,1957年,第216页。
[7] 《马克思恩格斯全集》(第2卷),北京:人民出版社,1957年,第217页。

社会生活中的不幸处境没有伤害到她的本质,她在自然的怀抱中依然可以"自由地表露自己固有的天性",因而对自然的美展现出了"合乎人性的欣喜若狂"①。这都是在对她进行基督教道德感化或改造之前的玛丽花的面貌。

现在我们来看她的父亲鲁道夫对她施加的基督教道德感化。鲁道夫把玛丽花带到若尔日夫人的农场后,为她指定了一个信仰极其虔诚的牧师拉波特对她"进行批判的改造"。这个牧师是基督教道德的化身,他实际上就是鲁道夫的影子。拉波特牧师以超凡出世的姿态对玛丽花进行道德改造。他的第一句话就是:"上帝的仁慈是无穷尽的,我的亲爱的孩子!"②但玛丽花并不明白牧师的用意,"她最先想到的不是上帝,而是她那人世的救星,她想为他祈祷,而不是为她自己的赦免祈祷。她希望自己的祈祷能使别人得救。此外,她竟天真地以为自己已经回到上帝面前了"③。但她的这种善心在牧师看来是有违神道的错觉,因为她还没有意识到自己的罪孽,她的罪恶还没有得到宽恕。所以牧师说:"很快,你很快就会得到赦免,赦免你那深重的罪孽。"④拉波特要竭力在她心中制造出有罪的意识,鲁道夫在同她道别时也送给她象征着基督磔刑的金十字架。拉波特认为玛丽花是不能"嫁人"的了,因为"她必须赎补大的罪恶",而且没有一个男人会原谅她那"玷污了她的青春的过去",牧师伪善地

---

① 《马克思恩格斯全集》(第2卷),北京:人民出版社,1957年,第217页。
② 《马克思恩格斯全集》(第2卷),北京:人民出版社,1957年,第218页。
③ 《马克思恩格斯全集》(第2卷),北京:人民出版社,1957年,第219页。
④ 《马克思恩格斯全集》(第2卷),北京:人民出版社,1957年,第219页。

在心中给玛丽花定了罪，因而他的任务就是要玛丽花认罪悔罪。他要通过教化"把玛丽对于大自然美的纯真的喜爱变成宗教崇拜"，将自然看作是基督教化的自然。玛丽花意识到她先前对自然的感受，她的合乎人性的一切表现都是离经叛道的、违背神恩的、罪孽深重的。在牧师持之以恒的、巧舌如簧的劝导和感化下，玛丽花一步一步地成了"自己有罪这种意识的奴隶"，她完全皈依了上帝，她脱离尘世，进入了修道院。在修道院中，由于鲁道夫的诡计，她得到了修道院院长的圣职，但她起初认为自己不够格，拒绝接受这个职位，在前任院长的劝说下，她接受了这个职位。但是，"修道院的生活不适合玛丽的个性，结果她死了"①。至此，基督教道德的感化在玛丽花的身上依次走完了三部曲：第一步是将她从众人崇拜的美女变成罪孽深重的罪女；第二步是将其从悔悟的罪女变成弃绝尘世的修女；第三步是将其从完全皈依上帝的修女变成消灭人的现实本质的死尸。在马克思看来，这个感化改造的过程也就是真正的人性逐步被消灭的过程。

玛丽花遇到鲁道夫后，从美女变为罪女，再变为修女直至变为死尸。马克思借助这样一个典型人物，给我们揭露出了基督教道德的什么秘密呢？只有"对尘世和世俗的事情完全死心，才能确信自己的得救和上帝的仁慈"②。为此，玛丽花对"人类的爱必须转化为宗教的爱，对幸福的追求必须转化为对永恒福佑的追求，世俗的满足必须转化为神圣的希望，同人的交往必

---

① 《马克思恩格斯全集》（第2卷），北京：人民出版社，1957年，第224页。
② 《马克思恩格斯全集》（第2卷），北京：人民出版社，1957年，第223页。

须转化为同神的交往"①。一切世俗的合乎人性的德行都要转化为"福音德行，或者更正确地说，她实际的德行必须采取福音的、漫画的形式"②。比如，玛丽花不能将实际上救她的人如实地看作自己的救星，要伪善地用想象中的救星即上帝的恩典来代替；玛丽花对鲁道夫的情感硬要被拿过来归于上帝，把此岸的真实的人与人之间的关系或人与自然的关系自觉地转化为对上帝的彼岸的关系；各种自然的和精神的力量都要在意识中自觉地转化为上帝的力量。基督教"把人身上一切合乎人性的东西一概看做与人相左的东西，而把人身上一切违反人性的东西一概看做人的真正的所有"③。因此，在马克思看来，基督教的道德实际上是敌视人的恶德。④一个人要实现基督教道德意义上的改邪归正，他就必须脱离感性的外部世界，沉浸在抽象的内心世界，沉浸在幻想的彼岸世界，他通过持续不断的自我修炼将真实的

---

① 《马克思恩格斯全集》（第2卷），北京：人民出版社，1957年，第223页。
② 《马克思恩格斯全集》（第2卷），北京：人民出版社，1957年，第224页。
③ 《马克思恩格斯全集》（第2卷），北京：人民出版社，1957年，第221页。
④ 马克思在写于1847年9月5日的《"莱茵观察家"的共产主义》一文中讲："基督教的社会原则颂扬怯懦、自卑、自甘屈辱、顺从驯服，总之，颂扬愚民的各种特点，但对不希望把自己当愚民看待的无产阶级说来，勇敢、自尊、自豪感和独立感比面包还要重要。"（《马克思恩格斯全集》[第4卷]，北京：人民出版社，1958年，第218页。）恩格斯也把宗教看作是伪善的蓝本，他说："我们把这种伪善也归咎于宗教，因为宗教的第一句话就是谎言——或者说，宗教一开头向我们说起有关人的事物的时候，不就把这种事物硬说成某种超人的、神的事物吗？但是，因为我们知道：所有这些谎言和不道德现象都来源于宗教，宗教伪善、神学是其他一切谎言和伪善的蓝本，所以我们就有理由像费尔巴哈和布·鲍威尔首创的那样，把神学这个名称扩大到当代一切假话和伪善。"（恩格斯：《评托马斯·卡莱尔的〈过去和现在〉》，《马克思恩格斯全集》[第3卷]，北京：人民出版社，2002年，第518页。）

世界化为"一种可以触摸到、可以感觉到的幻影的世界"①。"根据基督教的教义,充分地实现这种分离,使人完全和世界隔绝并集中精力于自己的唯灵论的'我',这就是真正的德行。"②因此在一定的意义上说,基督教道德感化的秘密就是"一种'纯粹的'伪善"③,它将真正的人变成抽象的自我意识,将真实的生活化为一连串的幻影。在马克思看来,真正的道德不可能是人类精神的他律,而必须是人类精神的自律,然而基督教道德是将道德建立在上帝对人的完全掌控这种他律之下的。④因此,马克思考虑的不是没有上帝人们怎么会有道德的问题,而是如果上帝存在,人类怎么可能有道德的问题。⑤真正合乎人性的道德观必须是建立在"人类尊严这种意识之上的独立道德的观

---

① 《马克思恩格斯全集》(第2卷),北京:人民出版社,1957年,第235页。
② 《马克思恩格斯全集》(第2卷),北京:人民出版社,1957年,第228页。
③ 《马克思恩格斯全集》(第2卷),北京:人民出版社,1957年,第261页。
④ 马克思在写于1842年2月初至2月10日的《评普鲁士最近的书报检查令》中讲:"道地的基督教立法者不可能承认道德是一种本身神圣的独立领域,因为他们把道德的内在的普遍本质说成是宗教的附属物。独立的道德要损害宗教的普遍原则,宗教的特殊概念是同道德相抵触的。道德只承认自己普遍的和合乎理性的宗教,宗教则只承认自己特殊的现实的道德。因此,根据这一检查令,书报检查应该排斥像康德、费希特和斯宾诺莎这样一些道德领域内的思想巨人,因为他们不信仰宗教,并且要损害礼仪、习俗和外表礼貌。所有这些道德家都是从道德和宗教之间的根本矛盾出发的,因为道德的基础是人类精神的自律,而宗教的基础则是人类精神的他律。"《马克思恩格斯全集》(第1卷),北京:人民出版社,1995年,第119页。
⑤ 正如费尔巴哈所说:"道德与宗教,信仰与爱,是直接互相矛盾的。谁只要爱上了上帝,谁就不再能够爱人;他对人间一切失去了兴趣。所以,反之亦然。谁只要爱上了人,真正从心里爱上了人,那他就不再能够爱上帝,不再能够拿自己的热乎乎的人血徒然地在一个无限的无对象性与非现实之虚空的空间蒸发掉。"费尔巴哈:《费尔巴哈著作选集》下卷,荣振华、王太庆、刘磊译,北京:商务印书馆,1984年,第800页。

点",然而基督教却是将道德"建立在人类软弱无力这种意识之上"。①当然,在马克思看来,只有随着历史的发展,真正实现了解放的人类才可能拥有切实建立在人类尊严这种意识之上的独立的道德。

---

① 在《神圣家族》中,马克思在评价《巴黎的秘密》这部小说的主人公鲁道夫时说:"鲁道夫甚至还没有提高到至少是建立在人类尊严这种意识之上的独立道德的观点。相反地,他的道德是建立在人类软弱无力这种意识之上的。他是神学道德的代表。我们已经详细考察了鲁道夫用衡量世界的基督教的固执观念(诸如'慈善事业'、'无比忠顺'、'克己'、'忏悔'、'善与恶'、'赏与罚'、'可怕的惩治'、'隐遁'、'拯救灵魂',等等)所建立的英雄业绩,也表明了所有这些都不过是滑稽戏而已。"《马克思恩格斯全集》(第2卷),北京:人民出版社,1957年,第255—256页。

第五章　马克思对实用主义论证的批判

实用主义论证在哲学上可以追溯到柏拉图《美诺篇》(86b-c)[1]，就其在宗教论证上的应用而言，我们既可以有实用主义的有神论论证，也可以有实用主义的无神论论证。它们通常不是在论证上帝真的存在或不存在，而是在论证相信上帝存在是合理的，或者相信上帝不存在是合理的。在有神论的实用主义论证中，最著名的要算法国著名思想家帕斯卡尔的赌注论证[2]，其次是美国哲学家威廉·詹姆斯的信念意志论证[3]。当然也还有其

---

[1] 苏格拉底在回应美诺悖论时，有一段与美诺的对话：

美诺　我似乎有理由相信你是正确的。

苏格拉底　是的。我不想发誓说我的所有观点都正确，但有一点我想用我的语言和行动来加以捍卫。这个观点就是，如果去努力探索我们不知道的事情，而不是认为进行这种探索没有必要，因为我们决不可能发现我们不知道的东西，那么我们就会变得更好、更勇敢、更积极。

美诺　在这一点上我也认为你的看法肯定正确。

苏格拉底　既然我们同意探索某些自己不知道的事情是对的，那么你是否打算和我一道面对这个问题："什么是美德？"

以上见柏拉图：《美诺篇》(86b-c)，见《柏拉图全集》(第1卷)，王晓朝译，北京：人民出版社，2002年，第517页。在此，苏格拉底认为，"变得更好、更勇敢、更积极"是我们想要的状态，而探究我们不知道的事情，有利于促成我们想要的状态，所以我们可因这个实用性的理由去相信"探索某些自己不知道的事情是对的"。

[2] 帕斯卡尔：《思想录》，何兆武译，北京：商务印书馆，1997年，第110—113页。

[3] William James, "The Will to Believe," in his *The Will to Believe and Other Essays in Popular Philosophy*, New York: Longmans, Green & Co., 1897, pp. 1-31. 此文最初是詹姆斯在"耶鲁与布朗大学哲学俱乐部"(Philosophical Clubs of Yale and Brown Universities)发表的演讲，随后刊载于1896年6月的《新世界》(*The New World*)。

他版本的实用主义论证，比如詹姆斯·贝蒂的安慰论证[1]，约翰·穆勒的准许希望论证[2]。有神论的实用主义论证可以诉诸永生、福乐、安慰、希望、德行或其他种种好处来证明相信上帝存在的合理性，人们有多少重要的可欲物，就可能有多少诉诸这些可欲物的不同论证。但无论可欲物究竟是什么，我们都可以将实用主义论证分为两类：一是依赖于真理的实用论证；二是独立于真理的实用论证。[3] 前者要求利益的获得要以相关的信念为真作为前提，所以叫依赖于真理的实用论证，它敏于真理，但不是证据主义意义上的敏于真理，只是说好处的获得依赖于相关信念为真。后者是说，利益的获得仅仅依赖于"相信"这种心灵状态本身，无论其命题内容真假，只要相信相关的命题就能获得相应的利益，因此成为独立于真理的实用论证，它不关心真理，只关心相信与否。[4] 无论是依赖于真理的实用论证，还是独立于真理的实用论证，其所涉及的好处和利益，既可以

---

[1] James Beattie, *An Essay on the Nature and Immutability of Truth, in Opposition to Sophistry and Skepticism*, Edinburgh: Denham & Dick, 1805, p. 320.

[2] John Stuart Mill, *Three Essays on Religion*, Louis J. Matz ed., Ontario: Broadview Press, 2009, pp. 187-188.

[3] Jeff Jordan, *Pascal's Wager: Pragmatic Arguments and Belief in God*, Oxford: Oxford University Press, 2006, pp. 39-42.

[4] "宗教，不管是怎么坏的，总比根本没有宗教的好。关于未来世界的教义对于道德是这样有力而必须的保证，我们决不应该抛弃或忽视它。因为，假如有限而暂时的报酬与责罚都有象我们日常所见的效果，那么可以期望无限而永恒的报酬与责罚的效果，必然更是何等的大啊？"（休谟：《自然宗教对话录》，陈修斋、曹棉之译，北京：商务印书馆，1962年，第89页。）克里安提斯的这段论述就是一个简单的独立于真理的实用主义论证，因为即便上帝不存在，相信上帝存在还是会带来巨大的好处，因为宗教信念是道德的有力保证。

是相信者本人的好处和利益，也可以是其他人或共同体的好处和利益。

实用主义论证有着明显的实践指向，它要求被证成项是达到某种目标的重要条件。如果目标 β 是值得欲求的，而做行为 α 有助于实现你的目标 β，那么在没有否决性的理由时，你做 α 就是合理的。对此，我们可以将其表述为如下的论证形式：

论证 5.1：实用主义论证的基本形式
1-1. 做 α 有助于实现 β。
1-2. 实现 β 是你的利益之所在。
1-3. 因此，你有理由做 α。[1]

这里的"做"（doing）要采用广义的理解，形成信念也可以被理解成一种"做"。无论什么样的实用主义论证，大致都可以归结为这种基本论证形式的应用或扩展。有神论的实用主义论证具体是如何展开的呢？我们主要以帕斯卡尔和詹姆斯的论证为例来进行阐释[2]，然后考察马克思对有神论实用主义论证的批判。

---

[1] Jeffrey Jordan, "Pragmatic Arguments", in Charles Taliaferro, Paul Draper, and Philip L. Quinn ed., *A Companion to Philosophy of Religion*, 2nd edition, Malden, MA: Wiley-Blackwell, 2010, p. 425.

[2] 帕斯卡尔和詹姆斯的论证有时又被称作"意志论证"，见张志刚的《猫头鹰与上帝的对话：基督教哲学问题举要》（北京：东方出版社，1993年，第100—112页）和《宗教哲学研究：当代观念、关键环节及其方法论批判》（北京：中国人民大学出版社，2003年，第97—113页）。关于帕斯卡尔赌注论证的阐释可参见 Alan Hájek, "Pascal's Wager", *The Stanford Encyclopedia of Philosophy* (Summer, 2018 edition), Edward N. Zalta ed., URL = https://plato.stanford.edu/archives/sum2018/

一、依赖于真理的实用主义论证

依赖于真理的实用主义论证的典型代表是帕斯卡尔的赌注论证。如果上帝不存在，即上帝存在的信念为假，那么信仰者并不能获得预期的好处。根据概率和预期效用计算，帕斯卡尔把成为基督徒看作最聪明的做法。帕斯卡尔的赌注之要义如下："如果一个人赌上帝存在并信上帝，那么有两种可能的结果：要么上帝存在，并且此人享受永恒的天堂之乐；要么上帝不存在，此人即便有损失，其损失也是微乎其微。另一方面，如果一个人赌上帝不存在并且赌赢了，此人的收获微乎其微；但是，如果他赌输了，其后果可能是相当可怕的。第一种选择的结果极大地超过了不信者可能得到的任何收获，因此对帕斯卡尔而言，该如何选择是相当清楚的。"[1] 简单地说，在理性无法确定上帝是否存在的情况下，赌上帝存在最划算，而且应该赌他存在。赌上帝存在，不仅要相信上帝存在，还要信任上帝，委身于上帝[2]，愿为上帝牺牲一切，也就是说，既要有信上帝的心灵状态，也要有一些相应的行为。在获得信仰之前，既要有行为模仿，也要有自我灌输，"一切都要做得好像他们是在信仰着的

（接上页）entries/pascal-wager/。关于詹姆斯的信念意志论证可参见 Jeff Jordan, "Pragmatic Arguments and Belief in God", *The Stanford Encyclopedia of Philosophy* (Spring, 2018 edition), Edward N. Zalta ed., URL = <https://plato.stanford.edu/archives/spr2018/entries/pragmatic-belief-god/>。

[1] Jeff Jordan, *Pascal's Wager: Pragmatic Arguments and Belief in God*, Oxford: Oxford University Press, 2006, p. 30.

[2] Jeff Jordan, *Pascal's Wager: Pragmatic Arguments and Belief in God*, Oxford: Oxford University Press, 2006, p. 19.

那样"①，最终达到笃信的目的。

帕斯卡尔赌注论证至少有三种模式②，即：优势行为论证，在不考虑得失概率的情况下选择占优势的行为③；预期效用论证，在得与失概率相同的情况下选择占优势的行为④；优势预期论证，在成功的概率大于零的情况下选择占优势的行为⑤。这三个论证层层递进，后一个论证涵摄前一个论证。最后一个论证的前提最为宽松，最具有概括性，因此有学者称其为"普遍的预期效用论证"⑥。绝大多数哲学家所说的帕斯卡尔赌注，也就是指优势预期论证，因此该论证被称之为"标准模式"（canonical version）⑦。帕斯卡尔此论证的原文如下：

在无限的机会之中只要有一次对你有利，你就还是有

---

① 帕斯卡尔：《思想录》，何兆武译，北京：商务印书馆，1997年，第112页。
② Ian Hacking, "The Logic of Pascal's Wager," *American Philosophical Quarterly*, Vol. 9, No. 2, 1972, pp. 186-192. 乔丹认为还有第四种形式，即詹姆斯式的赌注（Jamesian Wager），参见 Jeff Jordan, *Pascal's Wager: Pragmatic Arguments and Belief in God*, Oxford: Oxford University Press, 2006, pp. 24-29. 但有学者否认这第四种形式是帕斯卡尔所认同的，参见 Nicholas Rescher, *Pascal's Wager: A Study of Practical Reasoning in Philosophical Theology*, Notre Dame, IN: University of Notre Dame Press, 1985, pp.118-119。
③ 帕斯卡尔：《思想录》，何兆武译，北京：商务印书馆，1997年，第110页。
④ 帕斯卡尔：《思想录》，何兆武译，北京：商务印书馆，1997年，第111页。
⑤ 帕斯卡尔：《思想录》，何兆武译，北京：商务印书馆，1997年，第111页。
⑥ Alan Hájek, "Pascal's Wager", *The Stanford Encyclopedia of Philosophy* (winter, 2012 edition), Edward N. Zalta ed., URL = <https://plato.stanford.edu/archives/win2012/entries/pascal-wager/>.
⑦ Jeffery Jordan, "Pascal's Wagers and James's Will to Believe," in William J. Wainwright ed., *The Oxford Handbook of Philosophy of Religion*, Oxford: Oxford University Press, 2005, p. 176.

理由要赌一以求赢得二的；你既然不得不赌而你又不肯以一生来赌一场三比一的赌博，——其中在无限的机遇里，有一次是对你有利的，假如有一场无限幸福的无限生命可以赢得的话——那末你就是头脑不清了。然而，这里确乎是有着一场无限幸福的无限生命可以赢得，对有限数目的输局机遇来说确实是有一场赢局的机遇，而你所赌的又是有限的。这就勾销了一切选择：凡是无限存在的地方，凡是不存在无限的输局机遇对赢局机遇的地方，就绝对没有犹豫的余地，而是应该孤注一掷。[1]

在此，我们可以按状态（世界之可能的存在状态）、行为（向决策者开放的行为方式）和效用（当世界处于特定状态时，每一种行为的预期效用）三个要素给出此论证的决策矩阵[2]：

行为	状态：上帝存在 $1/2 > 概率\ p > 0$	状态：上帝不存在 $1 > 概率\ (1-p) > 1/2$	行为的预期效用
赌上帝存在	$U_1 =$ 无限幸福的无限生命 $= \infty$	$U_2 =$ 以一生来赌 $=$ 有限	$EU = (\infty \times p) + (U_2 \times (1-p)) = \infty$
赌上帝不存在	$U_3 =$ 赢得此生 失去无限幸福的无限生命	$U_4 =$ 有限幸福的有限生命 $=$ 有限	$EU = (U_3 \times p) + (U_4 \times (1-p)) =$ 有限

图 5-1　帕斯卡尔赌注论证的标准形式

---

[1] 帕斯卡尔：《思想录》，何兆武译，北京：商务印书馆，1997年，第111页。
[2] Jeffery Jordan, "Pascal's Wagers and James's Will to Believe," in William J. Wainwright ed., *The Oxford Handbook of Philosophy of Religion*, Oxford: Oxford University Press, 2005, p.182; Alan Hájek, "Waging War on Pascal's Wager," *The Philosophical Review*, Vol. 112, No.1, 2003, p. 36. 他们将 U_3 看作是有限效用，也有不少人将 U_3 看作是负的无限，但无论如何其正效用都是有限的。

第五章　马克思对实用主义论证的批判　163

此标准模式也可以归纳成如下的三段论推理：

论证 5.2：帕斯卡尔赌注论证的标准模式

2-1. 对任何人 S 而言，有 α 和 β 两个选项可供 S 选择，如果 α 的预期效用超过了 β 的预期效用，S 应该选择 α。

2-2. 鉴于上帝存在的概率不是零，而是一个正数，赌上帝存在的预期效用比赌上帝不存在的预期效用要大。

2-3. 因此，S 应赌上帝存在。[1]

仅就此论证模式的逻辑本身而言，显然是有效的，即如果前提正确，那么结论正确。因此，帕斯卡尔赌注能否成立，关键在其前提预设是否正确。此论证至少预设了如下六大前提[2]：

（1）存在状态的完全划分：要么上帝存在，要么上帝不存在；

（2）行为方式的完全划分：要么赌上帝存在，要么赌上帝不存在；

（3）作为行为之结果的效用：如果上帝存在，赌上帝存在会有无限的效用，而其他情况的效用都是有限的[3]。

---

[1] 参见 Jeffery Jordan, "Pascal's Wagers and James's Will to Believe," in William J. Wainwright ed., *The Oxford Handbook of Philosophy of Religion*, Oxford: Oxford University Press, 2005, p. 176。

[2] 帕斯卡尔赌注论证的另外两个论证的前提条件更加苛刻，只要标准模式有问题，另外两个论证也就一定会面临更加严重的问题。

[3] 有可能认为，如果上帝存在，而你又赌上帝不存在，那么效用就是负的无限大。但这不会影响帕斯卡尔的结论，因此我们不予讨论。

（4）上帝存在的概率是大于零的正数。

（5）理性要求我们按照预期效用最大化原则行为。

（6）按照实用的理由形成信念不但是可行的，而且在道德上是应该的。

前面三个预设是决策矩阵的三个基本要素，即状态、行为和效用；概率是计算预期效用的必备要素；效用最大化是行为选择的理性要求；以实用主义的理由为上帝存在的信念进行辩护是帕斯卡尔赌注的显著特征。我们将依次考察这些预设面临的问题或反驳。

1. 存在状态预设及其问题。帕斯卡尔认为世界的存在状态只有两种可能，即上帝存在或不存在。然而许多反对者认为，世界存在之可能状态远不只这两种，可以有无限多种可能。此种反驳通常称之为"多神反驳"（many-gods objection），它甚至被认作是帕斯卡尔赌注的"致命祸根"[①]。落实到决策矩阵，多神反驳是说，矩阵应该有更多列，如果只考虑两种状态，就太粗糙了。帕斯卡尔头脑中的上帝是天主教的人格化上帝观念，他考虑了此种上帝的存在与否，却忽略了相互竞争的其他有神论主张，但又没有给出正当理由，因此他的决策是无效的。

早在1762年，法国哲学家狄德罗在《哲学思想录增补》中就提出了这种反驳，他写道：

---

① Jeff Jordan, *Pascal's Wager: Pragmatic Arguments and Belief in God*, Oxford: Oxford University Press, 2006, p. 27.

帕斯卡尔曾说："如果你的宗教是假的，而你相信它是真的，则丝毫不冒什么危险；如果它是真的，而你相信它是假的，则冒一切危险。"一个回教教士和帕斯卡尔有完全一样的说法。①

狄德罗的意思是，帕斯卡尔关于上帝的论证完全适合回教徒用来赌真主安拉存在，然而天主教与回教是相互竞争的、不相容的，因此无论是赌上帝存在，还是赌安拉存在，都可能有无限的回报，而且都有可能因信仰异邦的神而面临巨大损失。因此我们陷入僵局，而无法做出最优的决策。

与此相似，伏尔泰在1764年关于良心自由的对话中给出了如下的评论：

当有人向你提出一些重要事情的建议时，难道你不会经过长时间的考虑之后才做出决定？世界上有什么事情比我们永恒的幸福和悲惨更加重要？如果你相信你自己的信条，在英国就有成百的宗教，它们都会诅咒你，都说你渎神和荒谬。因此，你应该考察所有这些信条。②

在此，伏尔泰同样认为帕斯卡尔应该考察更多的可能性，

---

① 狄德罗：《狄德罗哲学选集》，江天骥、陈修斋、王太庆译，北京：商务印书馆，1997年，第47—48页。为了译名的统一，我将原文中的"巴斯噶"改成了"帕斯卡尔"，当然，就翻译本身而言，"巴斯噶"比"帕斯卡尔"更好。

② F. M. A. Voltaire, *Philosophical Dictionary*, edited and translated by T. Besterman, London: Penguin Books, 1971, p. 280.

而不仅仅是基督宗教或无神论这两种情况。人们可以用帕斯卡尔赌注论证替回教、印度教等不同的宗教进行辩护，甚至可用它来为基督宗教内部相互竞争的不同派别进行辩护。

人们还可以不受历史的限制而设想更多的可能性。比如可设想有异常神（deviant deity）存在，"他只处罚所有的有神论者，只报偿所有的不信神者"[1]；或者"逻辑上有可能有这样的神，他只给予所有满足如下条件的人无限的幸福，即：相信他，并且一生都只踩踏人行道的一条裂缝。同样的逻辑，那些一生只踩踏两条裂缝的人，踩三条裂缝的人，如此等等无穷无尽，都有相应的神给予无限的幸福"[2]。只要所有这些可能性的概率大于零，帕斯卡尔的效用计算就会失效，赌上帝存在的行为就不是占优势的行为，因为可能有很多同等有利的行为存在。

面对各种各样的多神反驳，帕斯卡尔的捍卫者采用的辩护措施主要有三种[3]：一是说逻辑上的可能性不是现实的可能。但反对者同样可以说，上帝存在也只是逻辑上的可能性而已，不是现实的可能。二是说帕斯卡尔赌注不是针对所有人讲的，而是针对那些已经对上帝存在感兴趣的那些人讲的，这些人自己已经排除了多神存在的可能。但这等于说帕斯卡尔的赌注论证

---

[1] Jeff Jordan, *Pascal's Wager: Pragmatic Arguments and Belief in God*, Oxford: Oxford University Press, 2006, p. 87.

[2] Richard M. Gale, *On the Nature and Existence of God*, Cambridge: Cambridge University Press, 1996, p. 350.

[3] Paul Saka, "Pascal's Wager and the Many Gods Objection," *Religious Studies*, Vol. 37, No. 3, 2001, pp. 321-341. 此文批判了试图让帕斯卡尔免于多神反驳的诸多努力。

不具有普遍性，只是试图加重偏见持有者的情感偏向而已。三是说帕斯卡尔赌注不是在劝大家信仰哪个具体的宗教，只是在一般地说相信有神存在比不相信任何神要更加合算。反对者可以说，有可能有异常神存在，他专门惩罚那些信神者。无论如何，帕斯卡尔赌注在存在状态的划分上都是有致命缺陷的。

2. 行为选择预设及其问题。帕斯卡尔认为你要么赌上帝存在，要么赌上帝不存在，必须赌，没有其他选项；而且只有赌上帝存在才有可能获得无限幸福的无限生命。显然如果多神反驳成立，那么行为者会有更多的行为选择，因而帕斯卡尔的行为模式划分是不对的。现在，我们假定帕斯卡尔的其他前提假设都成立，能免于多神反驳，但他的行为模式划分依然有问题，即不直接赌上帝存在，也可以有无限的预期效用。对此，哈杰克建议我们考虑如下的情形[①]：

> 你抛掷一个均匀的硬币，如果正面朝下（1/2 的概率），就赌上帝存在；否则，就赌上帝不存在。按照帕斯卡尔的算法，这种策略的预期效用是无限效用和某种有限效用的均值，……我们可以得到如下的等式：
>
> $EU=1/2(\infty \times p+U_2\times p)+1/2[U_3\times(1-p)+U_4\times(1-p)]=\infty$。

因此，我们找到了新的赌注策略，其预期效用跟直接赌上帝存在是一样的。不仅如此，这种技巧可以反复使用。赌上帝

[①] Alan Hájek, "Waging War on Pascal's Wager," *The Philosophical Review*, Vol. 112, No. 1, 2003, p. 31.

存在，当且仅当骰子的六点朝下，或当且仅当你的彩票下周中了奖，或当且仅当你看见流星的量子隧道从一座山的一边穿进去又从另一边穿出来，如此等等。它们的预期效用都可以是无限大。帕斯卡尔忽略了所有这些混合策略。

帕斯卡尔的捍卫者可能反对说，理论上讲，哈杰克的混合策略是可以有无限的预期效用，但对一个理性的行为者而言，应该直接选择获得无限效用之概率最高的行为方式。直接赌上帝存在就等于将"上帝存在"的概率提高到了1。因此哈杰克的策略不如帕斯卡尔的策略好。但哈杰克的捍卫者可以说，二者结果一样，都是无限的预期效用值，帕斯卡尔的行为策略不但不会更好，反而更糟，因为它限制了人们自由选择的可能性空间。

3. 效用赋值预设及其问题。在标准模式的决策矩阵中，四种效用结果，要么赋值不对，要么会导致荒谬的结论。

首先，人们有可能指责说帕斯卡尔的赋值不对。对于 U_1 而言，不同的人，回报不同，因为回报是预定的，对少数上帝拣选的人而言，回报是无限的，对其他人而言回报是有限的，而且唯利是图地去赌上帝存在，而不是无条件地信仰上帝，上帝不应给这种人无限的回报。如果上帝存在，帕斯卡尔认为上帝会给予信他的人无限的幸福，这预设了上帝有一个特征，即回报信仰者。然而帕斯卡尔同时承认，"我们既不认识上帝的存在也不认识上帝的本性，因为他既不广延也没有限度"[①]。上帝是

---

① 帕斯卡尔：《思想录》，何兆武译，北京：商务印书馆，1997年，第109页。

否存在，上帝有什么本性或特征，我们一无所知，因为在这样的问题上"理智是不能决定什么的；有一种无限的混沌把我们隔离开了"①。在这种零认知的困境中，帕斯卡尔凭什么假定上帝一定会给信仰者无限的回报呢？显然，这样的假定没有任何依据。如果帕斯卡尔的假定是合理的，那么假定上帝会给信他的人无限处罚，或者他根本不关心人们信他还是不信他，无所谓处罚也无所谓恩典，这些假定都有可能是合理的。

对于 U_2 而言，如果你赌了上帝存在，而实际上上帝又不存在，你耗费了一生的时间和精力来过虔诚的宗教生活，而事实上这只是一场耗费一生的无聊游戏，生命只有一次，其损失不是有限的，而是无限的，因此 U_2 有可能是负的无限。

对于 U_3 而言，上帝存在，然而我们赌了他不存在，此时的效用依赖于上帝的性质和灵魂是否不朽。如果上帝必然处罚不信者，而且处罚是"永刑"，且灵魂确实不朽，那么 U_3 就可能是负的无限；如果上帝是非常宽容且仁慈的，U_3 也有可能是正的无限；如果上帝是漠不关心的，那么 U_3 有可能是正的有限效用。

对于 U_4 而言，重视现世享受的人可能说，尽情享受尘世生活，其效用才是无限的，什么天国的永恒幸福，都是遥不可及的无稽之谈。

其次，人们有可能指责帕斯卡尔的无限效用会导致荒谬的结论。达夫在《帕斯卡尔赌注与无限效用》一文中说：

---

① 帕斯卡尔：《思想录》，何兆武译，北京：商务印书馆，1997年，第110页。

我将会信上帝，这种可能性始终存在，无论其概率多么低。即便我努力避免去相信他，但这种相信他的概率必然存在；而且，对于我的任何行为而言，这种概率都足以产生无限的预期效用。任何行为都不可能绝对保证"我将不会信上帝"，因此，任何一个行为都有无限的预期效用——相信上帝而得的无限预期效用乘以上帝存在之概率，再乘以我可能会信上帝的概率。因此，我没有任何理由去努力增大"我将会信上帝"的概率，因为增大概率的做法不会增加我的行为的预期效用——它已经是无限的了。①

对此，达夫将其理解为是对帕斯卡尔赌注论证的归谬反驳②。这跟哈杰克指出的问题相似，哈杰克意在说明帕斯卡尔对行为选项的设定有误，而达夫意在说明无限效用设定可致赌注成为多余。在预期效用演算中，帕斯卡尔正是巧妙地运用了无限效用的特征才得出了他想要的结果。然而，无限效用的独特性，又使得我们根本不需要努力使自己去相信上帝，根本不需要有意地去赌上帝存在。因为无论你现在是相信上帝还是不相信，无论努力设法去相信，还是竭力避免相信，最终你都有某种概率会信上帝，这种概率无论多么小，只要不是绝对的零，

---

① Antony Duff, "Pascal's Wager and Infinite Utilities," *Analysis*, Vol. 46, No. 2, 1986, p. 108.

② Antony Duff, "Pascal's Wager and Infinite Utilities," *Analysis*, Vol. 46, No. 2, 1986, p. 109.

就足以使得预期效用是无限大。因此，按照预期效用最大化的行为原则，你根本就不需要去赌上帝存在。

4. 概率赋值预设及其问题。帕斯卡尔赌注必须假定上帝存在的概率大于零，否则就不值得赌。然而这种大于零的概率赋值是否合理呢？

首先，从知识论的角度看，赋予上帝存在之概率为零，这至少是理性所允许的。对此，我们可以有如下的简单论证：

论证 5.3：反驳帕斯卡尔的零概率赋值论证

3-1. 两千多年来，人类一直在努力寻找，但从未发现证明上帝存在的有力证据。

3-2. 无神论者大量存在，他们都认为上帝存在的概率为零。

3-3. 如果上帝存在，那么人就不是生物进化的产物，然而我们有较强的证据证明人是生物长期进化的产物。

3-4. 如果上帝存在，至少有些人的灵魂是不朽的，然而人类尚没有任何证据证明人的灵魂可以不朽。

3-5. 因此，相信上帝不存在，或者说上帝存在的概率为零，这在知识论上是具有合理性的。

以上的简单推理可以看作是一种最佳解释推论，它并不能决定性地证明上帝存在的概率就是零，但它足以证明，相信上帝存在的概率为零在知识论上是合理的。因此，我们有较好的理由认为帕斯卡尔的概率赋值是没有什么依据的。如果人们可以合理地认为上帝存在的概率为零,那帕斯卡尔的赌注论证就是无效的。

其次,帕斯卡尔认定上帝存在的概率大于零,这会陷入逻辑上的困境,因为帕斯卡尔同时认定了我们对上帝的零认知境况。他说:"假如有一个上帝存在,那末他就是无限地不可思议;……我们就既不可能认识他是什么,也不可能认识他是否存在。"① 在这种境况下,帕斯卡尔有什么理由认定上帝存在的概率大于零呢?上帝存在的概率是赌注之前的一项知识,即他知道上帝存在的概率大于零。但依照帕斯卡尔对零认知境况的描述,他不应该有关于上帝的此项知识,然而他的赌注论证又必须预设有这项知识,因此帕斯卡尔不可避免地陷入了自相矛盾。

当然,有人还可能说,正因为我们没有关于上帝的任何知识,所以帕斯卡尔才认为上帝只是有可能存在,即上帝存在的概率大于零。这里隐含一个逻辑错误,即将无知作为概率赋值的充分依据,这是诉诸无知的逻辑谬误。实际上,无知不是任何东西是否存在的证据,也不是任何东西可能存在或可能不存在的证据。

5. 效用最大化预设及其问题。帕斯卡尔赌注预设了效用最大化原则,然而此原则不能准确刻画人们真实的决策行为,绝非每个理性的人都会按照预期效用最大化原则来进行决策。诺贝尔经济学奖获得者莫里斯·阿莱斯用实验证明:人们实际的

---

① 帕斯卡尔:《思想录》,何兆武译,北京:商务印书馆,1997年,第109—110页。

决策过程并非简单地追求预期效用值的最大化[①]。让我们考虑如下的情形：

情形 A：100% 的机会获得 1 亿元。

情形 B：10% 的机会赢得 5 亿元；89% 的机会赢得 1 亿元；1% 的机会什么都不得。

情形 A 的期望值：EU(A)=100%×1 亿 =1 亿。

情形 B 的期望值：EU(B)=10%×5 亿 +89%×1 亿 +1%×0 = 0.5 亿 + 0.89 亿 + 0 = 1.39 亿。

在 A、B 两种情形中，你的理性会要求你选择哪种情形呢？显然，EU(B) > EU(A)，按照帕斯卡尔的逻辑，理性的人应该更加倾向于选择 B，而非 A，但实验结果却是多数非常理性的人会选择 A。

让我们再看一个跟帕斯卡尔赌注更加接近的掷币游戏[②]：掷硬币，设定掷出正面为成功，游戏者如果第一次投掷成功，得奖金 2 元，游戏结束；第一次若不成功则继续投掷，第二次成功则奖金为 4 元，游戏结束；游戏者如果仍不成功就继续掷币，直至成功为止，游戏结束；如第 n 次投掷成功，其奖金则为 2n

---

[①] Maurice Allais, "Le Comportement de l'Homme Rationnel devant le Risque: Critique des Postulats et Axiomes de l'Ecole Americaine," *Econometrica*, Vol. 21, No. 4, 1953, pp. 503-546.

[②] Daniel Bernoulli, "Exposition of a New Theory on the Measurement of Risk," *Econometrica*, Vol. 22, No. 1, 1954, pp. 23-36. 此所谓"圣彼得堡游戏"（St. Peterburg Game）。

元，游戏结束。请问：你愿意投入多少钱来玩这个游戏呢？由于每次成功的概率分别是 1/2、1/4、1/8、1/16……，而对应的奖金分别是 2、4、8、16……，因此预期效用值：

$$EU=2(1/2)+4(1/4)+8(1/8)+16(1/16)\cdots\cdots=1+1+1+1\cdots\cdots=\infty$$

如果帕斯卡尔赌注论证的逻辑是正确的，那么每个理性的人都应该尽可能多地投钱来玩这个游戏，因为预期效用是无限大的。然而事实上，多次投掷的结果，其平均值大概也就是几十元。因此哈金说："我们之中很少有人会花哪怕是 25 元去玩这个游戏。"[1] 人们喜欢收益，但也厌恶风险。帕斯卡尔赌注只考虑了预期效益，而没有考虑风险厌恶，因而不符合多数人的实际决策考虑。

6. 信念伦理预设及其问题。帕斯卡尔赌注不但预设了实用理由能够证成信念，而且认为凭实用理由而相信在道德上是正当的。如果实用理由对信念不起作用，那么帕斯卡尔就不会劝大家为了利益去相信上帝存在；如果凭利益而相信是不道德的，似乎帕斯卡尔也不会劝诫人们去下赌注。

实用理由不能直接证成信念，这是每个人都有的经验常识。有人跟你说，只要你真的立即相信马克思是中国人，那么他就奖励你一万欧元。你很想要这一万欧元，但你能真的相信马克思是中国人吗？答案是不能。在心理上你做不到，在逻辑上也

---

[1] Ian Hacking, "Strange Expectations," *Philosophy of Science*, Vol. 47, No. 4, 1980, p. 563.

讲不通。因为信念是以真理为目标。相信一个命题就是将其当作是真的来接受，仅当你认为其为真才相信它。对此，帕斯卡尔是有明确意识的，他看到了人们"对信仰的无力"[1]，不能直接凭好处而相信一个命题为真。因此他建议人们慢慢采取行为模仿、自我灌输或情感诱导的方式而间接地获得相应的信念[2]。只要你确实想要相信一个命题，总可以找到一些办法慢慢地引向信念。但证据主义者可能指责说，虽然由好处诱发的愿望或意志确实会影响信念的形成，但是，在缺乏充分证据的情况下，任由愿望或意志来操纵我们的信念形成，这在道德上是不应该的，因为它在鼓动和奖励自我欺骗，而自我欺骗是不道德的。因此帕斯卡尔要求人们在没有充分证据的情况下，依据自己对最大利益的设想而形成信念，这违背了要求理智上高度诚实的信念伦理，因而是不道德的。但帕斯卡尔赌注的捍卫者可能会说，对他人没有任何不利影响，对自己却有重大好处的自我欺骗，在道德上不但是允许的，而且有时是应该的。假如你在悬崖的一边，跳到另一边你就能活，跳不过去你就会死，但你以往的经验证据是你跳不到那么远。在面临生死抉择时，人的爆发力是巨大的，如果你这时欺骗自己，相信有什么超自然的力量会助你一臂之力，你能跳过这悬崖，正因为有这必胜的信念，你脱离险境而得救的概率大大提高了。此时，你通过自我欺骗的方式而形成了相应的信念，显然这在道德上是允许的，因为如果考虑到你困死在悬崖边，家人会无比的悲痛，此时，你的

---

[1] 帕斯卡尔：《思想录》，何兆武译，北京：商务印书馆，1997年，第112页。
[2] 帕斯卡尔：《思想录》，何兆武译，北京：商务印书馆，1997年，第112页。

自我欺骗不但是道德所允许的，甚至是道德上必须的。此种论证似是而非。面临此种困境时，我们相信的是自己孤注一掷地拼命一跳有可能成功，而非直接相信自己就是能跳跃成功，相信的内容是可能性及增大可能性的方式，对此，每个有丰富生活经验和心理学常识的人都有充分的证据如此相信。倘若相信的内容直接就是"无论证据如何自己都能跳跃成功"，那就无须拼命努力，无须孤注一掷，更不会有绝望的情形发生。

即便理智诚实原则可以容许有例外，也不意味着帕斯卡尔赌注可以免于道德上的指责，因为此赌注背后的首要动机是享乐主义和自私自利。赌注的唯一动机是不加掩饰的自私，力图在质和量上使得个人自身的快乐最大化。这显然是对基督宗教伦理的公然违反。[①] 凡是对自己有利的都想方设法地去相信，这在知识论上是不合理的，在道德上亦不是正当的，在实践上亦可能是有害的。任何情况下，都应使自己的信念跟证据适成比例[②]，这才是我们应该坚守的信念伦理。

二、独立于真理的实用主义论证

詹姆斯的信念意志论证是影响力最大的独立于真理的实用

[①] Larimore Reid Nicholl, "Pascal's Wager: The Bet is Off," *Philosophy and Phenomenological Research*, Vol. 39, No. 2, 1978, pp. 274-280.

[②] 参见洛克：《人类理解论》（下册），关文运译，北京：商务印书馆，1997年，第696—697页；休谟：《人类理解研究》，关文运译，北京：商务印书馆，2007年，第98页；William Kingdon Clifford, *Lectures and Essays*, Vol. 2, London: Macmillan and Co., 1901, p.175。

主义论证，该论证是专门针对克利福德的信念伦理原则①而提出来的。克利福德原则是说："无论何处，无论何人，相信没有充分证据的任何东西，永远是错误的。"②这是一个非常严格的证据主义原则，克利福德的理由可归纳为如下简单论证：

论证 5.4：证成克利福德原则的理由

4-1. 信念会影响行为。

4-2. 信念会影响能力和性格。

4-3. 信念不是私人的事务。

4-4. 信念关系到人类的命运。

4-5. 因此，任何人都有"对我们所信的一切提出质疑的普遍义务"③。

4-6. 因此，克利福德原则是正确的。

当然，该论证是诉诸后果的归纳论证，并没有逻辑上的必然性，但却有理智推断上的合理性。证据主义的信念伦理也不是克利福德的发明，而是自启蒙运动以来的主要理智倾向。洛克曾说，对一个命题的相信应"只以那个命题所依据的各种证

---

① William Kingdon Clifford, "The Ethics of Blief," in his *Lectures and Essays*, Vol. 2, London: Macmillan and Co., 1901, pp. 163-205. 此文最初是 1876 年 4 月 11 日克利福德在伦敦向"形而上学学会"（Metaphysical Society）成员发表的演讲，随后该文于 1877 年 1 月刊印在《当代评论》(*Contemporary Review*, XXXLX)。

② William Kingdon Clifford, *Lectures and Essays*, Vol. 2, London: Macmillan and Co., 1901, p. 175.

③ William Kingdon Clifford, *Lectures and Essays*, Vol. 2, London: Macmillan and Co., 1901, p. 171.

明所保证的程度为限,并不超过这个限度"①;休谟持有大致相同的看法,他说"一个聪明人就是使他的信念和证据适成比例"②;跟克利福德同属形而上学学会的会员莱斯利·斯蒂芬也撰文捍卫洛克的证据主义论题,而且他的看法已非常接近克利福德的信念伦理③。如果克利福德原则是正确的,那么基督教的信仰永远是错误的,因为人们不可能有关于上帝存在的充分证据。

詹姆斯针对克利福德原则对宗教信仰带来的冲击,撰写了著名的《信念意志》一文,该文的第四节明确地表述了其整个文章要捍卫的核心论题:

> 简单地说,我捍卫的论题是这样的:我们的情感本性可以决定数个命题间的抉择,这不但是正当的,而且是必须的,只要这样的抉择是一个就其本性而言无法在知性基础(intellectual grounds)上做出决断的真正的抉择;因为,在这样的情况下,说"别做决定,让问题保持开放",这本身就是一个依据情感本性而做出的决定——就如赞同或反对的决定一样——并且面临着同样失去真理的危险。④

詹姆斯的核心论题通常被理解为一种特殊情况下的意志决

---

① 洛克:《人类理解论》(下册),关文运译,北京:商务印书馆,1997年,第696—697页。

② 休谟:《人类理解研究》,关文运译,北京:商务印书馆,2007年,第98页。

③ Timothy J. Madigan, *W. K. Clifford and "The Ethics of Belief"*, Newcastle: Cambridge Scholars Publishing, 2009, p.91.

④ William James, "The Will to Believe," in his *The Will to Believe and Other Essays in Popular Philosophy*, New York: Longmans, Green & Co., 1897, p.11.

定论：当某个抉择对某个人而言，符合"真正的抉择"和"无法在知性基础上做出决断"这两个条件时，此人依据情感本性来决定应该采取的信念态度，这不但是正当的，而且是必须的；只有在特殊情况下，情感才被允许去决定信念态度，如果不是真正的抉择，或者在知性基础上足以形成相应的信念态度，那么情感就不应决定信念选择。为了更深入地理解詹姆斯的核心论题，我们需要回答三个问题：（1）何谓情感本性？（2）何谓真实的抉择？（3）何谓无法在知性基础上做出决断？

詹姆斯所谓"情感"指情感和意志等非知性因素，愿望（wish）、意志（will）、害怕（fear）、希望（hope）、成见（prejudice）、激情（passion）、模仿（imitation）、党派忠诚（partisanship）、个人因其所处的社会阶层和人群而带来的环境压力（circumpressure of our caste and set）等。对此，詹姆斯称之为意愿本性（willing nature）。[1] 他认为，"如果有人假定，离开了愿望、意志和情感偏好，知性洞见（intellectual insight）依然存在，或者只有理性（reason）才是决定我们的见解的东西，那他就完全违背了事实"[2]。非知性因素对信念的形成有着广泛的影响，而且往往隐而不显，以至于"我们发现自己事实上相信某种东西，却几乎不知道自己如何变得相信和为何相信"[3]。我们可能觉得自

---

[1] William James, "The Will to Believe," in his *The Will to Believe and Other Essays in Popular Philosophy*, New York: Longmans, Green & Co., 1897, pp. 8-9.

[2] William James, "The Will to Believe," in his *The Will to Believe and Other Essays in Popular Philosophy*, New York: Longmans, Green & Co., 1897, p. 8.

[3] William James, "The Will to Believe," in his *The Will to Believe and Other Essays in Popular Philosophy*, New York: Longmans, Green & Co., 1897, p. 9.

己的信念是建立在充分证据和逻辑推理等知性因素之上的，其实它很可能是不易察觉的非知性因素在心灵深处运作的结果。①

詹姆斯的论题其实可以分成两个层面的论题：一是事实描述层面的论题；二是价值规范层面的论题。就事实描述层面而言，非知性因素确实会影响我们的信念状态，既影响人们的议题设置（决定思考某个问题），也影响思虑的过程（沿着什么方向去思考，考虑到哪些证据，进行何种类型的推理等），还影响思虑的结束（思考到何种程度，达到何种效果才决定结束思考）。就价值规范层面而言，当面临真实的抉择时，没有充足的证据而相信，既合理，又应该。詹姆斯的重点在于价值规范论题，而非事实描述论题。因为价值规范论题会有较大争议，而事实描述论题并无太大争议，毕竟每个人只要认真反思自己已有的信念，就能发现不少意志和情感影响信念形成的实例，但价值规范论题的前置条件是"真正的抉择"和"无法在知性基础上做出决断"。

---

① 在此，詹姆斯的想法跟弗朗西斯·培根的想法有些相似。培根在《新工具》中说："人类理解力不是干燥的光，而是受到意志和各种情绪的灌浸的；由此就出来了一些'如人所愿'的科学。大凡对于他所愿其为真的东西，就比较容易去相信它。因此，他排拒困难的事物，由于不耐心于研究；他排拒清明的事物，因为他对希望有所局限；他排拒自然中较深的事物，由于迷信；他排拒经验的光亮，由于自大和骄傲，唯恐自己的心灵看来似为琐屑无常的事物所占据；他排拒未为一般所相信的事物，由于要顺从流俗的意见。总之，情绪是有着无数的而且有时觉察不到的途径来沾染理解力的。"（培根：《新工具》，许宝骙译，北京：商务印书馆，2005 年，第 26—27 页。）在此，培根的"理解力"就是詹姆斯的"知性洞见"或"理性"。虽然他们都看到意志和情感对信念的广泛影响，但培根认为意志和情感对信念的影响是要尽力避免的东西，而詹姆斯却认为意志和情感的影响在一定的范围内是正当的，甚至是必须的。

詹姆斯认为，一个真正的抉择（genuine option）是一种活的（living）、强制性的（forced）、重要的（momentous）抉择。①在两个假设（hypotheses）之间做决定谓之一个抉择（option/选择）。抉择有多种。它们可以是：（1）活的（living）或死的（dead）；（2）强制性的（forced）或可逃避的（avoidable）；（3）重要的（momentous）或不重要的（trivial）。在此，"假设"是指"任何可被我们相信的东西"②，相当于通常所说的命题。

一个抉择是活的，意味着它的两个假设都是活的。"一个活的假设，即被提出的假设作为真实的可能性，对相关的人是有吸引力的。"③对接触到某个假设的人而言，认为该假设的内容为真，这对他是一件很有吸引力的事情，那么该假设对他而言就是活的；如果该假设对他毫无吸引力，他根本不会去相信该假设为真，那么该假设对他而言就是死的。"假设的死（deadness）与活（liveness）不是假设的固有属性，而是它与思考者个人之间的种种关系。这些关系是以此人的行动意愿来加以衡量的。一个假设的最大活性，意味着不可更改的行动意愿。实际上，这就意味着相信该假设；只要有采取行动的意愿，就有一些相信的倾向。"④詹姆斯举例来说，道教的教义对一个美

---

① William James, "The Will to Believe," in his *The Will to Believe and Other Essays in Popular Philosophy*, New York: Longmans, Green & Co., 1897, p. 3.

② William James, "The Will to Believe," in his *The Will to Believe and Other Essays in Popular Philosophy*, New York: Longmans, Green & Co., 1897, p. 2.

③ William James, "The Will to Believe," in his *The Will to Believe and Other Essays in Popular Philosophy*, New York: Longmans, Green & Co., 1897, p. 2.

④ William James, "The Will to Believe," in his *The Will to Believe and Other Essays in Popular Philosophy*, New York: Longmans, Green & Co., 1897, pp. 2-3.

国科学家而言，完全是死的，因为他的意愿本性不可能使得他具有按照道教教义行为的意愿，也就是说道教对他是没有吸引力的。但对于一个中国农村村民而言，社会文化环境却使得他有可能具有按照道教教义行为的倾向，道教对他是有吸引力的，因此道教的教义是活的。如果在一个抉择中只有一个假设是活的，或者两个假设都是死的，那么这就不是一个活的抉择。如果我对一个美国中学生说，"成为通神论者或道教徒"，这是一个死的抉择，因为相对于他们的教育背景和社会环境而言，这两个假设都是死的；如果我们对一个美国中学生说，"成为一个怀疑论者或基督徒"[1]，这就是一个活的抉择，因为相对于他们的教育背景和社会环境而言，这两个假设都是活的。判断一个抉择的活与死，关键是该抉择的两个假设是否都具有吸引力，当然吸引力又有一个程度问题，但只要都有吸引力，抉择就是活的，"无论这种吸引力是多么的微弱"[2]。

一个抉择是强制性的，当在其所提供的选项之外"没有其他立足点（standing place）。凡以逻辑上完全的选言判断为基础的二难抉择，而且没有不选的可能，那就是这种强制性的抉择"[3]。举例来说，"选择出门带上雨伞，或不带雨伞"，这不是强制性的，因为你可以"根本就不出门，从而避免该选择"；

---

[1] William James, "The Will to Believe," in his *The Will to Believe and Other Essays in Popular Philosophy*, New York: Longmans, Green & Co., 1897, p. 3.

[2] William James, "The Will to Believe," in his *The Will to Believe and Other Essays in Popular Philosophy*, New York: Longmans, Green & Co., 1897, p. 3.

[3] William James, "The Will to Believe," in his *The Will to Believe and Other Essays in Popular Philosophy*, New York: Longmans, Green & Co., 1897, p. 3.

"要么爱我,要么恨我","要么说我的理论是真理,要么说我的理论是谬误",它们也不具有强制性,因为你可以对我和我的理论漠不关心,不爱不恨,不断言其为真,亦不断言其为假,只是不关心,不做判断而已。但詹姆斯认为,"要么接受(accept)这个真理,要么没接受它(go without it)",这却是一个强制性的抉择,因为没有采取其他立场的可能性。①这个抉择跟前面三个有何区别呢?为何詹姆斯会认为它具有强制性呢?前面三个基于选言判断的抉择都是可以轻易避免的,在其所提供的选项之外还有其他可供选择的处理方式。然而对于某项真理而言,除开"接受或不接受"之外,没有其他选择的余地,比如,你不关心它、不理睬它、不了解它、不知道它、不理解它等等,都可算作是"没接受"(go without it)的情形。因此,"要么接受这个真理,要么没接受它",是一个强制性的抉择。因为,如果你不做出接受它的抉择,你就不可避免地选择了"没接受它"。按照詹姆斯的意思,强制性有两个条件:一是选项穷尽了论域内的一切可能,并且各选项之间是相互排斥的;二是悬置各个选项,等于不可避免地选择了其中一个选项。比如,对一

---

① William James, "The Will to Believe," in his *The Will to Believe and Other Essays in Popular Philosophy*, New York: Longmans, Green & Co., 1897, p. 3. 在此"Either accept this truth or go without it",我们将其翻译成"要么接受这个真理,要么没接受它"。如果将后一个选项翻译成"要么不接受",这就难以将其理解为强制性抉择,因为"接受"和"不接受"都预设了,你事先在一定层面知道了该真理的内容,然后有意识地做出接受或不接受的决定,倘若如此,不关心、不理睬、不了解、不理解、不知道等情形就处在"有意识地接受或不接受"之外了,因而存在第三种选择的余地。然而"没接受"与"接受"却可以将一切情形都囊括在内,因而具有逻辑上的强制性。

个活着的人而言,"活着或者死去",就是一个强制性的抉择,因为只要你不选择死去,那么你就不可避免地选择了活着,没有不死不活的第三条道路可供选择,即便你对生死漠不关心,你依然是在选择活着。

当机会是独一无二的,或利害关系重大的,或做出的决定是不可撤销的,那么相应的抉择就是重要的;"相反,当机会不是独一无二的,当后果是无足轻重的,或者,当做出决定之后,发现该决定是愚蠢的,该决定还可被撤销,那么该抉择就是不重要的"[1]。举例来说,你究竟是跟张三结婚还是跟李四结婚,这通常是一个重要的抉择,婚姻可能关系到你一生的家庭生活,因而意义重大;哲学课老师问你"究竟是相信伦理学上的后果主义,还是非后果主义",这种通常不是一个重要的抉择,因为即便你后来发现自己的决定是不明智的,你还可以改变你的想法,而且不会付出什么成本。

詹姆斯并不认为只要面临真正的抉择,靠意志来决定相信与否都是合理的,只是在无法基于知性基础而做出决定这一个特定情形下,凭意志而相信才是正当的,即凭意志而相信需要相关议题具有知性上的开放性(intellectually open),即"无论证据还是论证都不能无可置疑地决定相应的议题"[2]。换言之,在没有充分证据的情况下,仅凭已有的事实和逻辑推理无法得出

---

[1] William James, "The Will to Believe," in his *The Will to Believe and Other Essays in Popular Philosophy*, New York: Longmans, Green & Co., 1897, p. 4.

[2] William J. Wainwright ed., *The Oxford Handbook of Philosophy of Religion*, Oxford: Oxford University Press, 2005, p. 181.

决定性的结论时，才应由情感和意志来决定信念状态。

因此，詹姆斯的信念原则可以概括为：

> 对于任何人 S 和任何命题 p 而言，如果 p（1）在知性上是不确定的，并且（2）它属于真正的抉择之组成部分，那么 S 可被允许相信（can permissibly believe）p。①

按照此种解释，如果一个命题有充分的证据加以支持，那么相应的信念主体应该相信此命题；只有在证据不充分且命题属于真正的抉择之组成部分时，信念主体才应该凭意志而相信。此处的"应该"既是知识论上的应该，亦是道德上的应该，还是实践或实用上的应该。因此，詹姆斯在《信念意志》的第八节中说："我们同意如下的观点：只要不是强制性的抉择，不动情感的公正的知性，不偏爱任何假设，正如其所做的那样，可以确保我们免于受骗，这应该是我们的理想。"② 因此，我们可以说詹姆斯的原则是附条件地赞同证据主义，同时也是附条件的意志决定论。

具体到宗教而言，宗教信念可以是活的、重大的、强制性的假设。③ 詹姆斯心中的宗教都承诺了人格化的神，但神的存在

---

① Jeffrey Jordan, "Pragmatic Arguments", in Charles Taliaferro, Paul Draper, and Philip L. Quinn ed., *A Companion to Philosophy of Religion*, 2nd edition, Malden, MA: Wiley- Blackwell, 2010, p. 429.

② William James, "The Will to Believe," in his *The Will to Believe and Other Essays in Popular Philosophy*, New York: Longmans, Green & Co., 1897, pp. 2-22.

③ William James, "The Will to Believe," in his *The Will to Believe and Other*

"不能为科学所证实",即"在知性上是不确定的"。

詹姆斯说:

> 宗教对我们的吸引力,似乎是为了我们自身积极的善良意志,如果我们自己不上前欢迎宗教假设,我们似乎永远得不到证据。举一个琐碎的例子:正如一个人跟一群绅士在一起,从不做出友好的表示,对每一友好的姿态都要求事先得到保证,没有证据就不相信任何人的话,这种在友好姿态方面的吝啬使他自己失去了所有社交方面的回报,而此回报是一种更加信任的态度完全可以赢得的。在宗教上也是如此,一个人竟然要把自己束缚在纠缠不清的逻辑性中,并试图让诸神来逼迫他承认,否则根本就不予承认,这样的人可能永远断送他结识诸神的唯一机会。①

由此可以看出,詹姆斯认为宗教信念类似于处理人际关系的信念,在没有充分证据之前你要相信他,你才能获得证实你的信

(接上页) *Essays in Popular Philosophy*, New York: Longmans, Green & Co., 1897, p. 26. 宗教信念并非必然是活的假设,在此,詹姆斯说:"你们中的任何人,如果认为宗教作为一种假设从任何活的假设之可能性上看都不可能为真,那么他就不必再听下去了。我只对'留下来的人'讲话。"宗教抉择是重大的,因为如果你不信宗教,那么你会失去"极其重要的好处"。宗教抉择是强制性的,因为"我们无法通过保持怀疑和等待更多的启示来逃避这个问题,因为,如果宗教为假,我们确实可以以此来避免错误,但如果宗教为真,我们却会失去好处,正如我们断然选择不信而必定失去好处一样。"

① William James, "The Will to Believe," in his *The Will to Believe and Other Essays in Popular Philosophy*, New York: Longmans, Green & Co., 1897, p. 28.

念所需的证据。但宗教信念毕竟不同于处理人际关系的信念，因为处理人际关系的信念，我们至少事先可以有充分的证据证明我要交往的人是确实存在的，在宗教领域，你却不可能在跟神交往之前获得此交往对象确实存在的证据。宗教信念不是创造相应事实的必要条件，至少宗教信念不是创造诸神存在这个核心事实的必要条件，否则，这就等于无神论了，即诸神是由人的信念创造出来的。假如诸神确实存在，那么宗教信念有可能是创造你与诸神结识这一事实的必要条件，因此，可以说，宗教信念有可能是获得上帝存在之证据的前提条件，在此意义上，宗教信念是某种程度上的自我证实的信念，即所谓"信在先，见在后"。

至此，我们可以将詹姆斯的实用主义论证归纳为如下简化形式[①]：

论证 5.5：詹姆斯的接受有神论论证
5-1. 是否接受有神论是一个真正的抉择。
5-2. 有神论在理智上是不确定的。
5-3. 接受有神论涉及至关重要的好处。[②]

[①] Jeff Jordan, "Pragmatic Arguments and Belief in God," *The Stanford Encyclopedia of Philosophy* (Spring, 2018 edition), Edward N. Zalta ed., URL = <https://plato.stanford.edu/archives/spr2018/entries/pragmatic-belief-god/>.

[②] 詹姆斯认为，宗教在本质上宣称两件事情："第一，他认为，最好的事物就是更加永恒的事物，重叠的事物（overlapping things），在宇宙中投下最后一石的事物，即是说，起最终决定作用的事物。'完美者是永恒的'，……这句话似乎是宗教之第一个断言的很好表达，该断言显然不能为科学所证实。宗教的第二个断言是，如果我们相信他的第一个断言为真，那么甚至是在相信的当下就会处于更好的境况。" William James, "The Will to Believe," in his *The Will to Believe and Other Essays in Popular Philosophy*, New York: Longmans, Green & Co., 1897, pp. 25-26.

5-4. 为了获得真理和至关重要的好处而冒犯错的风险，这绝不是不理性或不道德的。

5-5. 因此，人们可以接受有神论。

一百多年来，詹姆斯的《信念意志》在信念伦理和宗教哲学领域引起了广泛的争议，其面临的主要反驳如下：（1）不满足条件反驳；（2）意志主义反驳；（3）无限制许可反驳；（4）道德责任反驳。①

不满足条件反驳可以包含两个层面：一个是普遍的不满足；二是宗教信念不满足。"普遍的不满足"意思是说，詹姆斯给出的"真正的抉择"和"无法在知性基础上做出决断"这两个条件无法得到满足。只有在这两个条件同时满足时，凭情感意志而相信某个命题才是正当的，如果这两个条件不可能同时得到满足，凭情感意志而相信就是不正当的。为何说这两个条件没法满足呢？因为一个真正的抉择是一种活的、强制性的、重要的抉择②，然而"强制性"却无法得到满足。如果一个抉择总是在两个命题之间选择一个来相信，那么就没有任何一个选择项是强制性的，你总是有两个选项可供选择；如果悬置判断，无所谓相信，也无所谓不相信，这也算作是一个选项，那么证据主义者可以回答詹姆斯的反驳说，没有任何抉择是"无法在知性基础上做

---

① Jeffery Jordan, "Pascal's Wagers and James's Will to Believe," in William J. Wainwright ed., *The Oxford Handbook of Philosophy of Religion*, Oxford: Oxford University Press, 2005, pp. 182-184.

② William James, "The Will to Believe," in his *The Will to Believe and Other Essays in Popular Philosophy*, New York: Longmans, Green & Co., 1897, p. 3.

出决断"的。一个命题完全能得到证据的支持，那么应在知性的基础上决定相信；证据总体上反对某个命题，那么应在知性的基础上决定不相信此命题；如果总体的证据既不能支持一个命题，也不能驳倒此命题，那么就应在知性的基础上暂时悬置判断，或者在知性的基础上决定继续思考此命题。因此，对任何命题我们总是能在知性的基础上加以决断。

面对这种反驳，詹姆斯会如何回答呢？詹姆斯可能会说，无论是悬置判断，还是继续思考，都是相当于选择不相信，或者说不接受某个命题。强制性的意思，仅仅是"接受或不接受"，没有做出其他选择的余地。知性上的开放性，即"无法在知性基础上做出决断"，仅仅意味着，既没有充分的证据相信某个命题，亦没有充分的证据不相信此命题。在这个意义上说，不少抉择都具有强制性，同时也具有知性上的开放性。因此，詹姆斯所提出的凭情感意志而相信的特定条件是能够得到满足的。

"宗教信念不满足"的意思是说，宗教信念不满足詹姆斯给出的凭情感意志而相信的条件。因为一个真正的抉择必须是一种活的、强制性的、重要的抉择。然而，宗教信念是"重要的"，仅当神确实存在，然而没有充分的证据表明神确实存在，因此宗教信念并不是"重要的"，所以我们没有理由凭情感意志而相信宗教信念。此种反驳，詹姆斯可能作何回答呢？詹姆斯可以说，即使上帝不存在，我们依然可以从宗教信念中获得至关重要的好处，依然可以因拥有宗教信念而生活得更好。如果确实如此，那么关于是否拥有某种宗教信念的抉择，对人的生活而言，就确实是至关重要的。因此问题的关键在于如下的命题是否成立："无论神是否存在，信神总比不信神生活得更好。"对此我们可称之为"更好生活命题"。如果此命题成立，那么宗教信念确实可以满足詹姆斯给出的条件，人们就有理由相信神，希望神存在就是信神的充足理由；如果此命题不成立，那么宗教信念就不能满足詹姆斯给出的条件，因而人们没有理由信神。然而，过去和现在的生活经验却并没有给我们提供充足的理由去相信"更好生活命题"。

意志主义反驳是抱怨詹姆斯在《信念意志》中预设了人们可随意愿而相信，人们可以直接控制自己的信念状态，即预设了关于信念状态的意志主义。然而，事实上，人们并不能直接控制自己的信念状态。人们不可能知道一个命题是假的，同时又相信此命题，因此意志主义不可能成立。假如意志主义为真，那么人们就可以直接控制自己的信念状态，相信一个明知为假的命题就是可能的。意志主义不可能为真，因此詹姆斯《信念意志》中的核心论题是得不到辩护的。

对此，詹姆斯可能如何回应呢？他可能回答说，我们确实不能直接控制我们的信念状态，直接意志主义不可能为真，但这跟我的论题无关，因为我并不要求人们可以直接控制自己的信念状态，我只是说，当面临重大的、活的、强制性的选择时，如果无法在知性的基础上做出决断，那么我们有权相信自己希望相信的东西。意志主义的反驳完全是无的放矢。

无限制许可反驳是指责詹姆斯无限制地许可了凭主观愿望而相信。提出这种指责的著名宗教哲学家希克说："不加限制地允许单凭主观愿望而相信，这是詹姆斯立场的根本缺陷。……然而，如果我们的目标是相信真实的东西，并非必然相信我们喜欢的东西，那么詹姆斯的普遍许可的态度对我们是没有什么帮助的。"[1] 在希克看来，希望一个命题为真绝不是相信它为真的理由。此前我们已经谈论过，希克的批评是不公正的。詹姆斯《信念意志》一文的主旨绝不是单纯地凭主观愿望而相信，也不是相信什么都行的"普遍许可"。詹姆斯对正当地凭情感意志而相信做了较为严格的限制，即真正的抉择和知性上的开放性。事实上为真的东西与我们喜欢的东西之间，虽无必然的联系，但情感或意志倾向于接受的命题，也是该命题可能为真的一种征兆，至少它可以提醒我们去注意或思考某个命题。

道德责任反驳抱怨说，无充分证据而相信，在道德上是不负责任的表现。詹姆斯为无充分证据的相信进行知识论和道德上的辩护，然而一个有道德责任感的人没有任何义务去相信一个无充分证据的命题，因此詹姆斯的辩护在伦理学上是难以成立的。对此，詹姆斯的信徒可以给出何种回应呢？请看乔丹的一个思想实验：

> 假定克利福德被非常强壮且极其聪明的外星人劫持了。他们显露出了摧毁地球的意图和力量，但这些凶猛的外星人提供了一个拯救人类的机会，即克利福德获得并保持如下的信念：太阳系是以地球为中心，不是以太阳为中心。

---

[1] John H. Hick, *Philosophy of Religion*, New Jersey: Prentice-Hall, 1990, p. 60.

克利福德机智地指出，他无法凭意志而获得此信念。这些可恶的外星人依照他们的期待和技术给克利福德提供了一天一片的产生信念的药物，只要服下一片药片就会相信那信念二十四小时。①

在此情景下，克利福德是否应该服下药片呢？显然，克利福德服下药片，因而产生并保持地心说的信念，这在道德上并没有什么不对。"实际上，克里福德不服下那些药片，那才是不对的。"② 因此，在特定的情况下，相信一个没有充分证据的命题，不但没有什么不对，反而有可能是道德上的义务。

三、从外化到反映

我们再次强调一下实用主义论证的总体思路：信仰宗教可以带来某些好处，并且这些好处对人类是至关重要的，因此我们有理由相信上帝存在。实用主义论证是工具主义的论证，它将信仰作为获得至关重要的利益的工具，信仰不是目的，永生、福乐、慰藉、希望、道德等好处才是目的。相信上帝存在才能获得这些好处，因此我们应该或可以相信上帝存在。对于这种

---

① Jeffery Jordan, "Pascal's Wagers and James's Will to Believe," in William J. Wainwright ed., *The Oxford Handbook of Philosophy of Religion*, Oxford: Oxford University Press, 2005, pp. 183-184.

② Jeffery Jordan, "Pascal's Wagers and James's Will to Believe," in William J. Wainwright ed., *The Oxford Handbook of Philosophy of Religion*, Oxford: Oxford University Press, 2005, p. 184.

有神论论证,马克思会如何反驳呢?[①] 首先对于依赖于真理的实用主义论证而言,马克思否定了上帝存在为真的可能性,是人创造了神,而不是神创造了人。马克思坚信的是造神论而不是神创论。对于独立于真理的实用主义论证而言,马克思认为相信上帝存在确实可能获得某种慰藉,但这只是虚幻的幸福,我们需要的是现实的幸福,而非虚幻的幸福;但宗教的功能也并不全是消极的,它也是承认人的一种方式,只不过是采取"迂回的办法"[②],"以间接的方法承认人"[③]。我们先看马克思针对依赖于真理的实用主义论证可能提出的反驳理由。

马克思在撰写《关于伊壁鸠鲁哲学的笔记》时就已从基督教信仰者转变成了一个无神论者,即他已经放弃了有神论信仰而认可了伊壁鸠鲁式的无神论观点。在关于伊壁鸠鲁哲学的第一本笔记中,马克思就引用伊壁鸠鲁的话说众人关于众神的意见"'是虚妄的假设'"[④],"'摒弃众人所信的众神的人,并不是

[①] 请注意:马克思没有明确地提到过帕斯卡尔的实用主义论证,更不可能预先知道他死后十多年才出现的詹姆斯的论证,但这并不妨碍我们探讨马克思的思想中有哪些因素可以用来反驳有神论的实用主义论证。在接下来的讨论中,我们不是要考察马克思具体针对帕斯卡尔的赌注论证或詹姆斯的信念意志论证做出了什么样的反驳,而是要讨论马克思潜在地对实用主义的总体思路有着怎样的反驳,或者说,马克思的宗教论述中有些什么样的内容可以用来反驳有神论的实用主义论证。我们前面讨论帕斯卡尔和詹姆斯的论证,也主要是举两个实用主义论证的典型例子,并考察它们面临的多种问题,目的在于阐明实用主义论证的思维方式。

[②] 恩格斯:《英国状况:评托马斯·卡莱尔的〈过去和现在〉》,《马克思恩格斯全集》(第3卷),北京:人民出版社,2002年,第517页。

[③] 马克思:《论犹太人问题》,《马克思恩格斯文集》(第1卷),北京:人民出版社,2009年,第29页。

[④] 马克思:《关于伊壁鸠鲁哲学的笔记》,《马克思恩格斯全集》(第40卷),北京:人民出版社,1982年,第29页。

渎神的，而同意众人关于众神的意见的人，才是渎神的。'"① 对此，马克思完全赞同。在随后的博士论文中马克思更是引用埃斯库罗斯的诗句，公开宣称"痛恨所有的神"②。

如果宗教信仰所认定的神根本不存在，只是人们在头脑中虚构的一种作为异己存在物的幻影，那么依赖于真理的实用主义论证，根据上帝存在概率和预期效用估计而计算出来的好处或利益，根本就是子虚乌有的幻想和自我欺骗。马克思是如何揭示上帝存在的虚假性的呢？他通过揭示人们制造上帝的逻辑和现实根源来推导上帝这种虚幻的神圣存在。

最初，马克思将神或上帝归结为人的"个体性的神化"。在写于1839年《关于伊壁鸠鲁哲学的笔记》中，马克思就开始用自我意识来解释伊壁鸠鲁的反对者普卢塔克所谓对神的虔信而带来的快乐，他说：

> 神并非什么孤立的东西，他具有乐个人之所乐，从高空善意地注视着个人的快乐的本性，因而他自己也就进入了享受快乐的个人的规定。总之，在这里被奉为神明并备受赞扬的东西，正是摆脱其日常束缚而被神化了的个体性，即伊壁鸠鲁的"哲人"及其"心灵的宁静"。③

---

① 马克思：《关于伊壁鸠鲁哲学的笔记》，《马克思恩格斯全集》（第40卷），北京：人民出版社，1982年，第29页。
② 《马克思恩格斯全集》（第1卷），北京：人民出版社，1995年，第12页。
③ 马克思：《关于伊壁鸠鲁哲学的笔记》，《马克思恩格斯全集》（第40卷），北京：人民出版社，1982年，第82页。

马克思此时的观念离"异化"或"外化"的看法还有一段距离,但他已经明确将有神论者的"神"归为人的"个体性"的神化,即伊壁鸠鲁的哲人及其心灵宁静的神化。在盛大的宗教节日里,男女老幼都沉醉在欢乐中,在有神论者看来,这种欢乐不是因为丰盛的酒肉,而是因为"神的惠予降临并将满意地接受[为了表示对他的尊敬]而做的这一切所怀有的虔诚愿望和信念"①;在马克思看来,这根本不是什么"神的惠予降临",因为没有独立自在的神,神不外是"被奉为神明而备受赞扬的"人的个体性,人们的快乐只不过是因为偶然达到了哲人的状态和内心的宁静而已。在此,马克思已明确地用人性来解释神性,用内在心灵的状态的神化来解释所谓"神的惠予降临"。人们崇拜的真实对象不是作为一个神来看待的神的降临,而是"个人的、感性的快乐,是不受干扰的快乐。于是,这种'心灵的宁静'就象一种共同的意识在人们头上飞翔"②,因而个人的快乐也就被看成了神的东西。紧接着,马克思在评论普卢塔克所描绘的神的善良特性时说:

神是"一切善的主宰"和"一切美好事物之父"这一论断的哲学涵义在于:这不是神的谓语,但善的观念就是

---

① 马克思:《关于伊壁鸠鲁哲学的笔记》,《马克思恩格斯全集》(第40卷),北京:人民出版社,1982年,第82页。
② 马克思:《关于伊壁鸠鲁哲学的笔记》,《马克思恩格斯全集》(第40卷),北京:人民出版社,1982年,第82—83页。

神性的东西本身。①

在此，马克思再次表明了神性就是神化了的人性的观念。有神论者认为，神的本性在于仁慈和助人；神是一切善的主宰和一切美好事物之父。在众人看来，这个句子的主语显然是"神"，述谓神的谓语是"一切善的主宰"和"一切美好事物之父"。然而，在马克思看来，它真实的哲学含义却跟表面的语法结构完全不同，其真实的涵义是："善的观念就是神性的东西本身。"换言之，人们的善的观念就是神本身。有神论者完全将真正的主词和谓词的逻辑颠倒了。神实际上不外是人们的"善的观念"的神化。② 至此，神是人的自我意识的外化、异化或对象化的观念已呼之欲出。

接下来，马克思将神或上帝归结为自我意识。在《关于伊壁鸠鲁哲学的笔记》中，虽然马克思已将神看作人的善的观念的神化，但他并没有非常明确地将其归结为自我意识的外化或异化。博士论文是马克思借助比较德谟克利特和伊壁鸠鲁的自然哲学而深入探究自我意识的重要著作，马克思在其序言中讲：

> 普罗米修斯的自白"总而言之，我痛恨所有的神"就是哲学自己的自白，是哲学自己的格言，表示它反对不承

---

① 马克思：《关于伊壁鸠鲁哲学的笔记》，《马克思恩格斯全集》（第40卷），北京：人民出版社，1982年，第84页。

② 在撰写《关于伊壁鸠鲁哲学的笔记》时，马克思对神的看法是否受到了费尔巴哈的影响或在多大程度上受到了他的影响，我们尚不清楚。

认人的自我意识是最高神性的一切天上和地上的神。不应该有任何神同人的自我意识并列。①

此时，马克思对哲学还相当热忱，认为哲学应该享有最高权威，但伊壁鸠鲁的反对者普卢塔克要把哲学带到宗教法庭进行审判，迫使哲学在每一场合为自己的结论辩护，这对哲学是一种侮辱，因此马克思"痛恨所有的神"。但信仰者并不会因为马克思对神的痛恨而有所动摇，问题的关键不在于情绪的宣泄，而是要揭示人们被虚假意识所迷惑的真相。此时马克思已经将神的诞生归结为自我意识，因为神性就是人性，神就是人们关于人性的歪曲了的自我意识，即神是人的自我意识的不自觉的产物。人的自我意识是原因，神的诞生是结果。结果不会高于原因，结果不能跟原因并列。因此，神不应该跟人的自我意识并列，自我意识就是最高的神性。只要将神归结为人的自我意识这种世俗的东西，在天空俯视一切、在地上支配一切的神，自然也就跪倒在了人们的脚下，人"则被胜利高举入云"②。人的自我意识可以有第一人称的自觉的自我意识和第三人称的不自觉的自我意识，而宗教批判首先就是要将第三人称的不自觉的自我意识揭示出来，将其带到自觉的意识层面，从而消除理智上的迷雾。宗教从来就是人的自我意识的表现形式，只不过是

---

① 马克思：《德谟克利特的自然哲学和伊壁鸠鲁的自然哲学的差别》，《马克思恩格斯全集》(第1卷)，北京：人民出版社，1995年，第12页。

② 马克思：《德谟克利特的自然哲学和伊壁鸠鲁的自然哲学的差别》，《马克思恩格斯全集》(第1卷)，北京：人民出版社，1995年，第63页。

人的自我意识的不自觉的表现,马克思在此将众人的自我意识被神化的面相带到自觉理性的层面上进行审视和拷问。宗教迷信和神秘主义在一定意义上说,就是将不自觉的抽象的自我意识提升成了"绝对的原则"[1]。因此,马克思在其博士论文的附录中讲,"对神的存在的证明不外是对人的本质的自我意识存在的证明"[2]。因为有神论的种种证明都体现了证明者的自我意识是他在证明神的存在,但从第三人称的客观立场来看,他实际上并没有证明神的存在,而是其证明活动恰好证明了证明者自身的自我意识的存在。证明者在证明的过程中除了展示出其自我意识的活动之外,其他什么也没有证明。

马克思在其博士论文中注重的是"自我意识的绝对性和自由"[3],从而把神复归到自我意识之中,但他没有注意到宗教信仰者的自我意识与信从神之关系的另外一个维度,即丧失自我意识的维度,这丧失的自我意识是第一人称的、自觉的自我意识,而非第三人称的不自觉的自我意识。这不自觉的自我意识的活动,是自我意识受蒙蔽的面相,即意识主体归属发生误解的面相。马克思在《〈黑格尔法哲学批判〉导言》中首次注意到这个面相,他说:

---

[1] 马克思在其博士论文中讲:"如果把那只在抽象的普遍性的形式下表现其自身的自我意识提升为绝对的原则,那么这就会为迷信的和不自由的神秘主义打开方便之门。"《马克思恩格斯全集》(第1卷),北京:人民出版社,1995年,第63页。

[2] 马克思:《德谟克利特的自然哲学和伊壁鸠鲁的自然哲学的差别》,《马克思恩格斯全集》(第1卷),北京:人民出版社,1995年,第101页。

[3] 马克思:《德谟克利特的自然哲学和伊壁鸠鲁的自然哲学的差别》,《马克思恩格斯全集》(第1卷),北京:人民出版社,1995年,第63页。

> 反宗教的批判的根据是：人创造了宗教，而不是宗教创造人。就是说，宗教是还没有获得自身或已经再度丧失自身的人的自我意识和自我感觉。①

从发生学的角度看，人创造了神，而不是神创造了人。对此，马克思在关于伊壁鸠鲁的哲学笔记和随后的博士论文中早已注意到。神是人的自我意识的产物，因此人与神的关系就归结到了自我意识不同层面之间的关系，即自觉的层面与不自觉的层面、主体归属正确的层面与主体归属错误的层面之间的关系。一方面，神就是人的自我意识；另一方面，信从神又是没有获得自我意识或丧失了自我意识的体现。比如，信从神的人自己努力找到了一份满意的工作，他们会认为这是神在做工，是神的恩典；自己生病了，明明是医生医治好了，他们却认为这是神的仁慈；如此等等。在此，找到工作的原因在于自己的努力，这种自我意识没有进入到意识层面，或者进入到了自我意识的层面但不将其认定为成功的原因；医治好病痛的原因是医生的工作，但信从神的人没有让真实的原因进入到自身意识的层面，而虚构的原因却进入到了自身意识的层面。对此，我们可以用恩格斯的话来做进一步的说明，恩格斯讲："人在宗教中丧失了他固有的本质，使自己的人性外化，现在，在宗教由于历史的进步而动摇了之后，他才觉察到自己的空虚和不坚定。"② 当人们信从神的时候，归为

---

① 马克思:《〈黑格尔法哲学批判〉导言》,《马克思恩格斯文集》(第1卷)，北京：人民出版社，2009年，第3页。
② 恩格斯:《英国状况——评托马斯·卡莱尔的〈过去和现在〉》,《马克思恩格斯全集》(第3卷)，北京：人民出版社，2002年，第521页。

神的东西其实是人固有的本质，只不过人们在自我意识中没有意识到或已经丧失了这种反映真相的自我意识。由于科学的发展和历史的进步，人们意识到神的虚假性，但并没有确证起自身人性中的神性，因而陷入"空虚和不坚定"的心灵状态。

随后，马克思将宗教归为自我意识的外化。将宗教归为自我意识，这仅仅划定了宗教的领地；将宗教归为还没获得自身或再度丧失自身的人的自我意识，这也还只是在宗教的领地内揭示了其现象学的秘密，而没有阐明人们的造神运动的内在逻辑，这个逻辑就是外化的逻辑，或者说异化的逻辑。在《论犹太人问题》和《1844年经济学哲学手稿》中，马克思弥补了这个缺陷，从而在意识领域内完成了对宗教秘密的揭示。马克思在《论犹太人问题》中讲：

> 受宗教束缚的人，只有使自己的本质成为异己的幻想的本质，才能把这种本质对象化。[1]

在此，异化是外化的同义词[2]，它们指称的是同一过程，即本属于自身的东西由于自身的活动而变成外在的东西，这外在

---

[1] 马克思：《论犹太人问题》，《马克思恩格斯文集》（第1卷），北京：人民出版社，2009年，第54页。

[2] "异化"的德语是 Entfremdung，源自 fremd 一词，意为"异己的"；或是 Entäusserung，来自 entäussern，意为"使……成为外部的、外在的"。异化或外化的基本意思是：某物通过自己的活动而与某种曾属于它的他物相分离，以至于这个他物成为自足的东西并与本来拥有它的某物相对立的一种状态。Nicholas Bunnin and Jiyuan Yu, *The Blackwell Dictionary of Western Philosophy*, Malden: Blackwell Publishing, 2004, p.21.

的、异己的东西又反过来跟它的创造者处于相互对立的状态。当我们说"异化"时，突出的是自身创造物的异己性，即创造物跟创造者自身不同的他者感；当我们说"外化"时，强调的是自身创造物的外在化过程，即创造物脱离创造者而成为他物的外在感。只要谈到异化或外化，都一定是在谈两个东西的关系，而且一个东西是另一个东西的创造者。在马克思看来，基督教是人自己的本质的异化，神是人的本质在人的头脑中的神化。人自身的本质只有在头脑中被幻想成外在于自己的他物的本质，才能将其对象化，即作为崇拜的对象或其他宗教意识的对象，因为任何对象化的活动都必须要有所指向。将自身本质外化成一个外在对象的心灵活动本身是信仰者不自知的，否则，那就不是造神的过程，而是有自知之明的幻想的过程。这个外化的过程对于信仰者的自我意识而言，就像是一个外在对象即神的突然降临。因此这里出现了一个二重化的心灵过程：一方面，宗教异化是人的本质的外在化，这是实际发生的过程；另一方面，在信从神的人看来，这是外在的神降临在了他的心里，这恰好是自我意识丧失者的自我意识。"宗教的异化本身只是发生在意识领域、人的内心领域"①，在意识领域发生的是持续不断地双重化的心灵行为：一是不自觉的秘密的心灵行为；二是自觉的但陷入谬误的心灵行为。正因为有这种二重性，所以马克思在《1844年经济学哲学手稿》中讲：

---

① 马克思：《1844年经济学哲学手稿》，《马克思恩格斯文集》（第1卷），北京：人民出版社，2009年，第186页。

> 如果我知道宗教是外化的人的自我意识，那么我也就知道，在作为宗教的宗教中得到确证的不是我的自我意识，而是我的外化的自我意识。这就是说，我知道我的属于自身的、属于我的本质的自我意识，不是在宗教中，倒是在被消灭、被扬弃的宗教中得到确证的。①

自我意识是关于我们自身的意识，对神的意识是我们的对象意识，但这对象本身又是我们的外化了的自我意识，否定神的存在，就是我们知道了神是我们外化了的自我意识。当我们知道这一点时，我们也就知道我们的本质其实不在宗教中，而在我们自身，我们在消灭和扬弃宗教的过程中确证起我们自身真正的本质，而这也就是人的外化的本质向人自身复归的历程。正如恩格斯所言，我们"只有彻底克服一切宗教观念，坚决地真诚地复归，不是向'神'，而是向自己本身复归，才能重新获得自己的人性、自己的本质"②。但这种复归不是仅仅在意识领域就能独自完成的。宗教自身的领地只是人的自我意识，但意识的根源却在我们生活于其中的物质世界，即宗教的根源不在意识而在外部世界。

因此，马克思最后将宗教归结为人们对外部力量的幻想的反映。在《德意志意识形态》中马克思和恩格斯意识到：如果

---

① 马克思：《1844年经济学哲学手稿》，《马克思恩格斯文集》（第1卷），北京：人民出版社，2009年，第214页。

② 恩格斯：《英国状况——评托马斯·卡莱尔的〈过去和现在〉》，《马克思恩格斯全集》（第3卷），北京：人民出版社，2002年，第521页。

仅仅从意识哲学的角度来对宗教加以阐释，这是不够的，甚至容易引人误入歧途。

> 在宗教中，人们把自己的经验世界变成一种只是在思想中的、想像中的本质，这个本质作为某种异物与人们对立着。这决不是又可以用其他概念，用"自我意识"以及诸如此类的胡言乱语来解释的，而是应该用一向存在的生产和交往的方式来解释的。[①]

宗教批判离不开对信从者意识结构的揭示，从而把神从天上拉到人间，将天国的问题化为世俗的问题，自我意识本身还只是中间环节，不是最终的基地。如果我们将自我意识这个中间环节看作是宗教得以存在的最终根据，那么我们依然只是在崇拜精神的力量，我们离宗教的距离还很近，还没有在根本上否定宗教神学，也没有揭示出宗教信仰最根本的秘密。倘若把自我意识提高到绝对，将其他一切都化为自我意识的怪影，这种思维隐含的依然是神学的逻辑。人的自我意识主要来自人们日常的经验世界，即便我们将宗教追溯到人们的经验感受，这依然还是不够的，至多只是完成了一半的工作，甚至可以说"主要的事情还没有做。因为，世俗基础使自己从自身中分离出去，并在云霄中固定为一个独立王国，这一事实，只能用这个

[①]《马克思恩格斯全集》（第3卷），北京：人民出版社，1960年，第170页。

世俗基础的自我分裂和自我矛盾来说明"①。我们把自己的经验世界虚构成神创造的世界，神作为异己的存在与我们对立着，这个事实只能从我们生活于其中的世俗世界的矛盾和自我分裂来解释，尤其是要从生产力和生产关系的角度来解释。

马克思和恩格斯将宗教归结为我们对世界的歪曲的、颠倒的反映，如此这般反映的根源"只有到宗教的每个发展阶段的现成物质世界中去寻找"②。当得出这样的结论时，马克思宗教批判的逻辑就算完成。我们"通过分析找出宗教幻象的世俗核心"，这是比较容易的；难的是"从当时的现实生活关系中引出它的天国形式"，而且"这种方法是唯一的唯物主义的方法，因而也是唯一科学的方法"③。宗教的根源不在人的自我意识中，也不在人的本质中，而在宗教每个发展阶段的现成物质世界中。

依赖于真理的实用主义论证是说，上帝可能存在，无论其存在的概率有多小，但相信上帝存在的预期效益都是最大的，因此我们应该相信上帝存在。马克思的反驳是说：上帝是人们经验世界中异己力量在头脑中幻想的反映，上帝存在的概率是零，相信上帝存在不可能获得最大的收益。

---

① 马克思：《关于费尔巴哈的提纲》，《马克思恩格斯文集》（第 1 卷），北京：人民出版社，2009 年，第 504 页。
② 《马克思恩格斯全集》（第 3 卷），北京：人民出版社，1960 年，第 170 页。
③ 《马克思恩格斯文集》（第 5 卷），北京：人民出版社，2009 年，第 429 页注释。

四、虚幻的幸福

马克思认为上帝是现成物质世界的异己力量在人们头脑中幻想的反映,这是否意味着宗教信仰不可能给人们带来任何好处呢?如果我们撇开其带来的危害不谈,宗教信仰当然会带来一定的益处,至少它可能带来虚幻的幸福。虽然幸福是虚幻的,但一定的意义上说,或许比赤裸裸的苦痛要好。马克思在《〈黑格尔法哲学批判〉导言》①中讲:

> 宗教里的苦难既是现实的苦难的表现,又是对这种现实的苦难的抗议。宗教是被压迫生灵的叹息,是无情世界的情感,正像它是无精神活力的制度的精神一样。宗教是人民的鸦片。②

在此,马克思写下了一个相当著名的断言:"宗教是人民的

---

① 有学者认为《〈黑格尔法哲学批判〉导言》是马克思"所有著作中对宗教最为详细的阐述。他在这里表达的观点——宗教是异化的人的幻想——与他早期的思想完全一致"(戴维·麦克莱伦:《马克思传》,王珍译,北京:中国人民大学出版社,2010年,第91页)。但我们认为这种断言是值得商榷的,中学时期马克思有专门的宗教学论文,大学时期有《关于伊壁鸠鲁哲学的笔记》,后来的《论犹太人问题》《1844年经济学哲学手稿》《神圣家族》《德意志意识形态》等著作都有不少关于宗教的评论,很难说哪个是"对宗教最为详细的阐述"。在《〈黑格尔法哲学批判〉导言》中的观点也很难说是跟他更早时期的思想"完全一致"的,至少跟中学时期的看法是相反的,跟他在《关于伊壁鸠鲁哲学的笔记》中的看法相比也有方向上的一些变化,至少逐渐走出了意识哲学的范围,转而注重宗教的社会根源。但毫无疑问,《〈黑格尔法哲学批判〉导言》确实比较集中地表达了马克思非常重要的宗教思想。

② 《马克思恩格斯文集》(第1卷),北京:人民出版社,2009年,第4页。

鸦片。"学界有人称之为"宗教鸦片论"①，我们觉得这不是一个理论，而是一个著名的隐喻，因此我们称其为"鸦片隐喻"。学界对鸦片隐喻有多种解读：一是宗教本质解读，即马克思的鸦片隐喻揭示了宗教的本质，其理由是"列宁把马克思的这句名言誉为'马克思主义在宗教问题上全部世界观的基石'"②。二是宗教麻醉功能解读，即鸦片隐喻的"内容只是宗教的社会功能：对人民的精神麻醉"③，这种解读认定马克思是在表述宗教的危害。三是宗教止痛功能解读，有学者认为，"在马克思时代的西方世界，鸦片是一种用作'止痛剂'的'宝贵的药品'。把鸦片视为'麻醉剂'，乃是中国人在输掉'鸦片战争'之后产生的一种对鸦片的误解"④。这种解读认定马克思是在表述宗教医治病痛的正面功能。

如果我们将"本质"一词理解为一事物区别于他事物的根本规定性，即将宗教的本质理解为宗教之所以是宗教的根本规定性，那么对马克思鸦片隐喻的宗教本质解读是不恰当的。马克思在此不是在界定宗教的本质，更不是在给宗教下定义。马克思是在讲宗教的作用或功能⑤，即宗教是"现实的苦难的表

---

① 卓新平：《马克思主义宗教观探究》，北京：中华书局，2013年，第17页。
② 吕大吉、高师宁：《马克思主义宗教理论研究》，北京：中国社会科学出版社，2011年，第165页。
③ 吕大吉、高师宁：《马克思主义宗教理论研究》，北京：中国社会科学出版社，2011年，第165页。
④ 吕大吉、高师宁：《马克思主义宗教理论研究》，北京：中国社会科学出版社，2011年，第165页。
⑤ 列宁在写于1909年5月的《论工人政党对宗教的态度》一文中讲："宗教是人民的鸦片，——马克思的这一句名言是马克思主义在宗教问题上的全部世界观

现""抗议""叹息""情感"和"精神"等。这显然不是在谈宗教之为宗教的本质问题。因此，我们赞同对鸦片隐喻的宗教麻醉功能解读。

学界传统的看法也是将鸦片隐喻看作是关于宗教功能的断言。比如，有学者说："宗教就是向劳动大众宣传，要他们忍耐着地上的生活，以求得来世的幸福。'宗教是人民的鸦片，是一种精神上的麻醉剂，它使资本的奴隶把自己对于人类生活的要求溶解在这种麻醉物之中'。所以宗教是阶级压迫的武器。"① 这代表了学者对鸦片隐喻的麻醉功能解读。

问题是：马克思的鸦片隐喻究竟在说宗教的正面功能，还是负面功能？抑或兼而有之？宗教具有控制人民的思想、麻醉人民的斗志、削弱人民的反抗力量、为阶级统治进行辩护、颂扬愚民的各种特点等功能，这本身是事实，马克思也赞同，后来在《"莱茵观察家"的共产主义》一文，马克思集中列举了宗教的负面功能：

（接上页）的基石。马克思主义始终认为现代所有的宗教和教会、各式各样的宗教团体，都是资产阶级反动派用来捍卫剥削制度、麻醉工人阶级的机构。"（《列宁专题文集·论无产阶级政党》，北京：人民出版社，2009年，第171—172页。）这段话确实说马克思的鸦片隐喻是"马克思主义在宗教问题上的全部世界观的基石"，但这并不等于说鸦片隐喻揭示了宗教之为宗教的本质。除开宗教之外，其他很多意识形态都可以起到软化或麻醉人民斗争精神的作用，但这些意识形态并不因此就成了真正意义上的宗教。列宁对鸦片隐喻的解释，也是从社会功能的角度来展开的，即宗教可以被反动派用来捍卫剥削制度、麻醉工人阶级。这些都不是在谈宗教之为宗教的本质规定。因此，引用列宁的话来为鸦片隐喻的宗教本质解读辩护是很不恰当的。

① 李达：《李达文集》（第2卷），北京：人民出版社，1981年，第606—607页。

基督教的社会原则曾为古代奴隶制进行过辩护，也曾把中世纪的农奴制吹得天花乱坠，必要的时候，虽然装出几分怜悯的表情，也还可以为无产阶级遭受压迫进行辩解。

基督教的社会原则宣扬阶级（统治阶级和被压迫阶级）存在的必要性，它们对被压迫阶级只有一个虔诚的愿望，希望他们能得到统治阶级的恩典。

基督教的社会原则把国教顾问答应对一切已使人受害的弊端的补偿搬到天上，从而为这些弊端的继续在地上存在进行辩护。

基督教的社会原则认为压迫者对待被压迫者的各种卑鄙龌龊的行为，不是对生就的罪恶和其他罪恶的公正惩罚，就是无限英明的上帝对人们赎罪的考验。

基督教的社会原则颂扬怯懦、自卑、自甘屈辱、顺从驯服，总之，颂扬愚民的各种特点，但对不希望把自己当愚民看待的无产阶级说来，勇敢、自尊、自豪感和独立感比面包还要重要。

基督教的社会原则带有狡猾和假仁假义的烙印，而无产阶级却是革命的。[①]

基督教可以用来并曾经为压迫和剥削人民的制度进行辩护，它将外在现实世界的分裂和冲突转化为天国的考验与奖赏，将恐惧、怯懦和自卑转化为蒙受恩典的美德，将人们改造自然和

[①] 马克思：《"莱茵观察家"的共产主义》，《马克思恩格斯全集》（第4卷），北京：人民出版社，1958年，第218页。

变革社会的意志引向安于现状的内心修炼。因此，从有利于改造世界的角度来看，马克思着重揭示宗教的负面功能是理所当然的。但这绝不意味着，马克思的鸦片隐喻只是在表达宗教的负面功能。

马克思在给出结论性的鸦片隐喻之前说：宗教表现了现实的苦难，表达了人民对现实苦难的抗议，因此它是受压迫的人民的叹息，是无情世界的想要获得救赎或解放的情感，是无精神活力的制度能够容忍的渴望美好生活的精神。显然，这绝不只是在表达宗教的负面功能，同时也表达出了宗教的正面功能。人民在受压迫的状态下，连曲折表达现实苦难的通道都被堵死，连隐晦抗议现实苦难的机会都被剥夺，连受压迫之后的叹息声都被消音，连残酷现实世界的虚幻温情都被无情打压，连超出制度铁笼的天国幻想都不被容忍，这似乎是更加令人绝望、更加没有人性的处境。从历史的角度来看，最初的基督徒都来自"人民最低阶层的'受苦受难的人'"[1]，即形形色色的破产的自由人，被释的奴隶和未被释的奴隶，在农业地区日益陷入债务奴役的小农等等。

> 被奴役、受压迫、沦为赤贫的人们的出路在哪里？他们怎样才能得救？所有这些彼此利益各不相同甚至互相冲突的不同的人群的共同出路在哪里？……出路只能是在宗教领域内。于是另一个世界打开了。肉体死后灵魂继续存

---

[1] 恩格斯：《论原始基督教的历史》，《马克思恩格斯文集》（第4卷），北京：人民出版社，2009年，第492页。

在，就渐渐成为罗马世界各地公认的信条。死后的灵魂将为其生前的行为受到某种报偿或惩罚这一信念，也越来越为大家所接受。……于是，基督教出现了。它认真地对待彼岸世界的报偿和惩罚，造出天国和地狱。一条把受苦受难的人从我们苦难的尘世引入永恒的天堂的出路找到了。①

恩格斯晚年的这段论述可以看作是马克思鸦片隐喻的注解。受苦受难的底层民众在现实世界没有出路的时候，他们就在幻想的世界中表达出自己的苦难和抗议，来求得心灵的慰藉和喘息的机会，以免陷入彻底绝望的境地。因此，我们可以说，马克思的鸦片隐喻实际上要说的是，宗教给现实的苦难提供了一条出路，为不堪忍受的现状提供了对天国幸福的期待。尽管这种幸福注定是虚幻的幸福，但虚幻的幸福总比彻底的悲观绝望要好。因此我们将马克思的鸦片隐喻解读为：宗教只为人民提供虚幻的幸福。②宗教为民众提供一条比彻底绝望要好的出路，

---

① 恩格斯:《论原始基督教的历史》，《马克思恩格斯文集》(第4卷)，北京：人民出版社，2009年，第493页。

② 对于基督教的双重作用，尼采有跟马克思类似的看法："在今天，作为表示基督教已经丧失了恐惧特性的一个标志，人们找到了另一种为这种信仰辩护的尝试，即：即使它是一种谬误，人们在有生之年都会得到这个谬误的大好处和大乐趣：也就是说，看起来恰恰是为了这种信仰的抚慰作用之故，也该把这种信仰维持下去，——也就是说，并非出于对一种咄咄逼人的可能性的恐惧，而毋宁说是出于对一种缺乏刺激的生命的恐惧。这样一种享乐主义的说法，即来自快乐的证据，乃是一种衰落的征兆：它取代了来自力量的证据，即来自那种基督教理念中震动性的东西的证据，来自恐惧的证据。事实上，在这种重新解释中，基督教近乎衰竭了：人们满足于一种鸦片般的基督教，因为人们既没有力量去寻求、抗争、冒险、特立独行，也没有力量走向帕斯卡尔主义，走向这种苦思冥想的自我轻蔑，走向对人类

就此而言，宗教的功能是积极的。但宗教提供的幸福之路是虚幻的，就此而言，宗教的功能是消极的。因此马克思的鸦片隐喻表达的既非对宗教的单纯否定，亦非对宗教的单纯肯定，而是既有肯定又有否定的双重意蕴，但主要是要提醒人民宗教的负面功能[①]。

面对现实世界的苦难，民众有三个选项：一是彻底绝望；二

（接上页）无体面状态（Unwürdigkeit）的信仰，走向'可能受谴责者'的畏惧。然而一种基督教，一种主要抚慰病态神经的基督教，根本就不需要一个'十字架上的上帝'那种可怕的解决办法：因此，在寂然无声中，佛教正在欧洲各处取得进展。"尼采：《权力意志》（上卷），孙周兴译，北京：商务印书馆，2007年，第162—163页。

① 马克思和恩格斯都提到过鸦片作为药物的作用。恩格斯在《英国工人阶级状况》中讲到英国城市工人阶级的饮食时说："工人既没有钱也没有时间给自己的孩子弄到比较合适的食物。此外，还有一种很流行的习惯，就是给孩子喝烧酒，甚至食鸦片。由于这一切，再加上其他对孩子的身体发育有害的生活条件，孩子们就患上了贻害终身的多种消化器官疾病。"在讲到工人如何医治肉体上的痛苦时，恩格斯说："英国工人现在喜欢吃专利成药，结果是戕害了自己，同时把自己的钱装进了这些药品制造者的口袋。这些专利成药中最有害的一种，是用鸦片制剂、特别是鸦片酊制成的水药，即市场上出售的所谓'戈弗雷强心剂'。在家里干活并且要照顾自己的或别人的孩子的妇女们给孩子们吃这种水药，使他们安睡，或者如许多人所认为的，使他们强壮起来。她们不知道这种'强心剂'是多么有害，常常是在孩子一生下来就给他们吃这种药，直到孩子们死去为止。孩子的身体对鸦片的作用越迟钝，服用量就越多。如果这种'强心剂'不再起作用，就给孩子吃纯粹的鸦片酊，常常是一次15—20滴。"（《马克思恩格斯文集》[第1卷]，北京：人民出版社，2009年，第414、417页。）马克思在《资本论》中讲："现在，工人的妻子有必要的空闲时间来给自己的孩子喂奶，而不必用戈弗雷强心剂（一种鸦片剂）去毒害他们了。"在讲到工人子女的死亡率时，马克思说："造成这样高的死亡率的原因，除了当地的情况外，主要是由于母亲外出就业，以及由此引起的对子女的照顾不周和虐待，例如饮食不适、缺乏营养、喂鸦片剂等等"，"服用鸦片剂的婴儿'萎缩成小老头或瘦得像小猴子'"。（《马克思恩格斯文集》[第5卷]，北京：人民出版社，2009年，第454页注释、458页、459页注释。）人们服用鸦片或给小孩喂鸦片制剂，一方面是出于无知，不知道鸦片的危害；另一方面是出于无可奈何，即便知道鸦片有害，也无力找到更好的解决问题的办法。

是虚幻的幸福；三是现实的幸福。彻底绝望既不是多数民众的选择，更不会是马克思推荐的选项；虚幻的幸福是不少宗教信徒的选择，但不是马克思的选择；马克思推荐的唯一选项是坚定地去寻求现实的幸福。因此马克思要坚决废除宗教[①]。废除宗教也就废除了虚幻的幸福。在鸦片隐喻之后，马克思紧接着讲：

> 废除作为人民的虚幻幸福的宗教，就是要求人民的现实幸福。要求抛弃关于人民处境的幻觉，就是要求抛弃那需要幻觉的处境。[②]

马克思要求废除虚幻的幸福，目的是要实现人民的现实幸福，"不是要人依旧戴上没有幻想没有慰藉的锁链，而是要人扔掉它，采摘新鲜的花朵"[③]。人民如果安于虚幻的幸福，就不可能"作为不抱幻想而具有理智的人来思考，来行动，来建立自己的现实"[④]。要使得民众作为具有清醒理智的人来思考和行动，就必须批判宗教，批判那虚幻的幸福，"撕碎锁链上那些虚幻的花朵"[⑤]。因为宗教是颠倒的现实世界的"总理论，是它的包罗万象的纲要"[⑥]。要民众彻底抛弃虚幻的幸福，就必须让他们能够获得现实的幸福；要获得现实的幸福，就必须废除使得虚幻的幸福

[①] 《马克思恩格斯文集》(第1卷)，北京：人民出版社，2009年，第11、23页。
[②] 《马克思恩格斯文集》(第1卷)，北京：人民出版社，2009年，第4页。
[③] 《马克思恩格斯文集》(第1卷)，北京：人民出版社，2009年，第4页。
[④] 《马克思恩格斯文集》(第1卷)，北京：人民出版社，2009年，第4页。
[⑤] 《马克思恩格斯文集》(第1卷)，北京：人民出版社，2009年，第4页。
[⑥] 《马克思恩格斯文集》(第1卷)，北京：人民出版社，2009年，第3页。

成为必要的那颠倒的世界；要废除那颠倒的世界，就必须先行除掉它的保护罩，即作为其"总理论"和"纲要"的宗教。这里边有一个理性行动的困境问题：人人都知道现实的幸福比虚幻的幸福更好，但对于身处现实世界的个人来说，他们可能等不到废除虚幻幸福后的现实幸福，因而无赖地安于虚幻的幸福，然而这就会加固宗教的束缚，使得大家都更加难以获得现实的幸福。为了避免这种困境，马克思首先批判的是宗教，"对宗教的批判是其他一切批判的前提"①，然后是要整个有着改变现实世界之强烈意志的全世界无产者联合起来采取行动。只有联合起来采取一致的行动才能避免陷入个体的理性行动困境。

至此，我们可以总结一下马克思对独立于真理的实用主义论证会提出的批判。独立于真理的实用主义论证说，无论上帝是否存在，只要相信上帝就可以获得至关重要的好处。马克思也承认相信上帝可以获得虚幻的幸福，但这只是虚幻的幸福而已，而且它阻断了通往现实幸福的道路。从整个人类的长远利益来看，相信上帝存在肯定是有害的，因此具有清晰理智的人要坚定地积极废除宗教。

五、承认人的间接方式

思想成熟时期的马克思更加强调宗教是现实世界的幻想的反映，但他从未放弃过研究伊壁鸠鲁哲学时就逐步形成的宗教

---

① 《马克思恩格斯文集》(第1卷)，北京：人民出版社，2009年，第3页。

异化观念。倘若仅仅看到异化或外化，而没有认识到异化或外化的现实根据，那么宗教批判还是不彻底的。"因为'自我意识'和'人'也还是宗教的"①，即是说，倘若脱离与自我意识和"人"的观念相联系的生产方式和交往关系，那么自我意识和"人"也就变成了某种"自身原因"的东西，因而也就回归到了宗教的逻辑，因此马克思和恩格斯说："那种使人们满足于这类诸精神史的观点，本身就是宗教的观点。"②所以成熟时期的马克思不是放弃了宗教是人、人性、人的本质之异化的观点，而是放弃了脱离一定历史条件的物质生活及其社会关系的抽象的异化观念。

在此，我们首先要问的问题是：宗教是人的异化，它究竟异化出的是人性好的方面还是坏的方面？"对于布鲁诺·鲍威尔来说，宗教包含了人性最糟糕的东西，它是人类心灵扭曲的产物，它对信它的人自身有着有害的影响；而对于费尔巴哈来说，宗教表现着人性中最好的东西，但是以异化的形式，因为人类自身的属性被投射到一个异己的、想象中的实体上。"③对于马克思来说，这又是如何呢？从作为宗教的宗教而不从宗教的实际功能来看，即从基督教的神本身来看，神是人性中最好的东西的外化。人将自身最好的东西外化成一个异己的对象，然后通过它让人们在一定的层面"掌握世界"，帮人类办成那些不

---

① 《马克思恩格斯全集》（第3卷），北京：人民出版社，1960年，第162页。
② 《马克思恩格斯全集》（第3卷），北京：人民出版社，1960年，第162页。
③ 戴维·麦柯莱伦：《马克思主义与宗教：一种对马克思批判基督教的描述和评估》，林进平、林育川、谢可晟译，天津：天津人民出版社，2018年，第11—12页。

以神的名义就办不了的事情。①

当人们认为"神是一切善的主宰"时，表面上的主词是"神"，谓词是"一切善的主宰"，但在马克思看来，"这一论断的哲学涵义在于：这不是神的谓语，但善的观念就是神性的东西本身"②。也就是说，实际上的主词是人的善的观念。因此，实际的论断是：人的善的观念就是神。"善的观念"是如何成为神

---

① 马克思赞同宗教可分为如下几个阶段：（1）无神论，即在宗教方面还"没有任何明确概念"；（2）拜物教，"人认为自己能够迫使神（神的本性总是坏的）满足自己的愿望"；（3）自然崇拜或图腾崇拜，"自然物如树木、湖泊、石头、动物等等（天体等等）成为崇拜对象"；（4）萨满教，"非凡的神祇比人力量大得多，具有和人不同的性质，他们所在之处也遥远得很，只有萨满才能去得"；（5）偶像崇拜或拟人观，"神更全面地具有人的性质，威力更大了；但还是可以听人指使的；他们是自然的一部分，而不是自然的创造者；人们用像或者叫做偶像来表现他们"；（6）"神成了造物主，他不单单是自然的一部分了，他第一次成为超自然的存在"；这不但说明"神是头脑的编造"（马克思：《约·拉伯克〈文明的起源和人的原始状态〉一书摘要》，《马克思恩格斯全集》[第45卷]，北京：人民出版社，1985年，第665—666页），即神是"思维着的头脑的产物"，而且说明宗教是人们"掌握世界"的一种方式（《马克思恩格斯文集》[第8卷]，北京：人民出版社，2009年，第25页）。马克思认为，拥有造物主的"基督教，如新教、自然神教等等，是最适当的宗教形式"（《马克思恩格斯文集》[第5卷]，北京：人民出版社，2009年，第97页）。"基督教是犹太教的思想升华，犹太教是基督教的鄙俗的功利应用……基督教作为完善的宗教从理论上完成了人从自身、从自然界的自我异化"（马克思：《论犹太人问题》，《马克思恩格斯文集》[第1卷]，北京：人民出版社，2009年，第54页）。正如马克思的老师、朋友和批判对象鲍威尔所说："基督教要比犹太教高超得多，基督徒要比犹太人高超得多，而基督徒获得自由的能力也比犹太人大得多，因为人类站在基督教的立场上已经接近于通过激进的革命来消灭宗教所产生的一切缺陷的地步……犹太人所站的立场要比这低得多，因为他们离开自由和那种将解决全人类命运的革命的可能性也远得多，因为犹太教本身对历史没有任何意义，而且也不能参加世界历史。"（鲍威尔：《现代犹太人和基督徒获得自由的能力》，转引自奥古斯特·科尔纽：《马克思恩格斯传》[第1卷]，刘丕坤等译，北京：生活·读书·新知三联书店，1980年，第563页。）

② 《马克思恩格斯全集》（第40卷），北京：人民出版社，1982年，第84页。

的呢？人通过自身思维的幻想活动将"善的观念"外化为一个异己的对象。从信从者第一人称的角度看，这个异己的对象确实是存在的；但从作为旁观者的第三人称的角度来看，这个对象根本不存在，仅仅是幻想而已。因此，我们可以说马克思在撰写《关于伊壁鸠鲁哲学的笔记》时就已经将神看成了人性的异化或外化，而且它是人性中好的方面、本质性的东西的外化。这也就是说，宗教通过神的善性间接地承认了源自人的本性的善，神是人之善性的中介者。

马克思在《论犹太人问题》中讲，人们在宗教中"使自己的本质成为异己的幻想的本质"[①]，即成为神的本质。神是人的本质的异化，那么人的本质是什么呢？此时马克思所指的人的本质，主要还是人的理性、意志和爱等[②]。马克思后来说："费尔巴哈把宗教的本质归结于人的本质。但是，人的本质不是单个人所固有的抽象物，在其现实性上，它是一切社会关系的总和。"[③]虽然费尔巴哈对人的理解不够现实，没有将人置于具体的历史环境和现实的物质生活中来理解，但这并不等于说人没有理性、

[①] 马克思：《论犹太人问题》，《马克思恩格斯文集》（第1卷），北京：人民出版社，2009年，第54页。

[②] 费尔巴哈说："人自己意识到的人的本质究竟是什么呢？或者，在人里面形成类、即形成本来的人性的东西究竟是什么呢？就是理性、意志和心。一个完善的人，必定具有思维力、意志力和心力。思维力是认识之光，意志力是品性之能量，心力是爱。理性、爱、意志力，这就是完善性，这就是最高的力，这就是作为人的人的绝对本质，就是人生存的目的。"费尔巴哈：《基督教的本质》，荣震华译，北京：商务印书馆，1984年，第30—31页。

[③] 马克思：《关于费尔巴哈的提纲》，《马克思恩格斯文集》（第1卷），北京：人民出版社，2009年，第501页。

意志和爱等本性，只是说不能抽象地将这些东西理解为独立或自足的东西，它们本身是社会的产物、历史的产物。马克思认为神是处在一定社会关系中的人的理性、意志和爱的外化的产物，人在想象中将理性、意志和爱等抽象出来，然后将它们固定在一个幻想的异己的对象之中，从而将其设想成全知全能全善的存在者。神的全知全能全善正是人的理智、意志和情感经过长期的历史抽象而形成的漫画式表达。正如恩格斯所说："基督教的神只是人的虚幻的反映、映象。但是，这个神本身是长期的抽象过程的产物，是以前的许多部落神和民族神集中起来的精华。与此相应，被反映为这个神的人也不是一个现实的人，而同样是许多现实的人的精华，是抽象的人，因而本身又是一个思想上的形象。"① 人的理性、意志和爱等本质性的精华不能在残酷的现实中得以实现，因而只能逃到宗教幻想中去实现。但幻想的实现，总比连幻想都没有要来得好一点，毕竟它以歪曲的、颠倒的方式承认了人的本质。因此马克思讲："宗教正是以间接的方法承认人。通过一个中介者。……基督是中介者，人把自己的全部神性、自己的全部宗教束缚都加在他身上"②。恩格斯也说："宗教按它的本质来说就是抽掉人和大自然的整个内容，把它转给彼岸之神的幻影，然后彼岸之神大发慈悲，又反过来使人和大自然从它的丰富宝库中得到一点东西。只要对彼

---

① 恩格斯：《路德维希·费尔巴哈和德国古典哲学的终结》，《马克思恩格斯文集》（第 4 卷），北京：人民出版社，2009 年，第 290 页。
② 《论犹太人问题》，《马克思恩格斯文集》（第 1 卷），北京：人民出版社，2009 年，第 29 页。

岸幻影的信仰还很强烈,还起作用,人用这种迂回的办法至少可以取得一些内容。"①正因为宗教以迂回曲折的间接方式承认了人,借助它,人类在社会领域和精神领域获得了一些成果,所以它们才在某些地方还可以赢得人的尊敬,"即使是最疯狂的迷信,其实也包含有人类本质的永恒规定性,尽管具有的形式已经是歪曲了的和走了样的"②。因此,我们对宗教的历史和社会功能不应全盘否定。马克思承认,"宗教、财富等等不过是通向真正人的现实的道路"③,尽管是异化的道路,但"自我异化的扬弃同自我异化走的是同一条道路"④。当直接实现人之丰富本质的历史条件尚不具备的时候,以间接的方式承认人或许仍可以是绝望中的一种希望。虽然关于上帝存在的各种实用主义论证是难以成立的,但将人的本质进行外化的需要和相应的宗教意识都是从生活的现实力量中产生的,不改变现实世界就想直接消除宗教是无法真正办到的。

---

① 恩格斯:《英国状况——评托马斯·卡莱尔的〈过去和现在〉》,《马克思恩格斯全集》(第3卷),北京:人民出版社,2002年,第517页。
② 恩格斯:《英国状况——评托马斯·卡莱尔的〈过去和现在〉》,《马克思恩格斯全集》(第3卷),北京:人民出版社,2002年,第520页。
③ 《马克思恩格斯文集》(第1卷),北京:人民出版社,2009年,第204页。
④ 《马克思恩格斯文集》(第1卷),北京:人民出版社,2009年,第182页。

第六章　马克思的宗教批判方法论

批判是马克思全部思想的关键词。批判不是言词的争论而是本质的揭露，批判的目的不是"教条式地预期未来，而只是希望通过批判旧世界发现新世界"[1]。马克思对现存一切进行了无情的批判，"这种批判既不怕自己所作的结论，也不怕同现有各种势力发生冲突"[2]。批判绝不仅仅是要通过"高卢雄鸡的高鸣"[3]来宣告世界的秘密和人类的真实处境，而是要诉诸物质的力量来"推翻使人成为被侮辱、被奴役、被遗弃和被蔑视的东西的一切关系"[4]，从而实现人类的解放。

马克思对宗教的批判是其整个批判体系中必不可少的一部分，而非偶然性的、可有可无的一部分。可能有人认为宗教批判在马克思的著作中只是偶然性的、非本质性的存在，至多只是其思想历程中附带提及的东西，马克思进入大学之后再也没有撰写过专门的宗教学著作，他关于宗教的论述都散见于其他

---

[1]　马克思：《马克思致阿尔诺德·卢格》（1843年9月），《马克思恩格斯文集》（第10卷），北京：人民出版社，2009年，第7页。

[2]　马克思：《马克思致阿尔诺德·卢格》（1843年9月），《马克思恩格斯文集》（第10卷），北京：人民出版社，2009年，第7页。

[3]　马克思：《〈黑格尔法哲学批判〉导言》，《马克思恩格斯文集》（第1卷），北京：人民出版社，2009年，第18页。

[4]　马克思：《〈黑格尔法哲学批判〉导言》，《马克思恩格斯文集》（第1卷），北京：人民出版社，2009年，第11页。

著作之中，这似乎是"偶然"论或"非本质"论的一个间接证据。"偶然"论者来自于对马克思思想史浮光掠影式的解读，没有看到马克思学生时代曾有一段信奉基督教的时期。[①] 马克思信仰宗教是外部环境的偶然产物，但马克思批判宗教却是他经历艰难的内心挣扎和理性思考的产物[②]，而并非出于外部偶然因素的影响。一个思想家之思想的某一部分对其整体而言是否是必不可少的、本质性的，不能单从时间顺序或发展历程上来说，而是要从它的内容对其整个思想之塑造的深度和广度来看。作为马克思宗教批判之结论的无神论和人道主义，不但是其整个思想价值的基石，而且宗教异化的逻辑在其整个政治经济学批判中起到了框架性的作用。因此，在马克思看来：

（1）政治国家的成员具有宗教性质，原因在于"个人生活和类生活之间、市民社会生活和政治生活之间的二元性"[③]。

---

① 马克思的在特里尔中学的毕业证书上记载着"卡尔·马克思，生于特里尔，现年17岁，信仰新教"。《马克思恩格斯全集》（第1卷），北京：人民出版社，1995年，第932页。

② 马克思在1837年给他父亲的信中回忆说："我在第一学期熬过了许多不眠之夜，经历了许多斗争，体验了许多内心的和外在的激动。但这一切都没有使我大大充实起来。"为什么艰苦的思考、阅读和写作，没有让马克思"大大充实起来"呢？因为"我的天国、我的艺术同我的爱情一样都变成了某种非常遥远的彼岸的东西"。先前感到与他同在的"神"不在了，马克思甚至"有几天完全不能思考问题，就像狂人一样在'冲洗灵魂，冲淡茶水'的肮脏的施普雷河水旁的花园里乱跑"。《马克思恩格斯全集》（第40卷），北京：人民出版社，1982年，第14、9、15页。

③ 马克思：《论犹太人问题》，《马克思恩格斯文集》（第1卷），北京：人民出版社，2009年，第36页。

（2）市民社会的成员具有宗教性质，因为"实际需要和自私自利的神就是金钱"①。

（3）社会生活中普遍存在的商品具有宗教性质，因为"人脑的产物表现为有生命的、彼此发生关系并同人发生关系的独立存在的东西"②。

宗教、政治和商品同源同构，所以马克思批判政治经济的现象时经常跑到宗教神学的领域去找思维逻辑和话语资源，时不时地将宗教现象和商品经济现象进行比较，并附带评论宗教神学问题。马克思的宗教批判对马克思的整个思想而言，不是一个环节，也不是一个独立的领域，而是渗透于其整个理论体系的框架性思维结构和内在价值诉求。虽然宗教生产不是一种独立的生产方式，但它是弥漫在整个社会生活并为整个社会生活提供辩护和慰藉的"以太"。可以说，马克思的宗教批判在其整个理论体系中的地位尚未得到其应有的重视。③马克思宗教批判的方法论问题就更未引起人们足够的关注。

---

① 马克思：《论犹太人问题》，《马克思恩格斯文集》（第1卷），北京：人民出版社，2009年，第52页。

② 马克思：《资本论》，《马克思恩格斯文集》（第5卷），北京：人民出版社，2009年，第90页。

③ 比如，《劳特利奇简明哲学百科全书》将马克思的宗教思想仅仅归结为三个简单的论题："（1）首先，宗教是贫困而扭曲的世界之副产品；（2）由宗教提供的关于现实的图像是一种错误的美化；（3）最后，人类未能意识到宗教在世俗的现实中有其起源。"（Edward Craig ed., *The Shorter Routledge Encyclopedia of Philosophy*, Oxon: Routledge, 2005, p.620.）似乎宗教与现实的关系就是反映与被反映的关系，而且宗教不能作为因果关系中的原因而起到因致作用，只是一种副现象。这种理解没有看到马克思的宗教批判与其整个理论体系深度融合的内在关系。

一、论证批判与问题批判

论证是由前提和结论按照一定逻辑关系组织在一起的一系列陈述,即"由断定一个或一些判断的真实性,进而断定另一个判断的真实性"[①]。任何论证都由前提和结论构成。对一个论证的批判通常可以从两个方面着手:一是批判前提,前提错误,推论关系正确,结论也是错误的;二是批判前提与结论之间的推论关系,即便前提正确,如果推论关系错误,那么这个论证也是不成立的。我们前面对本体论论证、宇宙论论证、目的论论证、道德论证和实用主义论证的考察,主要就在探索马克思对这些论证提出了什么样的批判,或者说依照马克思的文本可以提出哪些批判。我们对五大论证的考察主要是从前提错误或前提的预设错误来展开分析的。但如何论证必须要预设问题,没有问题就没有论证,至少没有进行论证的必要。论证总是要求得问题的答案,这个问题可以是论证自己的疑问,当然也可以是他人的疑问。因此,从逻辑上讲,问题先于论证及其答案。马克思不但重视对论证本身的批判,而且尤其强调对问题的批判,因为正确地问问题往往是被人们所忽视的事情,而且在很多情况下,正确地提出问题可能比求得答案更加困难,尤其是对于宗教和哲学问题,宗教学上的迷误和哲学难题往往是因为问题问的错误而无法给出正确的答案,因而陷入无穷无尽的争论。

---

① 金岳霖主编:《形式逻辑》,北京:人民出版社,1979年,第281页。

第六章 马克思的宗教批判方法论

前面五章我们已经比较详细地考察了马克思对关于上帝存在的五个论证的批判,因此下面我们主要考察一下问题批判。

1. 真正的批判要分析的是问题。马克思在针对赫斯的《就集权问题论德国和法国》的批判性文章《集权问题》中讲:

> 一个时代的迫切问题,有着和任何在内容上有根据的因而也是合理的问题共同的命运:主要的困难不是答案,而是问题。因此,真正的批判要分析的不是答案,而是问题。正如一道代数方程式只要题目出得非常精确周密就能解出来一样,每个问题只要已成为现实的问题,就能得到答案。①

为了阐释上的方便,我们可将这段针对问题本身的著名论述改写成一个简单的论证形式,并将其称之为问题批判论证:

(1)一道代数方程式只要题目出得非常精确周密就能解出来。
(2)每个现实的问题(real question / wirklichen Frage),都能得到答案。
(3)因此主要的困难不是答案,而是问题。
(4)所以真正的批判要分析的不是答案,而是问题。

---

① 《马克思恩格斯全集》(第1卷),北京:人民出版社,1995年,第203页。

这个论证的前提及其结论似乎跟我们的常识正好相反：一是并非每个问题都可以有正确的答案，不少哲学问题尤其如此，似乎许多哲学问题的解答给人们留下的印象是公说公有理，婆说婆有理；二是问题易提而答案难求，似乎任何人都可以轻而易举地提出无数的问题，却难以求得正确的答案；三是人们重视的是答案而非问题，因为问题不能直接确定我们的信念并指导行动，而答案却可以。这是否说明马克思的问题批判论证难以成立呢？或许不是。但这些常识性的看法却逼迫我们对问题批判论证提供其得以成立的合理解释。

问题通常用疑问句来表达，但并非一定要用疑问句，疑问句也可以不表达问题，比如修辞性的疑问句，但所有直接或间接的提问都可以表达成疑问句的形式。提问的目的是要求得有助于释疑解惑的确切信息，因此问题通常被描述为一种要求信息的基本言语行为，答案就是被求得的信息。问题和答案之间的这种关系可以理解为一种"信息匹配游戏"（information-matching game）[①]。提出特定的信息要求似乎是相当容易的事情，而要找到与之正相匹配的信息却有可能是相当困难的。这看似很对，但它忽略了马克思所说的"现实的问题"的含义。在此，"现实的问题"并不是指跟理论问题相对应的实践问题，否则马克思的讨论就会显得文不对题，因为集权问题，即"'国家权力应当从一个点出发呢，还是每个省、每个乡镇应当自己

[①] David Harrah, "A Logic of Questions and Answers," *Philosophy of Science*, Vol. 28, No. 1, 1961, p. 41.

管理自己'"①，无论这个问题的表述是否正确②，它都可以是一个理论上的问题。③马克思所谓"现实的问题"（real question / wirklichen Frage），即是真实的问题而非虚构的问题，实际的问题而非幻想的问题，表述正确的问题而非错误的问题，精确周密的问题而非不着边际的问题。因此"现实的问题"可解释成"合理的问题"，或曰真问题。

澳大利亚哲学家汉布林认为真正合理的问题有如下三个预设。（1）"一个问题的答案是一个陈述。"④真正的问题要求回答问题的人提供正好与之相匹配的信息，而信息的基本单位是命题，命题由陈述来表达，我们可以用"是""否"或其他词语作为问题的直接答案，但它们只是相应陈述的缩略形式而已。当然，无需答者给出有相应信息内容之回答的问题不是真正的问题。（2）"知道什么东西算作一个答案就等于知道相应的问题。"⑤正如知道一个命题的内容就是知道这个命题的真值条件一样，知道一个问题就是知道这个问题在什么样的情况下算是得到了解答，即知道解答条件，因而可以说"一个问题的意义等

---

① 《马克思恩格斯全集》（第1卷），北京：人民出版社，1995年，第203页。
② 马克思认为"集权的问题，决不能这样加以表述"。《马克思恩格斯全集》（第1卷），北京：人民出版社，1995年，第204页。
③ 马克思否定了解答集权问题的一种"哲学观点"，因为赫斯"把'自己的抽象概念'偷偷塞进哲学"（《马克思恩格斯全集》[第1卷]，北京：人民出版社，1995年，第204—205页），但马克思并不否认集权问题可以是一个真正的哲学问题。
④ C. L. Hamblin, "Questions," *Australasian Journal of Philosophy*, Vol. 36, No. 3, 1958, p. 162.
⑤ C. L. Hamblin, "Questions," *Australasian Journal of Philosophy*, Vol. 36, No. 3, 1958, p. 162.

于其解答条件"①，不知道一个问题的解答条件，就等于不知道这个问题。（3）"一个问题的可能答案是一组互斥且穷尽的可能性。"②也就是说，一个合理的问题会将整个可能世界分割成相互不重叠的一些部分。因而我们可以说问一个问题就是以特定的方式将可能世界分隔开来，比如，一个可以用"是"或"否"来回答的问题，就是将整个可能世界分成相互排斥的两个部分，恰好其中一个世界里的相应答案为真。这种关于问题的看法有时被称作"汉布林图画"（Hamblin's picture）③。

如果汉布林图画大致是正确的④，那么马克思的问题批判论证就是相当合理的。每个问题如果提得适当，那么它是可解的，并且至少有一个直接的答案为真，否则就是题目出得不对或曰问题不合理。当代问题逻辑的重要代表人物柯亨曾讲："问题仅仅是命题函数（或命题形式）。'3 加 5 的和是什么？'在逻辑内容上似乎等于'x=3+5'。"⑤不同类型的问题有着非常不同的变量。或许马克思在直觉上有着跟柯亨同样的想法，因此，他认为合理的问题与答案的关系就如"非常精确周密"的方程式

---

① Ivano Ciardelli, "Question Meaning = Resolution Conditions," *Logic and Logical Philosophy*, Vol. 26, No. 3, 2017, pp. 383-416.

② C. L. Hamblin, "Questions," *Australasian Journal of Philosophy*, Vol. 36, No. 3, 1958, p. 163.

③ J. van Benthem and A. ter Meulen ed., *Handbook of Logic and Language*, Amsterdam: Elsevier, 2011, p. 1079.

④ 对汉布林图画的详细讨论可参见 J. van Benthem and A. ter Meulen ed., *Handbook of Logic and Language*, Amsterdam: Elsevier, 2011, pp. 1079-1122。

⑤ Felix S. Cohen, "What Is a Question?", *The Monist*, Vol. 39, No.3, 1929, p. 353.

与其答案的关系一样,"只要题目出得非常精确周密就能解出来"①。出一道精确周密的题目比求出其答案困难,出题者必须知道问题的准确含义;知道问题的含义就必须知道问题的解答条件;知道问题的解答条件就必须知道问题的预设及其可能的答案集。题目精确周密,对其前提和可能的答案集理解准确到位,求出答案就是比较容易的事情。因此真正的困难不在答案,而在分析问题。

批判的目的是消除谬误并获得真理,或至少为求得真理铺平道路,而真理性的知识就是跟合理的问题结合在一起的正确答案。在柯林伍德看来,真正的"思想单元"不是命题,而是问题与答案的综合体,"在问答这两项因素中,提问活动更为重要"②,"除非我们知道一个命题所要回答的问题是什么,否则便不能说出它是真或假"③。因此对问题的分析或批判比对答案的分析或批判更为重要。

马克思的问题批判论证意味着每个精确周密的问题都恰好预设了至少有一个直接答案为真,这正如一道好的代数方程式那样。如果它没有正确的答案或者正确的答案不确定等等,都意味着问题本身有问题。如果通过问题批判而发现问题本身是合理的,那么批判的过程也就是答案自我显现的过程。

---

① 《马克思恩格斯全集》(第1卷),北京:人民出版社,1995年,第203页。
② 柯林伍德:《柯林伍德自传》,陈静译,北京:北京大学出版社,2005年,第36页。
③ 柯林伍德:《柯林伍德自传》,陈静译,北京:北京大学出版社,2005年,第39页。

如果每个合理的问题都至少有一个直接答案为真①,那就意味着不存在真正的开放性问题(open question),或者说,所谓开放性问题只是一些不大合理的问题,比如有模糊不清、前提虚假或根据不足的毛病。但似乎哲学史上充满了开放性问题,比如世界是一还是多?世界是无限的还是有限的?什么是正义?什么是美?什么是知识?对这样的一些问题,我们似乎不可能凭经验事实和逻辑推理而给出唯一正确的答案,任何一个充分理解情况、理性而诚实的人都可以对这些问题的任何答案提出质疑。甚至有哲学家论证说哲学的研究对象就只是开放性的问题。②然而,休谟认为任何合理的问题都可以由经验事实的推理或数学逻辑方面的推理而得出正确答案,如果这两方面的推理都没有,那么它就是应被"投在烈火里"的"诡辩和幻想"③;维特根斯坦也认为合理的问题都是可能得到解答的,而开放性问题只是一些"无意义的"问题④。马克思显然赞同将开放问题扔进休谟式的"烈火"或归为维特根斯坦式的"无意义"的范畴,因为"只要这样按照事物的真实面目及其产生情况来理解事物,任何深奥的哲学问题……都可以十分简单地归结为

---

① 有逻辑学家也认为,"每个问题都恰好预设了它至少有一个直接答案为真"。Nuel D. Belnap, Jr., "Questions, Answers, and Presuppositions," *The Journal of Philosophy*, Vol. 63, No. 20, 1966, p. 610.

② Luciano Floridi, "What Is A Philosophical Question?" *Metaphilosophy*, Vol. 44, No. 3, 2013, pp. 195-221.

③ 休谟:《人类理解研究》,关文运译,北京:商务印书馆,2007年,第145页。

④ 维特根斯坦:《逻辑哲学论》,贺绍甲译,北京:商务印书馆,2005年,第104页。

某种经验的事实"①。因此，关键是要通过彻底的问题批判而揭示出问题的前提及其解答条件，经验事实和逻辑推理是能对真正合理的问题给出正确答案的。

2. 多种不合理的问题。任何一个理论或观念都有其要解答的特定问题，"知识仅仅来自对问题的解答，而问题必须是正确的"②，除非我们知道一个命题要回答的问题是什么，否则我们不可能清楚地理解它的意思，"两个命题只有在回答同一个问题时，才有可能相互矛盾"③。因此，以求真除错为目标的批判必须从问题出发，揭示问题的"诞生过程"，消除不合理的问题，提出"内容上有根据的因而也是合理的问题"④，并解答它。在批判性分析的过程中，解答合理的问题是水到渠成的事情，而识别不合理的问题却需要敏锐的洞察和细致的分析，因而比较困难。

问题批判跟问题的前提预设直接相关，问题的前提预设直接决定了问题是否可解以及问题的可能答案。如果一个命题为真是一个问题有正确的直接答案的必要条件，那么这个命题就是那个问题的一个预设。比如，"你已经不再殴打你老婆了吗？"其可能的直接答案是"还打"或"已不再打"。这两个可能的答案，如果有一个为真，那都已经预设："你曾殴打过老婆"。因此"你曾殴打过老婆"是这个问题的一个预设。当然预

---

① 《马克思恩格斯文集》（第1卷），北京：人民出版社，2009年，第528页。
② 柯林伍德：《柯林伍德自传》，陈静译，北京：北京大学出版社，2005年，第26页。
③ 柯林伍德：《柯林伍德自传》，陈静译，北京：北京大学出版社，2005年，第35页。
④ 《马克思恩格斯全集》（第1卷），北京：人民出版社，1995年，第203页。

设还有预设,比如"你有老婆""你已经不是儿童""你是个男的"等等。① 你可以说,"不,我从未殴打过老婆",从而否定那个问题的前提预设,或者说"不,我还是个小孩",从而否定那个问题的前提之前提。问题的前提预设可以有语义预设、语用预设和语境预设,任何一种预设出错,都可能导致不合理的问题,从而使得相应的问题在原本设定的范围内没有正确答案。

归纳马克思的看法,我们可以将因前提预设有误而无法直接解答的问题归为三种:一是幻想的问题;二是错误的问题;三是抽象的问题。② 它们都不是真正的问题。

先说幻想的问题。③ 荷兰工人运动活动家纽文胡斯在1881年的信中告诉马克思,荷兰社会民主党人打算将如下的问题提交到即将召开的苏黎世代表大会上讨论:"社会党人如果取得政权,为了保证社会主义的胜利,他们在政治和经济方面的首要立法措施应当是什么?"④ 对此,我们简称为"首要措施"问题。马克思直截了当地说:

---

① 对于一个命题的逻辑预设,语言学家们通常用"否定测试法"来确定:X 预设 Y,这意味着:(a)如果 X 为真,那么 Y 必须为真,并且(b)如果 X 为假,那么 Y 必须为真。参见 Geoffrey Leech, *Semantics: The Study of Meaning*, Middlesex: Penguin Books, 1985, p. 278。判定问题的逻辑预设的方法也与此相似,但不是变换命题的真假,而是变换问题的直接答案。然而,对于判定问题之预设的预设,"否定测试法"是完全适用的。

② 马克思卷帙浩繁的著作中有大量对不合理问题的批判性分析,本文无力深入细致地对其进行全面整理、归纳和分类,只是粗略地将其罗列为此三种而已。

③ 马克思很少直接使用"幻想的问题"这个词,但他在《论犹太人问题》《德意志意识形态》《资本论》以及其他一些著作中对宗教上的幻想、哲学上的幻想、经济学中的幻想有着大量的批判性论述。

④ 《马克思恩格斯文集》(第10卷),北京:人民出版社,2009年,第791页。

在我看来提得不正确。在将来某个特定的时刻应该做些什么，应该马上做些什么，这当然完全取决于人们将不得不在其中活动的那个既定的历史环境。而现在提出这个问题是不着边际的，因而这实际上是一个幻想的问题。[①]

解答问题的因素或条件已经出现，相应的问题才能成为真正的问题。"首要措施"问题问的是在未来某个特定时刻应该马上做什么。如果这样的问题现在能有一个正确的直接答案，那么我们就必须知道未来某个特定时刻"既定的历史环境"。然而事实上我们不可能真的知道未来某个特定时刻既定的历史环境，提问者却有意或无意地在幻想中预设了我们已处于这样的历史环境，或者至少能预先拥有相应的知识。因此提问者陷入了双重幻想：一是对实际产生相应问题的历史前提的幻想；二是对解答相应问题的知识前提的幻想。"首要措施"问题相当于一个人幻想出了一个方程式，但这个方程式的"已知各项中不包含解这个方程式的因素"[②]。因此，对这种问题的解答只能靠"对问题本身的批判"[③]。马克思对哲学、宗教和政治经济学中许多虚假观念的揭露和批判，都或明或暗的是对相应问题的批判。

我们再来看错误的问题。马克思在1865年1月应《社会民主党人报》编辑施韦泽的请求写了评价蒲鲁东的文章，在评论他"最好的著作"《什么是财产？》时，马克思写道：

[①] 《马克思恩格斯文集》（第10卷），北京：人民出版社，2009年，第458页。
[②] 《马克思恩格斯文集》（第10卷），北京：人民出版社，2009年，第458页。
[③] 《马克思恩格斯文集》（第10卷），北京：人民出版社，2009年，第458页。

> 这本书的缺点在它的标题上就已经表现出来了。问题提得非常错误，甚至无法给它一个正确的回答。①

什么是财产？蒲鲁东的这个问题在问一个超越时空、超越历史的普遍问题，他没有针对特定的时代和地域发问，也没有针对特定的生产关系或特定生产关系的法律表现发问。蒲鲁东的提问显然预设了这个问题是有意义的、可解答的，因而至少有一个真命题是其直接答案，实际上蒲鲁东的答案是"财产就是盗窃"②。这预设了财产范畴是"预先存在的、永恒的观念"，而不是"历史的、与物质生产发展一定阶段相适应的生产关系的理论表现"③，或者说财产关系是"不受时间影响的自然规律"④。然而这些预设都是非常错误的。因为根本就不存在超越时空的非历史的财产关系。"古代的'财产关系'在封建的财产关系中没落了，封建的财产关系又在'资产阶级的'财产关系中没落了。"⑤像自然规律一样不变的财产关系只是头脑中的虚构。作为财产之实际形态的生产关系是原初性的，作为其法律表现的意志关系只是派生性的，蒲鲁东在其提问和解答中都没有意识到这种区别，而是将它们"纠缠在一起"，因而陷入了"关于真正资产阶级财产的种种幻想"⑥。

---

① 《马克思恩格斯文集》（第3卷），北京：人民出版社，2009年，第18页。
② 《马克思恩格斯文集》（第3卷），北京：人民出版社，2009年，第18页。
③ 《马克思恩格斯文集》（第3卷），北京：人民出版社，2009年，第19页。
④ 《马克思恩格斯文集》（第1卷），北京：人民出版社，2009年，第612页。
⑤ 《马克思恩格斯文集》（第3卷），北京：人民出版社，2009年，第18页。
⑥ 《马克思恩格斯文集》（第3卷），北京：人民出版社，2009年，第18页。

最后来看抽象的问题。马克思在《1844年经济学哲学手稿》中谈及"创世说（Schöpfungstheorie）"时提到了这样的问题，即"谁生出了第一个人和整个自然界？"[①] 我们可以把它称作创世问题，对这个问题，马克思说：

> 我只能对你作如下的回答：你的问题本身就是抽象的产物。请你问一下自己，你是怎样想到这个问题的；请你问一下自己，你的问题是不是来自一个因为荒谬而使我无法回答的观点。[②]

提问者在想到创世问题时预设了自然界和人可以是不存在的，即"把人和自然界抽象掉了"。一方面是潜意识中设定"它们是不存在的"，另一方面又希望回答者"证明它们是存在的"。通过对问题的批判，马克思给出了四种可能的出路：一是放弃无根据的抽象，从而"放弃你的问题"；二是"坚持自己的抽象"，并将抽象"贯彻到底"，不但设想人和自然界不存在，而且要设想连提问者"自己也不存在"，当然那个创世问题也就不存在了；三是只设想自己存在，而设定其他"一切都不存在"，这样提问者就成了存在论上的"利己主义者"，因为其设定不可能为真，其问题也就是无解的虚假问题；四是改变问题，即只是问"自然界的形成过程"，而非问是否存在创世者，倘若如

---

① 《马克思恩格斯文集》（第1卷），北京：人民出版社，2009年，第196页。
② 《马克思恩格斯文集》（第1卷），北京：人民出版社，2009年，第196页。

此，那么自然界和人就是"通过自身而诞生"的。①

马克思对宗教、哲学和政治经济学的批判，揭露了思想史上大量存在的幻想的问题、错误的问题和抽象的问题。它们都含有幻想的因素或错误的因素，但它们之间还是有一些原则性的区别。幻想的问题不仅仅是说其前提是错误的，而是说其整个问题都是毫无根据的虚构。"首要措施"问题是幻想的问题，不但其前提错误，而且产生这整个问题的历史环境都不存在。错误的问题是说其某个或某些前提是虚假的，但并不是毫无根据的虚构。比如，"正义是什么"的问题假定了存在非历史的、跨越所有生产方式的正义范畴，因而是错误的，但针对特定历史阶段或特定生产方式而言，确实有正义是什么的问题，因而它并非幻想的问题，只是一个预设有误的问题，这正如蒲鲁东问"什么是财产"一样。抽象的问题不是说某个问题抽象难懂，而是说提问者在提出其问题时，由于抽象思维而将某个或某些基本事实给"抽象掉了"，因而使得问题无法回答。马克思所谈及的创世问题源自如下的思路："你是你父亲和你母亲所生"，那么"谁生出了我的父亲？谁生出了他的祖父？等等"，如果我们仅仅是抽象地盯着这个无限的过程，就可能问出创世问题。②这个问题的产生是有一定根据的，只是因抽象思维飞得太高太远而使问题陷入了荒谬。

3. 一个问题与一切问题。世界上任何事物都处在无穷无尽的相互交织在一起的联系之中，事物的任何一个方面或环节也

---

① 《马克思恩格斯文集》（第1卷），北京：人民出版社，2009年，第196页。
② 《马克思恩格斯文集》（第1卷），北京：人民出版社，2009年，第195页。

都处在跟其他一切方面或环节的相互联系之中，因此任何问题都不能孤立地存在，它都必然直接或间接地跟其他诸多问题交织在一起。在对问题进行批判、分析或解答时，我们既不可能同时将注意力集中到所有问题，也不可能同时分析所有问题，甚至不可能同时叙述出所有的问题。因此，马克思在1858年4月给恩格斯的信中谈到"资本一般"的写作纲要时说：

> 假定工资总是等于它的最低额。……其次还假定：土地所有制＝0，就是说，对土地所有制这一特殊的经济关系在这里还不加以考察。只有这样，才能在研究每一个别关系时不致老是牵涉到一切问题。[①]

"资本一般"只是现实的资本的理论抽象，即便是现实的资本也只是经济关系中牵涉社会总体的一个环节。马克思考察资本时将工资抽象成了"它的最低额"，即劳动力的最低价值，将土地所有制抽象掉了，即对它"不加以考察"。在资本主义社会，工人的工资显然并非总是等于"它的最低额"，土地所有制也肯定要影响资本的运动。在解答有关资本的问题时，马克思做出了这样一些"不符合事实"的预设，其要解答的相关问题是否也就成了幻想的问题、错误的问题或抽象的问题呢？这涉及我们如何看待抽象。

在哲学史上，抽象通常是指"从不同事物中抽取出共同的

[①] 《马克思恩格斯文集》（第10卷），北京：人民出版社，2009年，第158页。

东西,撇开其他不相关的属性,从而形成概念或观念(抽象观念)的心智运作"[1],或者说,抽象是"辨认事物或现象之本质特征及其关系的推理活动,也指进行概括、提出定律和理论的推理活动"[2]。因此知觉、概念化、判断、推理等认知活动都是在不断地进行抽象。抽象力本身是非常根本的认知能力。可以说,离开了抽象就没有任何知识,当然也不会有任何谬误。马克思在《资本论》的"第一版序言"中讲:"分析经济形式,既不能用显微镜,也不能用化学试剂。二者都必须用抽象力来代替。"[3]当然不仅仅分析经济形式是如此,分析任何社会现象都是如此。即便是可用显微镜和化学试剂进行分析的地方,依然要以一定的抽象力为认知前提,否则就不可能得到一般化的概念,更不可能得到规律或定理之类的认知结果。

有学者曾指出,马克思的"抽象"范畴实际上有四种含义[4]:一是指心智活动,即作为动词的抽象,我们的心灵将世界分解为我们能把握的一些方面、要素或环节;二是这种心智活动的结果,即作为名词的抽象,我们在思维中形成关于事物的一些规定性;三是指一种不合适的心智活动及其结果,如德国意识形态家们对世界的错误抽象;四是指货币、资本、地租等

---

[1] Nicholas Bunnin and Jiyuan Yu ed., *The Blackwell Dictionary of Western Philosophy*, Malden: Blackwell Publishing Ltd., 2004, p. 5.

[2] J. Wilczynski, *An Encyclopedic Dictionary of Marxism, Socialism and Communism*, London: The Macmillan Press Ltd., 1981, p.3.

[3] 《马克思恩格斯文集》(第5卷),北京:人民出版社,2009年,第8页。

[4] Bertell Oilman, *Dance of the Dialectic: Steps in Marx's Method*, Urbana: University of Illinois Press, 2003, pp. 61-62.

"实在的抽象"（real abstraction）①，即马克思所说的"个人现在受抽象统治"②的抽象。前面两种用法就是通常所认为的作为根本认知能力的抽象。③第三种抽象是各种谬误得以产生的重要原因。这种抽象很可能带来诸多错误的抽象的问题及其相应的错误解答。概括性地说，合理抽象与不合理抽象的界限在于"事物的真实面目及其产生情况"④，凡在此界限之内的抽象就是合理的，否则就是不合理的。抽象涉及范围、层次和角度三个方面⑤，任何一个方面超越"事物的真实面目及其产生情况"，皆是错误的抽象。比如蒲鲁东直接问所有权是什么，这一抽象在时空范围上是不对的，因为"在每个历史时代中所有权是以各种不同的方式、在完全不同的社会关系下面发展起来的"⑥，因此蒲鲁东进行抽象的范围过宽。然而，李嘉图在货币和地租问题上的抽象，却是时间范围太小⑦；边沁在人性问题上也是犯有抽象范围太窄的错误⑧。在同一范围内，抽象又有不同的层次，比如个人的层次、阶级的层次、资本主义的层次或整个社会的层次

---

① "实在的抽象"又被译作"现实抽象"，汪行福在《马克思"现实抽象"批判四维度》（《马克思主义与现实》2018年第2期，第40—48页）一文中深入地讨论了此种抽象。

② 《马克思恩格斯全集》（第30卷），北京：人民出版社，1995年，第114页。

③ 当然"抽象"范畴本身亦是对人类纷繁复杂的认知活动之普遍特征的抽象。

④ 《马克思恩格斯文集》（第1卷），北京：人民出版社，2009年，第528页。

⑤ Bertell Oilman, *Dance of the Dialectic: Steps in Marx's Method*, Urbana: University of Illinois Press, 2003, pp. 74-111.

⑥ 《马克思恩格斯文集》（第1卷），北京：人民出版社，2009年，第638页。

⑦ 《马克思恩格斯全集》（第26卷，第2册），北京：人民出版社，1975年，第133页。

⑧ 《马克思恩格斯文集》（第5卷），北京：人民出版社，2009年，第704页。

等；在同一范围同一层次，又有抽象的角度问题，比如资本和劳动就被看作是"同一关系的表现，不过是从这种关系的不同的两极出发而已"①。

正因为抽象的范围、层次或角度不对，所以"产生了关于'实体'和'自我意识'的一切'神秘莫测的崇高功业'的问题"②。所以"抽象"又可以简单地划分为唯心主义的（资产阶级的）抽象与唯物主义的（马克思主义的）抽象。③唯物主义的抽象是要严格地依照事物本来的面目进行抽象，比如，马克思说："生产一般是一个抽象，但是只要它真正把共同点提出来，定下来，免得我们重复，它就是一个合理的抽象。"④对于经抽象活动而来的概念、特征、关系或一般法则，如果我们将它们预设为独立的存在物，或将它们预设为可以同事物的其他特征或关系割裂开来的东西，它们就会成为唯心主义的抽象，因而陷入空洞的形式、无用的思辨或主观幻想。

在分析问题时，为了避免分析每一个别关系都"老是牵涉到一切问题"的烦恼，必须要靠心灵的特定抽象活动，将我们的注意力和分析的重心聚焦在特定的范围、层次或角度。为此，我们必须区分实质性的预设与工具性的预设。

（1）主体 S 的问题 Q 实质性地预设了前提 p，当且仅当 S

---

① 《马克思恩格斯全集》（第 26 卷，第 3 册），北京：人民出版社，1975 年，第 545 页。

② 《马克思恩格斯文集》（第 1 卷），北京：人民出版社，2009 年，第 529 页。

③ J. Wilczynski, *An Encyclopedic Dictionary of Marxism, Socialism and Communism*, London: The Macmillan Press Ltd., 1981, p. 3.

④ 《马克思恩格斯全集》（第 30 卷），北京：人民出版社，1995 年，第 26 页。

在提出或处理问题 Q 时，有意或无意地确实认为 p 为真，而非只是有意识地暂时将 p 当作像是真的那样来对待问题 Q。实质性的预设并非一定是有意识的预设，也可以是无意识的预设。

（2）主体 S 的问题 Q 工具性地预设了前提 p，当且仅当 S 在提出、分析或解答 Q 时，有意识地将 p 当作好像是真的那样来对待问题 Q，而非真的认为 p 为真。工具性的预设只是一个暂时的工具而已，它一定是有意识的，不可能是无意识的。工具性的预设是临时的，当对问题 Q 的处理进入到更加细致、更加具体的阶段时，原来预设的前提 p 会有意识地被清除掉，在原来的预设下可能造成的误解会得到澄清，这属于研究方法的辩证法。

马克思在分析资本一般时，有意识地预设"工资总是等于它的最低额"和"土地所有制＝0"。这些预设只是为了避免不必要的麻烦而暂时使用的思维工具，因此，马克思对资本一般的分析并没有因为其预设不切实际而陷入幻想、谬误或不合理的抽象。

在马克思看来，整个世界是一个有着复杂内在联系的有机体，当然人类社会也是一个有机体，事物之间和事物内部诸要素之间的内在关系决定了事物本身，即关系决定了关系项是什么。我们对有着内在联系的事物进行分析，必然牵一发而动全身。比如，马克思讲："给资产阶级的所有权下定义不外是把资产阶级生产的全部社会关系描述一番"，要想将所有权作为一种独立的关系或范畴来下定义，"这只能是形而上学或法学的幻想"[①]。再

[①]《马克思恩格斯文集》（第 1 卷），北京：人民出版社，2009 年，第 638 页。

如，马克思说"人就是人的世界，就是国家，社会"①，"整个所谓世界历史不外是人通过人的劳动而诞生的过程，是自然界对人来说的生成过程"②，等等。由此可见，马克思的本体论绝不是单纯的物质本体论，也不是实践本体论或社会关系本体论，而是内在关系本体论。整体的内在关系决定部分的存在、性质和功能，部分是整体的表现形式，部分之间的内在关系造就了整体的结构。③因此，逻辑上讲，要彻底知道任何一样事物，就必须知道一切事物；要彻底弄清一个问题，就必须牵涉一切问题。要搞清所有权这个范畴，就等于要搞清楚"资产阶级生产的全部社会关系"；要搞清人是什么的问题，就必须搞清楚劳动、自然界、社会、国家，即搞清楚人的整个世界。为了避免提出或分析任何一个问题都必然要牵涉一切问题而带来的思维困境，马克思的方式是诉诸合理的抽象来使问题得到简化。

4. 问题的解答就是问题批判。问题的答案可以分为直接答案和纠正性的答案。当问题的全部预设完全合理，能径直给予解答时，我们就可给出直接答案；当问题由之而产生的直接或间接的预设有不合理之处，不能径直求解时，我们就只能给出纠正性的答案。但无论给出哪种答案，其合法性都依赖于对问题本身的批判性考察。批判不只是说问题不是如此或预设为假，而是要将被遮蔽起来的种种前提预设带到理性的法庭上进行审

---

① 《马克思恩格斯文集》（第1卷），北京：人民出版社，2009年，第3页。
② 《马克思恩格斯文集》（第1卷），北京：人民出版社，2009年，第196页。
③ 有学者将马克思的哲学理解为"内在关系哲学"，见 Bertell Oilman, *Dance of the Dialectic: Steps in Marx's Method*, Urbana: University of Illinois Press, 2003, pp. 36-47。

判，使得原本正确的东西闪耀出理性的光辉，或者让我们对习以为常的谬误感到震惊，从而果决地走向真理。福柯曾说："批判所关心的不是说事情如此是不对的。批判所要指出的是，基于何种预设，基于何种熟知的、未受到挑战的、未考虑过的思维方式，我们接受了惯常的做法。"① 因此，我们对不合理的问题只能给出纠正性的答案，答案的内容就是问题批判的内容，即问题的解答本身就是问题批判。

因此，针对纽文胡斯谈到的"首要措施"的问题，马克思说："对这个问题的唯一的答复应当是对问题本身的批判"②；针对蒲鲁东的什么是财产的问题，马克思说："对这一问题，只能通过对'政治经济学'的批判性分析来回答"③；针对创世问题，马克思说："放弃你的抽象，你也就会放弃你的问题"④；针对哲学是否应该在报纸上讨论宗教事务的问题，马克思说"只有分析了这个问题，才能得出答案"⑤；针对犹太人问题，马克思说"对犹太人问题的批判就是对犹太人问题的回答"⑥；如此等等。可以说，马克思的宗教批判、哲学批判、政治经济学批判，在非常根本的层面都是通过批判问题本身而对大量不合理的问题给出纠正性的答案，而非在接受既定问题及其前提预设的基础

---

① Michel Foucault, "Practicing Criticism," translated by A. Sheridan, in Michel Foucault and Lawrence D. Kritzman ed., *Politics, Philosophy, Culture*, New York: Routledge, 1988, p. 154.
② 《马克思恩格斯文集》（第10卷），北京：人民出版社，2009年，第458页。
③ 《马克思恩格斯文集》（第3卷），北京：人民出版社，2009年，第18页。
④ 《马克思恩格斯文集》（第1卷），北京：人民出版社，2009年，第196页。
⑤ 《马克思恩格斯全集》（第1卷），北京：人民出版社，1995年，第219页。
⑥ 《马克思恩格斯文集》（第1卷），北京：人民出版社，2009年，第23页。

上给出另外的答案。马克思对不合理问题的纠正性解答不外两种：一是修正问题；二是取消问题。

先看修正问题的情形。通过前提批判而将不合理的问题修正为合理的问题，然后加以解答，这是马克思常用的问题解答方式。比如创世问题，也可以通过前提批判而将原来的问题修正成了："我并不想设定自然界等等不存在；我是问你自然界的形成过程"①。又如，蒲鲁东提出的什么是财产的问题，这本身是无法回答的，但通过前提批判可以将它修正成多个合理的问题：古代的财产关系是什么？封建的财产关系是什么？现代资产阶级的财产关系是什么？②通过这样的问题修正，就避免了将所有权看作是预先存在的、永恒的东西。问题的修正绝不等于将一个合理的总问题分解为更容易解答的一些细小问题。合理问题的分解，其先决条件是，它的前提预设是正确的，问题是可解的。修正问题的过程就是对旧问题进行批判的过程，纠正旧问题中幻想的、错误的或不切实际的前提预设，修正后的问题应该是置于正确前提之下的新问题，新问题必须是有正确的直接答案的问题，否则旧问题的修正就尚未到位。修正后的问题必须满足前提预设无误、解答条件具备等要求。柯林伍德认为，"什么是知识""什么是责任""什么是至善""什么是艺术"之类的问题，"都是含义不清的混成短语，它们包含了许多可能的问题，却没有真正表达出其中任何一个"③。这个看法跟马克思的

---

① 《马克思恩格斯文集》（第 1 卷），北京：人民出版社，2009 年，第 196 页。
② 《马克思恩格斯文集》（第 3 卷），北京：人民出版社，2009 年，第 18 页。
③ 柯林伍德：《柯林伍德自传》，陈静译，北京：北京大学出版社，2005 年，第 115—116 页。

问题批判的思路是完全一致的，也就是说，这些问题本身是不合理的，我们必须借助问题批判的方式，消除错误的前提预设，重新将它们修正为一系列可解的合理问题之后，我们才能获得真理性的答案。

再看取消问题的情形。问题的取消可分为积极的取消与消极的取消。问题的积极取消，即批判使问题本身变得"毫无思想内容而被取消"。比如，"哲学也应该在报纸的文章中谈论宗教事务吗？"①我们可将它简称为"报纸哲学"问题。在马克思看来，这个旨在攻击哲学的问题预设了：哲学在性质上不适合报纸，因为哲学"追求体系的完满，喜欢冷静的自我审视"，而报纸"反应敏捷、纵论时事、仅仅热衷于新闻报道"②，因此"哲学并不是报纸读者的精神粮食"③。倘若无此预设，就不会产生"报纸哲学"问题。对该问题，马克思直接针对其预设雄辩地阐释了哲学的性质："任何真正的哲学都是自己时代的精神上的精华"，哲学必然会"同自己时代的现实世界接触并相互作用"，"哲学正在世界化，而世界正在哲学化"，客观事实很清楚地说明，"哲学已进入沙龙、教士的书房、报纸的编辑室和朝廷的候见厅，进入同时代人的爱与憎"④。因此哲学当然是报纸读者的精神粮食，哲学在性质上也适合报纸。但仅仅批判前提的虚假性还是不够的，真正的批判还需要揭明虚假预设得以产生的原因：

---

① 《马克思恩格斯全集》（第1卷），北京：人民出版社，1995年，第219页。
② 《马克思恩格斯全集》（第1卷），北京：人民出版社，1995年，第219页。
③ 《马克思恩格斯全集》（第1卷），北京：人民出版社，1995年，第222页。
④ 《马克思恩格斯全集》（第1卷），北京：人民出版社，1995年，第220页。

"一个人由于自己才疏学浅是会曲解哲学的",而哲学却宽容那曲解,因而对哲学的"消化不良"反而成了"反对哲学的理由"①。在阐明前提的虚假性并揭晓形成虚假前提的原因之后,马克思立即说:"关于应该不应该在报纸上讨论哲学和宗教这个问题,由于问题本身毫无思想内容而被取消了。"②这即是说,如果将那问题置于正确的预设之下,那么它就毫无思想内容可言了,因而不值一提,更无须再给予明确解答。前面谈到的"首要措施"问题亦属于此类。

问题的消极取消即通过批判而让问题"自行消失"。比如,马克思在《德意志意识形态》中讨论人与自然的关系问题时,谈到了布鲁诺所说的"自然与历史的对立"问题,这个问题预设了:好像自然与历史"是两种互不相干的'事物',好像人们面前始终不会有历史的自然和自然的历史"③。但这个前提预设是幻想的产物。"如果懂得在工业中向来就有那个很著名的'人和自然的统一',而且这种统一在每一个时代都随着工业或慢或快的发展而不断改变,……那么上述问题也就自行消失了。"④因为一旦明白历史和现实都与这个问题的预设相反,那么这个问题自然就不存在了。正如有人问飞马奔跑的速度有多快,你只需要告诉他飞马根本不存在,那问题就会"自行消失"。前面讨论到的创世问题也可以通过前提批判而让问题消失。

---

① 《马克思恩格斯全集》(第1卷),北京:人民出版社,1995年,第222—223页。
② 《马克思恩格斯全集》(第1卷),北京:人民出版社,1995年,第223页。
③ 《马克思恩格斯文集》(第1卷),北京:人民出版社,2009年,第529页。
④ 《马克思恩格斯文集》(第1卷),北京:人民出版社,2009年,第529页。

二、内部问题与外部问题

根据马克思的问题批判理论,创世问题是抽象的问题,不是真正的问题,"谁生出了第一个人和整个自然界?"[1]的答案就是批判这个问题。但我们更加一般地问:上帝是否存在?这个问题是否是真问题呢?我们结合当代哲学家卡尔纳普对内部问题和外部问题的划分来考察一下马克思的文本蕴含着的答案。

卡尔纳普在其著名的《经验、语意学与本体论》一文中讲,我们在提出或解答本体论的问题时,我们有关于存在的两类不同问题:

> 第一,在特定语言框架之内的关于某些新事物的存在问题,我们称之为内部问题;第二,整个一套事物的存在或实在性的问题,我们称之为外部问题。内部问题及其可能的答案借助新的表述形式而给出。这种答案可以通过单纯的逻辑方法或经验方法而得到,这要看那语言框架究竟是逻辑性的框架,还是事实性的框架。外部问题的特征是有疑问的,还需要进一步的考察。[2]

本体论要解答的是什么东西真实存在的问题,比如,属性、类属、数、命题是否真实存在?更加具体地说,离开了红色的

---

[1] 《马克思恩格斯文集》(第1卷),北京:人民出版社,2009年,第196页。
[2] Rudolf Carnap, "Empiricism, Semantics, and Ontology," *Philosophy of Mathematics: Selected Readings*, 2nd edition, edited by Paul Benacerraf and Hilary Putnam, Cambridge: Cambridge University Press, 1983, p. 242.

物体是否还有"红"（redness）这种属性存在？外部世界的物理对象是否存在？上帝是否存在？诸如此类的本体论问题引起了哲学界上千年无休止的争论，甚至至今没有被哲学家们普遍接受的论证和答案。根据卡尔纳普的看法，诸多的本体论问题之所以让人们陷入困惑，关键在于混淆了两类关于存在或实在性的问题，即没有明确地区分内部问题和外部问题。内部问题是在接受一定语言框架之后在该框架内部提出的问题，比如我们在接受了数学语言框架之后问 5 加 7 的值是多少，在接受了关于物理事物的语言框架之后问我是否有一双手，在接受了日常语言框架之后问玫瑰花是什么颜色等等，这些都是内部问题。通过逻辑推演和经验观察就能得到它们的确切答案。外部问题涉及要不要接受言说某类事物的整个语言框架，但从形式上看，它似乎跟内部问题没有多大的差别，比如数是否存在，离开了硬的东西是否有"硬"这种性质存在等等，这些问题不是日常语言框架之内的问题，而是我们要不要接受言说抽象事物的特定语言框架的问题，如果我们将其理解为像是在日常语言框架内部问"我是否有一双手"那样的存在问题，那就会陷入没完没了的争论。因此，卡尔纳普说：

> 我们必须明确地区分内部问题与外部问题。后者是关于新事物整个系统之存在或实在性的哲学问题。很多哲学家认为这类问题是本体论问题，它必须在引入新的语言形式之前提出来并得到解答。他们相信，只有这种关于实在性问题的肯定性答案能由本体论洞见提供证明时，引入新

的语言形式才是合理的。与此相反,我们的立场是,引入新的说话方式不需要任何理论证明,因为它并不意味着关于实在性的任何断言。我们依然可以谈论"接受新事物",而且我们已经这样做了,因为这种形式的说话方式是常有的事情。但是,我们必须记住,这个短语仅仅意味着接受新的语言框架,即新的语言形式。重要的是,不能将其理解为假定、相信或断言"事物的实在性"。根本没有这种断言。关于事物系统之实在性的所谓陈述是没有认知内容的伪陈述。我们在这一点上确实必须面对一个重要问题。但它是一个实践问题,而非理论问题,即是否接受新的语言形式的问题。接受不能断定为真或假,因为它不是一种断言。它只能或多或少地被断定为那想要接受的语言方便、富有成效或有助于目的的实现。这种判断能为决定接受或拒绝这种事物提供诱因。①

外部问题是"关于新事物整个系统之存在或实在性的哲学问题",外部问题没有认知内容,不是理论上的问题,而是实践性的问题,即我们接受一套新的语言形式是否"方便、富有成效或有助于目的的实现",因此外部问题的答案不是对它指涉的事物进行真值判断,因此外部问题的答案没有真假,只有好坏。如果我们将外部问题当作内部问题来解答就会陷入柏拉图主义,

---

① Rudolf Carnap, "Empiricism, Semantics, and Ontology," *Philosophy of Mathematics: Selected Readings*, 2nd edition, edited by Paul Benacerraf and Hilary Putnam, Cambridge: Cambridge University Press, 1983, p. 250.

即承认抽象概念指称了相应的实体，或者说，抽象的事物实际存在。如果我们将外部问题当作内部问题来解答，那就必然要制造出许多抽象的实体。哲学中许多本体论的争论实际上都是误将外部问题当作内部问题来解答，从而制造出了许多无解的迷惑。

现在我们回到上帝是否存在的问题。这个问题究竟是一个内部问题还是外部问题呢？为此，我们先要界定一个有神论的语言框架。第一，我们引入"上帝"这个词及其相关表达："上帝是独一无二的"，"上帝全知、全能、全善"等等。第二，我们引入将上帝跟物理世界联系起来的语言表达："上帝创造世界""上帝创造人""上帝爱他的创造物"等等。第三，我们引入确定命题真假的方法，如逻辑演绎的方法、语言使用规则等等。[①] 如果将上帝存在问题理解为这个有神论的语言框架的内部问题，那么其答案是显而易见的，因为这个框架内有"上帝创造宇宙""耶稣是上帝的独生子"之类的语句，它们都在逻辑上蕴含了上帝存在。如果尚未接受有神论的语言框架，或者说独立于有神论的语言框架来问上帝是否存在的问题，那么该问题就是一个外部问题，即它实际上是一个没有认知内容的实践问题，即接受有神论的语言框架对我们是否方便、是否能带来好处的问题。对于实践问题的解答只能有实用主义上的理由，即采纳有神论的语言框架，接受有神论的观念，对我们的社会生活会带来什么样的秩序、状态或利益等。因此，如果将上帝是

---

① Robin Le Poidevin, *Arguing for Atheism: An Introduction to the Philosophy of Religion*, New York: Taylor & Francis e-Library, 2004, p.128.

否存在的问题理解为一个外部问题,那么这个问题的答案就没有任何本体论意义上的断定、预设或承诺。如果我们独立于有神论的语言框架问上帝是否存在的问题,同时又不将其理解成一个外部问题,而照字面将其理解为一个理论问题,即确实在问"上帝是否真实存在"的问题,那么这个问题就是一个伪问题。人们将上帝是否存在的问题作为一个理论问题、神学问题或哲学问题进行解答的时候,都是在将没有认知内容的实践问题当作具有认知内容的内部问题来论证,因而陷入了谬误。

虽然马克思从来没有明确地区分过内部问题与外部问题,但马克思明确地将上帝存在问题归为伪问题。上帝是否存在的问题间接地在问:"谁生出了第一个人和整个自然界?"马克思回答说:"你的问题本身就是抽象的产物。"这种问题本身"来自一个因为荒谬而使我无法回答的观点"①。因荒谬而无法回答的问题当然是伪问题。通过理论论证的方式来求得这个伪问题的答案,其论证结果当然也不可能是这个问题的真正解答,因此马克思说:"对神的存在的证明不外是对人的本质的自我意识存在的证明,对自我意识存在的逻辑说明。"②因为上帝是否存在的问题本身是一个实践问题,不可能通过论证而得出上帝存在的正确结论,在这种论证过程中展示出来的只是论证者的自我意识而已。

将抽象实体是否存在的外部问题当作像内部问题一样来理

---

① 马克思:《1844年经济学哲学手稿》,《马克思恩格斯文集》(第1卷),北京:人民出版社,2009年,第196页。
② 马克思:《德谟克利特的自然哲学和伊壁鸠鲁的自然哲学的差别》,《马克思恩格斯全集》(第1卷),北京:人民出版社,1995年,第101页。

解会使得问题因提得荒谬而无法得到解答,那么正确的提法应该是什么样的呢?马克思在《黑格尔法哲学批判》中给出了答案:"是上帝为主宰还是人为主宰。二者中有一个是不真实的,虽然已是现存的不真实。"① 也就是说,我们问的上帝是否存在的问题,实际上是一个实践性的问题,我们究竟是要接受由人的本质的自我意识外化出来的抽象实体主宰我们的生活,还是要接受人自己主宰自己?这个问题显然是一个实践性的问题,而非抽象实体本身是否存在的理论问题。由上帝主宰的生活是人丧失自我或尚未获得自我的虚幻的生活,不具有真实性,人们也不可能由此而获得现实的幸福,因此我们没有实践上的充分理由接受有神论的语言框架。"外部问题并不是理论问题,而是接受或不接受那些语言形式的实践问题。除是否方便或富有成效之外,这种接受不需要理论上的证明,因为它并不意味着相信或断言。"② 因此,马克思非常强调问题批判,对于上帝是否存在之类的伪问题的唯一正确的解答方式就是问题批判,通过问题批判揭露问题的荒谬性,从而消解问题本身。

三、庸俗的批判与真正的批判

马克思区分了多种不同的批判,比如驳倒式批判与搏斗式

---

① 马克思:《黑格尔法哲学批判》,《马克思恩格斯全集》(第3卷),北京:人民出版社,2002年,第38页。

② Rudolf Carnap, "Empiricism, Semantics, and Ontology," *Philosophy of Mathematics: Selected Readings*, 2nd edition, edited by Paul Benacerraf and Hilary Putnam, Cambridge: Cambridge University Press, 1983, p. 253.

批判。驳倒式批判是"解剖刀",是"头脑的激情",目的在于从理论上驳倒对手;"搏斗式的批判"是"武器",是"激情的头脑","它的对象是自己的敌人,它不是要驳倒这个敌人,而是要消灭这个敌人","在搏斗中,问题不在于敌人是否高尚,是否旗鼓相当,是否有趣,问题在于给敌人以打击"。① 驳倒式批判是搏斗式批判的前提,但搏斗式批判更为重要。因为言词本身并不改变现实的生活环境,只有诉诸物质力量的搏斗式批判才能改变世界。驳倒式的批判是理论上的批判,它又可以区分为庸俗的批判和真正的批判。

庸俗的批判陷入了相反的教条主义的错误。例如,它批判宪法,它注意各种权力的相互对立,等等。它到处发现矛盾。它甚至还是那种同自己的对象作斗争的教条主义批判,就像过去人们用"一"和"三"之间的矛盾来反驳神圣三位一体的教条一样。相反,真正的批判揭示神圣三位一体在人们头脑中的内在形成过程,叙述它的诞生过程。同样,对现代国家制度的真正哲学的批判,不仅揭露这种制度中存在着的矛盾,而且解释这些矛盾,了解这些矛盾的形成过程和这些矛盾的必然性。这种批判从这些矛盾的本来意义上来把握矛盾。②

---

① 马克思:《〈黑格尔法哲学批判〉导言》,《马克思恩格斯文集》(第1卷),北京:人民出版社,2009年,第6页。
② 马克思:《黑格尔法哲学批判》,《马克思恩格斯全集》(第3卷),北京:人民出版社,2002年,第114页。

这是《黑格尔法哲学批判》中一段关于批判方法论的重要论述。庸俗的批判是我们最常见的批判方式，它从抽象的原则或概念出发指出某个理论内部的逻辑矛盾或者理论与现实之间的矛盾，坐在抽象概念的安乐椅中指出实际活动家的逻辑问题。庸俗的批判到处发现矛盾或对立，比如普鲁士宪法中各种权力的相互对立，又如上帝的三位一体中"一"和"三"之间的矛盾等等。这种批判相对来说比较容易，无需对纷繁复杂的历史和现实生活做深入细致的调查研究，就能发表一些不着边际的高谈阔论。

庸俗的批判确实是批判，甚至是批判的典型形式，但马克思并不认为这是真正的批判，它至少不是最深刻的批判形式，它只是半截子的批判。庸俗的批判者没有意识到矛盾或对立的内在诞生过程，或者说缺乏揭示或叙述事物的矛盾之诞生过程的能力，因而只能陷入庸俗的批判工作。真正的批判绝不仅仅是揭示矛盾，更重要的是"解释这些矛盾，了解这些矛盾的形成过程和这些矛盾的必然性"。比如，对三位一体的批判，不能满足于揭示"一"与"三"的矛盾，指出这个矛盾最多只是真正批判的开端，真正重要的是要解答人们为什么要、又如何能构造出三位一体，并阐释从现实的物质生活经验升华为天国神圣教条的内在过程。马克思在批判费尔巴哈时说：

> 费尔巴哈是从宗教上的自我异化，从世界被二重化为宗教世界和世俗世界这一事实出发的。他做的工作是把宗教世界归结于它的世俗基础。但是，世俗基础使自己从自

身中分离出去，并在云霄中固定为一个独立王国，这只能用这个世俗基础的自我分裂和自我矛盾来说明。因此，对于这个世俗基础本身应当在自身中、从它的矛盾中去理解，并且在实践中使之发生革命。①

这是《关于费尔巴哈的提纲》第四条的内容。在方法论上说，费尔巴哈属于还原论，他将宗教的天国还原到人间，将上帝理解为人的本质的自我异化；但揭露出神是人的虚构、天国的根基在人间，这还只是一种比较简单的半形而上学的抽象理解，他忽略了对复杂的政治状况和经济生活的理解，因此不可能从现实的政治经济生活的矛盾对立去解释精神生产及其天国形象。宗教的根源不在天国，而在现实的政治经济生产活动。因此要在批判政治和经济的过程中来批判宗教，而不是在批判宗教的过程中来批判政治和经济，更不是忽略或撇开政治和经济来谈宗教。根据费尔巴哈的看法，宗教是人的自我意识和自我分裂，但"人不是抽象的蛰居于世界之外的存在物。人就是人的世界，就是国家，社会。这个国家、这个社会产生了宗教，一种颠倒的世界意识，因为它们就是颠倒的世界"②。对意识领域内发生的事情必须要进到意识之外的国家和社会中才能得到彻底的理解，人的自我意识的分裂和矛盾必须由"世俗基础的自我分裂

---

① 马克思:《关于费尔巴哈的提纲》,《马克思恩格斯文集》(第1卷),北京:人民出版社,2009年,第500页。

② 马克思:《〈黑格尔法哲学批判〉导言》,《马克思恩格斯文集》(第1卷),北京:人民出版社,2009年,第3页。

和自我矛盾来说明"。那么世俗基础的自我分裂和矛盾又该由什么来解释呢？是否我们又要由意识来解释其世俗基础呢？倘若如此，我们就陷入了无聊的循环，结果什么也解释不了。

如果我们在世俗基础之外还要寻找第三者来解释它的产生，那就会落入无限倒退的泥淖。因此，"对于这个世俗基础本身应当在自身中、从它的矛盾中去理解"，也就是说，对于作为宗教之根源的政治经济生活，我们不是要在它之外来寻找它的解释，而是要以这个系统的自身的分裂和矛盾来解释它。但解释世界不是目的，目的是要"在实践中使之发生革命"，使得那需要从宗教中获得抚慰的心灵在现实生活中就无需这种抚慰，让人们抛弃幻想的幸福而去追求现实的幸福并获得这种幸福。因此彻底的宗教批判是实践批判，用实际的革命行动改变需要宗教慰藉的社会。如果说"神圣家族的秘密在于世俗家庭"，那么我们就要在实践中消灭需要制造出"神圣家族"才能得到安慰和辩护的"世俗家庭"，即消灭现实生活中的种种非神圣的异化现象。因此马克思说："对宗教的批判最后归结为人是人的最高本质这样一个学说，从而也归结为这样的绝对命令：必须推翻使人成为被侮辱、被奴役、被遗弃和被蔑视的东西的一切关系"[①]。马克思在此借用康德的绝对命令概念表达了其坚定的人道主义信念，而且是历史唯物主义的人道主义、行动的人道主义。

如果我们将费尔巴哈的宗教批判方法论归为还原论，那么马克思的宗教批判方法论就是建构论，而且是实践建构论，而

[①] 马克思：《〈黑格尔法哲学批判〉导言》，《马克思恩格斯文集》（第1卷），北京：人民出版社，2009年，第11页。

非意识建构论。马克思在《资本论》中讲：

> 事实上，通过分析找出宗教幻想的世俗核心，比反过来从当时的现实生活关系中引出它的天国形式要容易得多。后面这种方法是唯一的唯物主义的方法，因而也是唯一的科学的方法。①

费尔巴哈宗教批判的方法就是"通过分析找出宗教幻想的世俗核心"，这种宗教还原论是一种"下降"的方法，即做减法。他将复杂的宗教现象归结为神的观念，将神归结为人的自我意识，而他的人又是非历史的、抽象的、孤立的、"人的个体"②，因此费尔巴哈的唯物主义没有完全脱离形而上学的抽象实体。③马克思的宗教批判是要"从当时的现实生活关系中引出它的天国形式"，因而是建构性的、"上升"的方法，即做加法。他将人理解为人的国家和社会，将国家和社会理解为自我分裂和相互矛盾的有机体，这个有机体植根于自然，而"自然是政

---

① 《马克思恩格斯文集》（第5卷），北京：人民出版社，2009年，第429页注释。

② 马克思：《关于费尔巴哈的提纲》，《马克思恩格斯文集》（第1卷），北京：人民出版社，2009年，第501页。

③ 还原论者容易将宗教仅仅归结为人的幻想的自我意识。但"对于一种征服罗马世界帝国、统治文明人类的绝大多数达1800年之久的宗教，简单地说它是骗子凑集而成的无稽之谈，是不能解决问题的。只有根据宗教借以产生和取得统治地位的历史条件，去说明它的起源和发展，才能解决问题。对基督教更是这样"（恩格斯：《布鲁诺·鲍威尔和原始基督教》，《马克思恩格斯文集》[第3卷]，北京：人民出版社，2009年，第592页）。在宗教批判的方法论上，恩格斯跟马克思是高度一致的。

治经济学性质的"①。自然产生了社会,社会的矛盾和分裂产生了世俗的种种异化,世俗基础的异化导致了精神的异化,其中包括宗教异化,要消除宗教异化就必须消除需要这种异化的世俗基础,消除这种基础不是靠口号,而是靠行动。显然,这种考查事物内在诞生过程的建构性批判,比单纯做减法的还原论批判更困难、更深刻,也更有价值。

真正的批判不但要求揭示病症,而且要求找到病症的根源,分析病症得以产生的内在过程,并为消除病根找到切实的路径。马克思明确地将基督教看作一种"病症",他在《〈黑格尔法哲学批判〉导言》中说"德国可以比做染上了基督教病症而日渐衰弱的偶像崇拜者",因为当时的德国"只用抽象的思维活动伴随现代各国的发展,而没有参加这种发展的实际斗争,那么从另一方面看,它分担了这一发展的痛苦,而没有分享这一发展的欢乐和局部满足"②。基督教将人们的注意力从外部世界转向心灵内部的抽象活动,它将抽象的活动当作真正的人的活动,用抽象的思维活动取代具有物质力量的改造现实世界的"实际斗争"。"社会病的进程和身体生病的进程是一样的;这种病症按照一定的规律发展,它有它的危机,危机中最后和最厉害的一次就决定患者的命运。"③ 基督教是一种社会病症,但它的病根不在它自身,而在社会的物质生产活动及与之相适应的各种社会

---

① 《马克思恩格斯文集》(第10卷),北京:人民出版社,2009年,第63页。
② 马克思:《〈黑格尔法哲学批判〉导言》,《马克思恩格斯文集》(第1卷),北京:人民出版社,2009年,第13页。
③ 恩格斯:《英国工人阶级状况》,《马克思恩格斯文集》(第1卷),北京:人民出版社,2009年,第437页。

关系。"神原先不是人类理智迷误的原因,而是人类理智迷误的结果。"①"理智迷误"本身又是一定生产方式的结果,因为人的理智、意志、动机、情感等思维都不是无缘无故地产生的。"思维过程本身是在一定条件中生成的,它本身是一个自然过程,所以真正理解着的思维永远只能是同一个东西,只是随着发展的成熟程度(其中包含着思维器官发展的成熟程度)逐渐地表现出区别。其余的一切都是废话。"②人的思维是一个自然历史过程,就如社会有机体是一个自然历史过程一样,人的思维器官也是一个自然历史过程。现实的生产方式使得一部分人的生活要依赖于另一部分人的恩赐,他们的生活取决于他们之外的异己者,无论不受自身控制的异己力量是自然界还是人类社会,都可在人们头脑中烙下难以磨灭的依赖感或恐惧感,这种依赖感或恐惧感对象化成超人的存在,那就是上帝。宗教的病症源自社会有机体内在功能结构的失调,因此宗教本身不是要刻意消灭的对象,就如身体的疾病一样,消除病症并不能真正解决问题,真正重要的是消除病根。因此真正的批判必须从"对宗教的批判变成对法的批判,对神学的批判变成对政治的批判"③。这并不是宗教批判的"转向",而是将宗教批判进行到底,从批判病症推进到批判病根,从而找到消除病根的途径。宗教是社会生活的结果,不是社会生活的原因。真正的批判不能只是让

---

① 马克思:《1844 年经济学哲学手稿》,人民出版社,2000 年,第 61 页。
② 《马克思恩格斯文集》(第 10 卷),北京:人民出版社,2009 年,第 290 页。
③ 马克思:《〈黑格尔法哲学批判〉导言》,《马克思恩格斯文集》(第 1 卷),北京:人民出版社,2009 年,第 4 页。

人们"服用止痛剂,而不祛除病根"[①]。费尔巴哈和其他青年黑格尔派的成员都属于庸俗的批判者,他们看到了病症,但没有找到病根,更不可能开出"祛除病根"的正确处方,至多只是诱导人们"服用止痛剂"。

---

① 马克思:《工资、价格和利润》,《马克思恩格斯文集》(第3卷),北京:人民出版社,2009年,第77页。

参考文献

一、中文著作

1.《马克思恩格斯文集》(第1—10卷),北京:人民出版社,2009年。

2.《马克思恩格斯全集》中文第一版,北京:人民出版社,1955—1985年;中文第二版,北京:人民出版社,1995—2020年。

3. 马克思:《博士论文》,贺麟译,北京:人民出版社,1961年。

4. 马克思:《1844年经济学哲学手稿》,北京:人民出版社,2000年。

5. 马克思:《1844年经济学—哲学手稿》,刘丕坤译,北京:人民出版社,1979年。

6. 列宁:《列宁专题文集·论无产阶级政党》,北京:人民出版社,2009年。

7. 安瑟伦:《信仰寻求理解——安瑟伦著作选集》,溥林译,北京:中国人民大学出版社,2005年。

8. 奥古斯特·科尔纽:《马克思恩格斯传》(第1—3卷),北京:生活·读书·新知三联书店,1980年。

9. 奥特弗里德·赫费:《康德:生平、著作与影响》,郑尹倩译，北京：人民出版社，2007年。

10. 柏拉图：《柏拉图全集》（第1卷），王晓朝译，北京：人民出版社，2002年。

11. 北京大学哲学系外国哲学史教研室编译：《西方哲学原著选读》（上下卷），北京：商务印书馆，1981年。

12. 达尔文：《物种起源》，周建人、叶笃庄、方宗熙译，北京：商务印书馆，1997年。

13. 戴维·麦柯莱伦：《马克思主义与宗教：一种对马克思批判基督教的描述和评估》，林进平、林育川、谢可晟译，天津：天津人民出版社，2018年。

14. 戴维·麦克莱伦：《马克思传》，王珍译，北京：中国人民大学出版社，2010年。

15. 邓晓芒：《康德对道德神学的论证》，《哲学研究》2008年第9期。

16. 狄德罗：《狄德罗哲学选集》，江天骥、陈修斋、王太庆译，北京：商务印书馆，1997年。

17. 费尔巴哈：《费尔巴哈哲学著作选集》（上下卷），荣振华、李金山等译，北京：商务印书馆，1984年。

18. 费尔巴哈：《基督教的本质》，荣震华译，北京：商务印书馆，1984年。

19. 弗里德、黑德莫诺斯：《生物学》，北京：科学出版社，2002年。

20. 海涅：《论德国》，薛华、海安译，商务印书馆，1980年。

21. 汉斯·波塞尔：《科学：什么是科学》，李文潮译，上海：上海三联书店，2002年。

22. 贺麟：《黑格尔哲学讲演集》，上海：上海人民出版社，2011年。

23. 黑格尔：《小逻辑》，贺麟译，北京：商务印书馆，2003年。

24. 黑格尔：《哲学史讲演录》（第4卷），贺麟、王太庆译，北京：商务印书馆，1997年。

25. 黑格尔：《宗教哲学》（下卷），魏庆征译，北京：中国社会出版社，1999年。

26. 金岳霖主编：《形式逻辑》，北京：人民出版社，1979年。

27. 凯利·詹姆斯·克拉克：《重返理性》，唐安译，北京：北京大学出版社，2004年。

28. 康德：《纯粹理性批判》，邓晓芒译，北京：人民出版社，2004年。

29. 康德：《纯然理性界限内的宗教》，李秋零译，《康德著作全集》（第6卷），北京：中国人民大学出版社，2007年。

30. 康德：《实践理性批判》，邓晓芒译，北京：人民出版社，2003年。

31. 柯林伍德：《柯林伍德自传》，陈静译，北京：北京大学出版社，2005年。

32. 李达：《李达文集》（第2卷），北京：人民出版社，1981年。

33. 理查德·斯温伯恩：《上帝是否存在？》，胡自信译，北京：北京大学出版社，2005年。

34. 卢卡奇：《关于社会存在的本体论》（上卷），白锡堃等译，重庆：重庆出版社，1993年。

35. 路易斯·P. 波伊曼：《宗教哲学》，黄瑞成译，北京：中国人民大学出版社，2006年。

36. 罗素：《我为什么不是基督徒》，徐奕春、胡溪、渔仁译，北京：商务印书馆，2012年。

37. 洛克：《人类理解论》（上下册），关文运译，北京：商务印书馆，1997年。

38. 吕大吉、高师宁：《马克思主义宗教理论研究》，北京：中国社会科学出版社，2011年。

39. 尼采：《权力意志》（上卷），孙周兴译，北京：商务印书馆，2007年。

40. 帕斯卡尔：《思想录》，何兆武译，北京：商务印书馆，1997年。

41. 叔本华：《充足理由律的四重根》，陈晓希译，北京：商务印书馆，1996年。

42. 斯宾诺莎：《伦理学》，贺麟译，北京：商务印书馆，1997年。

43. 斯通普夫、菲泽：《西方哲学史》（第7版），丁三东等译，北京：中华书局，2005年。

44. 陀思妥耶夫斯基：《卡拉马佐夫兄弟》（下册），耿济之译，北京：人民文学出版社，1981年。

45. 汪行福：《马克思"现实抽象"批判四维度》，《马克思主义与现实》2018年第2期。

46. 维特根斯坦:《逻辑哲学论》,贺绍甲译,北京:商务印书馆,2005年。

47. 文德尔班:《哲学史教程》(上卷),罗达仁译,北京:商务印书馆,1997年。

48. 文学平:《集体意向性与制度性事实:约翰·塞尔的社会实在建构理论研究》,北京:法律出版社,2010年。

49. 休谟:《人类理解研究》,关文运译,北京:商务印书馆,2007年。

50. 休谟:《人性论》(上下册),关文运译,北京:商务印书馆,1980年。

51. 休谟:《自然宗教对话录》,陈修斋、曹棉之译,北京:商务印书馆,1962年。

52. 约翰·希克:《宗教哲学》,何光沪译,北京:生活·读书·新知三联书店,1988年。

53. 詹姆斯·雷切尔、斯图亚特·雷切尔斯:《道德的理由》,杨宗元译,北京:中国人民大学出版社,2009年。

54. 张志刚:《猫头鹰与上帝的对话:基督教哲学问题举要》,北京:东方出版社,1993年。

55. 张志刚:《宗教哲学研究:当代观念、关键环节及其方法论批判》,北京:中国人民大学出版社,2003年。

56. 周礼全主编:《逻辑——正确思维和有效交际的理论》,北京:人民出版社,1994年。

57. 卓新平:《马克思主义宗教观探究》,北京:中华书局,2013年。

二、外文著作

1. A. E. Taylor, *The Faith of a Moralist*, London: Macmillan, 1930.

2. A. Olding, "The Argument from Design—A Reply to R. G. Swinburne," *Religious Studies*, Vol. 7, No. 4, 1971.

3. Alan Hájek, "Waging War on Pascal's Wager," *The Philosophical Review*, Vol. 112, No. 1, 2003.

4. Alexander R. Pruss and Richard M. Gale, "Cosmological and Design Arguments," in William J. Wainwright ed., *The Oxford Handbook of Philosophy of Religion*, New York: Oxford University Press, 2005.

5. Allen Wood, *Karl Marx*, New York: Routledge, 2004.

6. Andrew Fisher, "Cognitivism without Realism," in John Skorupski ed., *The Routledge Companion to Ethics*, Oxon: Routledge, 2010.

7. Angus Ritchie, *From Morality to Metaphysics: The Theistic Implications of Our Ethical Commitments*, Oxford: Oxford University Press, 2012.

8. Anselm, *Basic Writings*, edited and translated by Thomas Williams, Indianapolis: Hackett Publishing Company, 2007.

9. Antony Duff, "Pascal's Wager and Infinite Utilities," *Analysis*, Vol. 46, No. 2, 1986.

10. Austin Farrer, "A Starting-Point for the Philosophical Examination of Theological Belief," in Basil Mitchell ed., *Faith and Logic*, London: Allen & Unvin, 1957.

11. Bertell Oilman, *Dance of the Dialectic: Steps in Marx's Method*,

Urbana: University of Illinois Press, 2003.

12. Bowman L. Clarke, "The Argument from Design — A Piece of Abductive Reasoning," *International Journal for Philosophy of Religion*, Vol. 5, No. 2, 1974.

13. Brian Leftow, "The Ontological Argument," in William J. Wainwright ed., *The Oxford Handbook of Philosophy of Religion*, Oxford: Oxford University Press, 2005.

14. Bruch R. Reichenbach, *The Cosmological Argument: A Reassessment*, Illinois: Charles C. Thomas Publesher, 1972.

15. C. L. Hamblin, "Questions," *Australasian Journal of Philosophy*, Vol. 36, No. 3, 1958.

16. C. S. Evans, *Natural Signs and Knowledge of God: A New Look at Theistic Arguments*, Oxford: Oxford University Press, 2010.

17. C. S. Lewis, *Mere Christianity*, London: Collins, 1952.

18. C. Stephen Evans, "Moral Arguments," in Charles Taliaferro, Paul Draper, and Philip L. Quinn ed., *A Companion to Philosophy of Religion*, 2nd edition, Malden: Wiley-Blackwell, 2010.

19. Charles Taliaferro, Paul Draper, and Philip L. Quinn ed., *A Companion to Philosophy of Religion*, 2nd edition, West Sussex: Blackwell Publishing Ltd., 2010.

20. Christopher A. Shrock, "Mere Christianity and the Moral Argument for the Existence of God," *Sehnsucht: The C. S. Lewis Journal*, Vol. 11, 2017.

21. Daniel Bernoulli, "Exposition of a New Theory on the Mea-

surement of Risk," *Econometrica*, Vol. 22, No. 1, 1954.

22. David Baggett and Jerry Walls, *God and Cosmos: Moral Truth and Human Meaning*, Oxford: Oxford University Press, 2016.

23. David Harrah, "A Logic of Questions and Answers," *Philosophy of Science*, Vol. 28, No.1, 1961.

24. Derk Pereboom, "Early Modern Philosophical Theology on the Continent," in Charles Taliafereo, Paul Draper, and Philip L. Quinn ed., *A Companion to Philosophy of Religion*, 2nd edition, West Sussex: Blackuell Publishing Ltd., 2010.

25. Edward Craig ed., *The Shorter Routledge Encyclopedia of Philosophy*, Oxon: Routledge, 2005.

26. Elliott Sober, *Core Questions in Philosophy: A Text with Readings*, 4th edition, New Jersey: Pearson Education, Inc., 2005.

27. Elliott Sober, *Philosophy of Biology*, Boulder: Westview Press, 1993.

28. F. M. A. Voltaire, *Philosophical Dictionary*, edited and translated by T. Besterman, London: Penguin Books, 1971.

29. Felix S. Cohen, "What Is a Question?" *The Monist*, Vol. 39, No. 3, 1929.

30. Frederick C. Beiser, "Moral Faith and the Highest Good," in Paul Guyer ed., *The Cambridge Companion to Kant and Modern Philosophy*, New York: Cambridge University Press, 2006.

31. Geoffrey Leech, *Semantics: The Study of Meaning*, Middlesex: Penguin Books, 1985.

32. H. P. Owen, *The Moral Argument for Christian Theism*, London: George Allen and Unwin, 1965.

33. Hastings Rashdall, "The Moral Argument for Personal Immortality," in *King's College Lectures on Immortality*, London: University of London Press, 1920.

34. Ian Hacking, "Strange Expectations," *Philosophy of Science*, Vol. 47, No. 4, 1980.

35. Ivano Ciardelli, "Question Meaning = Resolution Conditions," *Logic and Logical Philosophy*, Vol. 26, No. 3, 2017.

36. J. van Benthem and A. ter Meulen ed., *Handbook of Logic and Language*, Amsterdam: Elsevier, 2011.

37. J. Wilczynski, *An Encyclopedic Dictionary of Marxism, Socialism and Communism*, London: The Macmillan Press Ltd., 1981.

38. James Beattie, *An Essay on the Nature and Immutability of Truth, in Opposition to Sophistry and Skepticism*, Edinburgh: Denham & Dick, 1805.

39. Jeff Jordan, *Pascal's Wager: Pragmatic Arguments and Belief in God*, Oxford: Oxford University Press, 2006.

40. Jeffery Jordan, "Pascal's Wagers and James's Will to Believe," in William J. Wainwright ed., *The Oxford Handbook of Philosophy of Religion*, Oxford: Oxford University Press, 2005.

41. Jeffrey Jordan, "Pragmatic Arguments," in Charles Taliaferro, Paul Draper, and Philip L. Quinn ed., *A Companion to Philosophy of Religion*, 2nd edition, Malden, MA: Wiley- Blackwell, 2010.

42. Joel Feinber, "Psychological Egoism," in Joel Feinberg, Russ Shafer-Landau, *Reason and Responsibility: Readings in Some Basic Problems of Philosophy*, 15th edition, Boston MA: Wodsworth, Cengage Learning, 2013.

43. John H. Hick, *Philosophy of Religion*, New Jersey: Prentice-Hall, 1990.

44. John Hare, *The Moral Gap*, Oxford: Clarendon Press, 1996.

45. John Henry Newman, *Certain Difficulties Felt by Anglicans in Catholic Teaching Considered*, New York: Longmans, Green, and Co., Vol. 2, 1896.

46. John R. Searle, *The Construction of Social Reality*, London: Allen Lane, The Penguin Press, 1995.

47. John Stuart Mill, *Three Essays on Religion*, edited by Louis J. Matz ed., Ontario: Broadview Press, 2009.

48. Jonah N. Schupbach, "Paley's Inductive Inference to Design: A Response to Graham Oppy," *Philosophia Christi*, Vol. 7, No. 2, 2005, pp. 491-502.

49. Kurt Baier, "Egoism," in Peter Singer ed., *A Companion to Ethics*, Oxford: Blackwell, 1991.

50. Larimore Reid Nicholl, "Pascal's Wager: The Bet is Off," *Philosophy and Phenomenological Research*, Vol. 39, No. 2, 1978.

51. Lewis White Beck, *A Commentary on Kant's Critique of Practical Reason*, Chicago: University of Chicago Press, 1960.

52. Linda Zagzebski, "Morality and Religion," in William J.

Wainwright ed., *The Oxford Handbook of Philosophy of Religion*, Oxford: Oxford University Press, 2005.

53. Luciano Floridi, "What Is A Philosophical Question?" *Metaphilosophy*, Vol. 44, No. 3, 2013.

54. Mark Linville, "The Moral Argument," in W. L. Craig and J. P. Mooreland ed., *The Blackwell Companion to Natural Theology*, West Sussex: Wiley-Blackwell, 2009.

55. Maurice Allais, "Le Comportement de l'Homme Rationnel devant le Risque: Critique des Postulats et Axiomes de l'Ecole Americaine," *Econometrica*, Vol. 21, No. 4, 1953.

56. Michael J. Murray and Michael C. Rea, *An Introduction to the Philosophy of Religion*, Cambridge: Cambridge University Press, 2008

57. Michel Foucault, "Practicing Criticism," translated by A. Sheridan, in Michel Foucault and Lawrence D. Kritzman ed., *Politics, Philosophy, Culture*, New York: Routledge, 1988.

58. Neal C. Gillespie, "Divine Design and the Industrial Revolution: William Paley's Abortive Reform of Natural Theology," *Isis*, Vol. 81, No. 2, 1990.

59. Nicholas Bunnin and Jiyuan Yu ed., *The Blackwell Dictionary of Western Philosophy*, Malden: Blackwell Publishing, 2004.

60. Nuel D. Belnap, Jr., "Questions, Answers, and Presuppositions," *The Journal of Philosophy*, Vol. 63, No. 20, 1966.

61. Paul Saka, "Pascal's Wager and the Many Gods Objection," *Religious Studies*, Vol. 37, No. 3, 2001.

62. Peter H. Raven, George B. Johnson, Kenneth A. Mason, Jonathan B. Losos, and Susan R. Singer, *Biology*, 11th edition, New York: McGraw-Hill Education, 2017.

63. Peter van Inwagen, *Metaphysics*, Boulder: Westview Press, 2009.

64. R. G. Swinburne, "The Argument from Design," *Philosophy*, Vol. 43, No. 165, 1968.

65. Richard Feldman, "The Ethics of Belief," *Philosophy and Phenomenological Research*, Vol. 60, No. 3, 2000.

66. Richard M. Gale, *On the Nature and Existence of God*, Cambridge: Cambridge University Press, 1996.

67. Richard Norman, "Swinburne's Arguments From Design," *Think*, Vol. 2, No. 4, 2003.

68. Richard Swinburne, "Arguments from Design," *Think*, Vol.1, No.1, 2002.

69. Richard Swinburne, *Is There a God?* Revised Edition, Oxford: Oxford University Press, 2010.

70. Robert Adams, *The Virtue of Faith and Other Essays in Philosophical Theology*, New York: Oxford University Press, 1987.

71. Robin Le Poidevin, *Arguing for Atheism: An Introduction to the Philosophy of Religion*, London: Routledge, 1996.

72. Ronald W. Hepburn, "Moral Arguments for the Existence of God," in Donald M. Borchert ed., *Encyclopedia of Philosophy*, 2nd edition, Vol. 6, Detroit: Macmillan Reference, 2006.

73. Ronald W. Hepburn, "Moral Arguments for the Existence of

God," in Donald M. Borchert ed., *Encyclopedia of Philosophy*, 2nd edition, Vol. 6, Detroit: Macmillan Reference, 2006.

74. Rudolf Carnap, "Empiricism, Semantics, and Ontology," *Philosophy of Mathematics: Selected Readings*, 2nd edition, edited by Paul Benacerraf and Hilary Putnam, Cambridge: Cambridge University Press, 1983.

75. Stanley Rothman, "Marxism and the Paradox of Contemporary Political Thought," *The Review of Politics*, Vol. 24, No. 2, 1962.

76. Stephen Evans and R. Zachary Manis, *Philosophy of Religion: Thinking about Faith*, 2nd edition, Madison: InterVarsity Press, 2009.

77. Timothy J. Madigan, *W. K. Clifford and "The Ethics of Belief"*, Newcastle: Cambridge Scholars Publishing, 2009.

78. W. R. Sorley, *Moral Values and the Idea of God*, Cambridge: Cambridge University Press, 1918.

79. Wilhelm Friedrich Hegel, *Lectures on the Philosophy of Religion: Together with a Work on the Proofs of the Existence of God*, Vol. III, translated by E. B. Speirs and J. Burdon Sanderson, London: Kegan Paul, Trench, Trübner & Co., 1895.

80. William James, "The Will to Believe," in his *The Will to Believe and Other Essays in Popular Philosophy*, New York: Longmans, Green & Co., 1897.

81. William Kingdon Clifford, *Lectures and Essays*, Vol. 2, London: Macmillan and Co., 1901.

82. William L. Rowe, *Philosopy of Religion*, Belmont, CA:

Wadsworth, 2007.

83. William Lane Craig, *Reasonable Faith: Christian Faith and Apologetics*, Wheaton, Illinois: Crossway Books, 2008.

84. William Paley, *Natural Theology: Or, Evidences of the Existence and Attributes of the Deity, Collected from the Appearances of Nature*, Oxford: Oxford University Press, 2006.

三、网上哲学百科全书

1. Alan Hájek, "Pascal's Wager", *The Stanford Encyclopedia of Philosophy* (Summer, 2018 edition), Edward N. Zalta ed., URL = <https://plato.stanford.edu/archives/sum2018/entries/pascal-wager/>.

2. C. S. Evans, "Moral Arguments for the Existence of God," *The Stanford Encyclopedia of Philosophy* (Fall, 2018 edition), Edward N. Zalta ed., URL = <https://plato.stanford.edu/archives/fall2018/entries/moral-arguments-god/>.

3. Del Ratzsch and Jeffrey Koperski, "Teleological Arguments for God's Existence," *The Stanford Encyclopedia of Philosophy* (Winter, 2016 edition), Edward N. Zalta ed., URL = <https://plato.stanford.edu/archives/win2016/entries/teleological-arguments/>.

4. Graham Oppy, "Ontological Arguments," *The Stanford Encyclopedia of Philosophy* (Fall, 2011 edition), Edward N. Zalta ed., URL = <http://plato.stanford.edu/archives/fall2011/entries/ontological-arguments/>.

5. Jeff Jordan, "Pragmatic Arguments and Belief in God," *The Stanford Encyclopedia of Philosophy* (Spring, 2018 edition), Edward N. Zalta ed., URL = <https://plato.stanford.edu/archives/spr2018/entries/pragmatic-belief-god/>.

6. Robert Shaver, "Egoism," *The Stanford Encyclopedia of Philosophy* (Spring, 2019 edition), Edward N. Zalta ed., URL = <https://plato.stanford.edu/archives/spr2019/entries/egoism/>.

后　　记

本书是作者主持的国家社科基金一般项目"马克思对上帝存在论证的批判性理解研究"（16BZJ003）的最终结项成果，结项等级为"优秀"，结项后又进行了全面的修改和完善；也是教育部人文社会科学重点研究基地（北京大学外国哲学研究所）重大项目"社会意识的认知奠基和语言表征研究"（22JJD72005）和全国高校思政课建设项目"全国高校思政课名师工作室（西南政法大学）"（21SZJS50010652）的阶段性成果。

研究马克思对上帝存在论证的批判性理解，目的是要解答一个理论问题：马克思究竟如何理解思想史上比较常见的关于上帝存在的五种论证？本书围绕本体论论证、宇宙论论证、目的论论证、道德论证和实用主义论证等五大传统论证依次展开，最后简略地讨论了马克思批判这五大论证的方法论原则。

在本书付梓之际，诚挚感谢西南政法大学科研处和商务印书馆的大力支持，特别感谢王璐和李强编辑为本书问世所付出的辛勤劳动。

囿于水平，本书存在的不足与疏漏在所难免，恳请广大读者宽宥。